马克思主义研究文库

《马克思主义基本原理》
（2021年版）若干表述解析

梅建军 | 著

光明日报出版社

图书在版编目（CIP）数据

《马克思主义基本原理》（2021年版）若干表述解析／梅建军著．――北京：光明日报出版社，2023.5
ISBN 978－7－5194－7242－9

Ⅰ.①马… Ⅱ.①梅… Ⅲ.①马克思主义理论—理论研究 Ⅳ.①A81

中国国家版本馆 CIP 数据核字（2023）第 088996 号

《马克思主义基本原理》（2021 年版）若干表述解析
MAKESI ZHUYI JIBEN YUANLI （2021NIANBAN） RUOGAN BIAOSHU JIEXI

著　　者：梅建军	
责任编辑：杨　茹	责任校对：杨　娜　李　兵
封面设计：中联华文	责任印制：曹　净

出版发行：光明日报出版社
地　　址：北京市西城区永安路 106 号，100050
电　　话：010-63169890（咨询），010-63131930（邮购）
传　　真：010-63131930
网　　址：http：//book.gmw.cn
E - mail：gmrbcbs@ gmw.cn
法律顾问：北京市兰台律师事务所龚柳方律师
印　　刷：三河市华东印刷有限公司
装　　订：三河市华东印刷有限公司
本书如有破损、缺页、装订错误，请与本社联系调换，电话：010-63131930

开　　本：170mm×240mm	
字　　数：296 千字	印　张：17
版　　次：2023 年 5 月第 1 版	印　次：2023 年 5 月第 1 次印刷
书　　号：ISBN 978－7－5194－7242－9	
定　　价：95.00 元	

版权所有　　翻印必究

前　言

　　我是山西大学从事《马克思主义基本原理》教学的一名"新任老教师"。我1984年8月于政治经济学专业本科毕业后留校任教，长期从事经济学专业的马克思主义政治经济学经典著作《资本论》和《马克思主义政治经济学》的教学工作，迄今已达38年，显然是一名老教师了。2020年11月3日，《山西日报》要论版刊发了山西大学党委书记王仰麟《加强党对思想政治理论课建设的领导》一文。王仰麟书记明确提出："鼓励校内政治素质过硬的哲学、历史等相关学科专家转任思政课教师。"读后我深受鼓舞，主动提出申请转任思政课专任教师并事遂心愿，于2021年1月加入山西大学马克思主义学院，成为一名"马克思主义基本原理"任课教师，迄今不足2年，自然是一名新教师了。

　　作为一名从事"马克思主义基本原理"教学的新教师，我积极参加"马克思主义基本原理"教研室开展的各种教研活动，以尽快提高讲授"马克思主义基本原理"的教学水平。"马克思主义基本原理"教研室的教研活动可谓丰富多彩：既有教学研讨活动，也有学术研讨活动；既有校内教研活动，也有校外教研活动；既有理论教研活动，也有实践教研活动；既有线下教研活动，也有线上教研活动。不过，令我印象最为深刻的还是"三课"教研活动，即集体备课、轮流说课和相互听课的教研活动。《马克思主义基本原理》(2021年版)出版后，"马克思主义基本原理"教研室主任邓韬和原任"马克思主义基本原理"教研室主任、现任实践教学教研室主任李伟两位同志先后组织十余次专题教研活动，在"三课"教研活动的基础上，大力推动《马克思主义基本原理》(2021年版)教材若干表述解析的工作，并将此项工作作为2021—2022年度山西大学马克思主义学院"马克思主义基本原理"课程教学改革的重要内容之一。本书只是《马克思主义基本原理》(2021年版)若干表述解析的部分成果，只是对《马克思主义基本原理》(2021年版)第四章和第五章若干表述的解析。

作为一名从事"马克思主义政治经济学"教学的老教师，受马克思主义基本原理教研室各位同仁的抬爱，我承担了《马克思主义基本原理》第四章和第五章马克思主义政治经济学基本原理的说课工作。我的说课主要奉行思政课教学"二王"的观念，即思政课教学"内容"为王，教学内容"三点"为王。因为，思政课教学实效的提高，无疑是各种教学要素协同效应的结果，但最终依靠的是思想深刻、政治鲜明、理论彻底、知识系统、脉络清晰、学理透彻、学术超前的教学内容。重点、难点、疑点在思政课教学内容中举足轻重，突出重点、破解难点、化解疑点是思政课课堂教学的重中之重。重点就是学生必须掌握的核心知识点，难点就是学生不易理解的难懂知识点，疑点就是学生有疑虑的疑惑知识点。重点不突出，学生茫无头绪；难点不突破，学生茫然不解；疑点不化解，学生疑惑不安。

为了尽可能好地完成说课任务，我开始深入研究"马克思主义基本原理"中马克思主义政治经济学基本原理的重点、难点和疑点教学内容。在对马克思主义政治经济学基本原理"三点"研究的同时，发现教材中使用了许多概念和提出了许多观点但并未解释和阐述，因此也对这些概念和观点进行了解释和阐述。集腋成裘，聚沙成塔，不知不觉一年间，竟然形成了17万字左右的说课资料。我所做的这些教材研究工作，得到了山西大学马克思主义学院院长任定成教授的鼓励支持和"马克思主义基本原理"教研室众多同仁的普遍认可。邓韬、李伟两位同志积极鼓励我公开出版，以有益于更多青年教师。但对于我这样一个不会操作电脑而又即将退休的人来说，出书是不敢想的事。因此，如果没有他们两人的辛勤付出，就不会有这本书的面世。我把初稿交给他们后，他们认真地审读、修改、编辑，从专业角度提出很多修改意见并承担了主要的修改工作；他们负责繁杂的出版事宜，不辞辛苦，使书稿最终成为图书。

2021年8月，马克思主义理论研究和建设工程重点教材《马克思主义基本原理》(2021年版)，由高等教育出版社出版发行，山西大学在2021—2022第一学期开始使用。经过一个学期的教学实践，我们觉得《马克思主义基本原理》(2021年版)教材中的若干表述尚待进一步解析，尚需将教材浓缩的"一杯水"稀释为教师讲课的"一桶水"，以便对"马克思主义基本原理"教学效果的不断提高有所助益，对《马克思主义基本原理》教材内容的日臻完善有所裨益。

局限于作者的专业知识，本书仅就《马克思主义基本原理》(2021年版)中的马克思主义政治经济学基本原理的若干表述，也就是其中的第四章"资本主义的本质及规律"和第五章"资本主义的发展及其趋势"两章的若干表述，分门别类地进行了相应的解释分析。

第一，对有些表述中出现的概念进行了解释。作为教材，对于有些表述中出现的概念无须专门解释，但作为教师，对于这些表述中出现的概念则必须了然于胸。例如，"金融垄断资本的发展，……也造成了经济过度虚拟化"表述中的"经济虚拟化"概念；"在资本输出过程中，资本输出国可能出现产业空心化"表述中的"产业空心化"概念。本书就诸如此类的概念进行了解释分析。

第二，对有些表述中涉及的观点进行了论述。作为教材，对于有些表述中涉及的观点无须专门论述，但作为教师，对于这些表述中涉及的观点则必须心中有数。例如，"资本主义生产关系的产生和资本主义生产方式形成的过程，与商品经济的发展有着密不可分的关系"表述中所涉及的资本主义生产关系的产生与商品经济发展之间有着"密不可分的关系"的观点、资本主义生产方式的形成与商品经济发展之间有着"密不可分的关系"的观点。本书在区分"资本主义生产关系"和"资本主义生产方式"之间的联系与区别的基础上，分别就资本主义生产关系的产生与商品经济发展之间的"密不可分的关系"和资本主义生产方式的形成与商品经济发展之间的"密不可分的关系"进行了探索分析。

第三，对有些表述中并非学界共识的观点进行了综述。例如，"商品经济的发展经历了简单商品经济与发达商品经济两个阶段"表述中有关商品经济发展阶段的观点。事实上，对于商品经济发展所经历阶段的划分，学界存在着不同的观点。例如，"商品经济的发展分为两个阶段：简单商品经济（又称小商品经济）和市场经济"的观点；"在人类历史上，与不同私有制及公有制相联系，产生和存在不同的商品经济，即简单商品经济、资本主义商品经济和社会主义商品经济"的观点。本书在介绍学界有关商品经济发展阶段不同观点的基础上，提出商品经济发展阶段的划分取决于划分商品经济发展阶段的依据的观点。例如，根据商品经济所产生的历史条件，把商品经济的发展划分为简单商品经济或小商品经济、资本主义商品经济和社会主义商品经济三个阶段；根据商品经济所产生的生产资料所有制的性质，把商品经济的发展划分为私有制商品经济和公有制商品经济两个阶段；根据商品经济中市场所发挥的作用的侧重点，把商品经济的发展划分为初级的商品经济和高级的商品经济两个阶段；根据商品生产的社会化程度，把商品经济的发展划分为初始的商品经济和发达的商品经济两个阶段。对于教材表述中出现的那些似乎并非学界共识的观点，本书在梳理学界不同观点的基础上进行了综合分析。

第四，对有些表述中令人心存疑惑的观点提出了商榷。例如，"商品……具有使用价值和价值两个因素或两种属性"的观点。教材的这种表述至少使人产生这样两种错觉：第一，商品的使用价值和价值，既是商品的两个因素，又是商品的两种属性。第二，商品的两个因素就是商品的两种属性，二者就是一个同义语。然而事实或许并非如此。因为，商品的两个因素是指商品所必须具有的使用价值和价值这两个商品内部的构成因素。商品的两种属性是指商品所能够具有的使用价值的自然属性和交换价值的社会属性这两个商品外部的功能属性。有些学者明确指出："在一般的政治经济学读物中，常有这样的提法：商品的二重性是使用价值和价值，这就是一个误解。其实，在《资本论》第一卷的第一章第一节里明明写的是'商品的两个因素：使用价值和价值'。按照马克思的原意，使用价值和价值是商品的二因素而不是它的二重性。商品的二重性是使用价值和交换价值。这类讹错应该纠正过来。"对于教材表述中出现的那些值得商榷的观点，本书在综合学界不同观点的基础上进行了探讨分析。此外，为了便于读者对那些并非学界共识的观点和似有值得商榷的观点集中了解，本书除了在正文中对这些观点进行了探索分析外，还将这些探索分析的内容要点进行归纳概括，并以"《马克思主义基本原理》(2021年版)几处表述商榷"的论文形式附录于正文之后。

任何一门课程教学效果的提高，无疑都是多种教学要素协同作用的结果。但在提高教学效果的诸多教学要素中，精通的教学内容无疑处于其首位。"精通"意味着"精确"和"通透"。精确意味着教师对教学内容准确无误的表达。通透意味着教师对教学内容通晓透彻的解析。教师要做到对教学内容的"精确"和"通透"，首先要重视对教材内容的精细研究，还原凝练教材这"一杯水"背后的"一桶水"。因此，要切实提高"马克思主义基本原理"课程的教学效果，任课教师就必须高度重视对《马克思主义基本原理》教材内容的精心解析，尽可能使《马克思主义基本原理》教材内容深化细化。任课教师只有在课下深入研究《马克思主义基本原理》教材内容的重点、难点、疑点，并突出重点、破解难点、化解疑点，才能在课上将思想深刻、政治鲜明、理论彻底的马克思主义基本原理，浅入深出、通俗易懂、引人入胜地展现给学生，进而才有可能使学生"目不转睛""侧耳倾听""凝神沉思"。但愿本书所做的这"一桶水"的工作，能够对"马克思主义基本原理"教学效果的提高有所助益。

任何一部教材的完善都不可能一蹴而就，无一不是经过了千锤百炼而不断修订再版的过程。《马克思主义基本原理》教材也不例外。《马克思主义基本原理》(2021年版)就是《马克思主义基本原理概论》(2018年版)的修订再版。就《马克思主义基本原理》中的政治经济学部分的教材内容而言,与《马克思主义基本原理概论》(2018年版)的旧教材相比,《马克思主义基本原理》(2021年版)的新教材,可以说做了多处的修改。例如,修改了关于货币基本职能的不准确的表述。《马克思主义基本原理概论》(2018年版)的表述是:"货币具有五种基本的职能,即价值尺度、流通手段、贮藏手段、支付手段和世界货币。"而《马克思主义基本原理》(2021年版)的表述是:"货币具有价值尺度、流通手段、贮藏手段、支付手段和世界货币等职能,其中价值尺度和流通手段是最基本的职能。"再如,修改了经济全球化表现的内容。《马克思主义基本原理概论》(2018年版)的表述是:"经济全球化的表现:第一,国际分工进一步深化。……第二,贸易全球化。……第三,金融全球化。……第四,生产企业经营全球化。"而《马克思主义基本原理》(2021年版)的表述是:"经济全球化的表现:第一,生产全球化。……第二,贸易全球化。……第三,金融全球化。"任何一部教材的日臻完善,无一不是其编写者和使用者勠力一心的结果。编写者尽心竭力的精心编撰那是自不待言,使用者穷源溯流的精研细读也是不可或缺。但愿本书所做的这"一桶水"的工作,能够对《马克思主义基本原理》教材内容的日臻完善有所裨益。

  本书包含85个"解析"。其中的每一个"解析",均由【原文】和【解析】两部分构成。【原文】是《马克思主义基本原理》(2021年版)的原话,在页下标注其在《马克思主义基本原理》(2021年版)中的页码。【解析】是对原文表述的解释和分析。根据【原文】内容的具体情况,需解释的解释,需分析的分析,需探析的探析。由于时间仓促且水平有限,因此,无论是本书所作的解读释义还是探讨分析,谬解谬析势必难免,故而恳求同仁批评指正,同心协力促进"马克思主义基本原理"教学效果的不断提高和《马克思主义基本原理》教材内容的日臻完善。

  对于山西大学马克思主义学院的出版资助、山西大学马克思主义学院院长任定成教授的鼓励支持,李伟和邓韬两位教研室主任的鼎力相助,表示衷心感谢。

目 录
CONTENTS

1. 资本主义生产关系的产生与商品经济发展的"密不可分的关系" ………… 1
2. 资本主义生产方式的形成与商品经济发展的"密不可分的关系" ………… 5
3. 商品经济发展阶段的划分 ………………………………………………… 9
4. 马克思研究资本主义生产方式的起点 …………………………………… 13
5. 商品经济产生的条件 ……………………………………………………… 18
6. 商品经济在奴隶社会和封建社会所处的地位 …………………………… 22
7. 商品的两个因素或两种属性 ……………………………………………… 24
8. 财富的物质内容和财富的社会形式 ……………………………………… 27
9. 劳动产品是否都有价值 …………………………………………………… 29
10. 劳动生产力和劳动生产率 ………………………………………………… 31
11. 商品价值量的尺度 ………………………………………………………… 34
12. 商品价值形式发展的四个阶段 …………………………………………… 36
13. 货币的职能和基本职能 …………………………………………………… 39
14. "商品的惊险的跳跃" ……………………………………………………… 41
15. 金银与货币的关系 ………………………………………………………… 47
16. 价格与价值的关系 ………………………………………………………… 50
17. 价值规律调节社会收入分配 ……………………………………………… 52
18. 价值规律阻碍技术进步 …………………………………………………… 55
19. 以私有制为基础的商品经济的基本矛盾 ………………………………… 58
20. 商品拜物教 ………………………………………………………………… 61
21. 劳动创造价值观点的提出 ………………………………………………… 64
22. 马克思劳动价值论内容要点 ……………………………………………… 67

1

23. 生产性劳动 ·· 72
24. 封建主、农奴主、农民、农奴 ·· 75
25. 资本主义产生的途径 ·· 79
26. 新兴资产阶级的国外掠夺和国内剥削 ··· 82
27. 资本总公式及其矛盾 ·· 85
28. 劳动力成为商品的两个基本条件 ·· 88
29. 资本的本质 ·· 90
30. 资本主义所有制的本质 ·· 93
31. 资本主义基本经济规律 ·· 97
32. 资本主义生产过程二重性 ·· 99
33. 工作日的强制延长 ··· 101
34. 相对剩余价值的形成 ·· 105
35. 超额剩余价值的源泉 ·· 107
36. 资本主义简单再生产所体现的资本主义新特征 ························· 110
37. 相对过剩人口的三种形式 ·· 112
38. 产业资本循环保持连续性的条件 ·· 114
39. 资本周转及其影响因素 ·· 117
40. 社会资本再生产和流通的规律性 ·· 120
41. 资本主义经济危机及其实质 ··· 125
42. 资本主义工资的现象、本质、形式 ·· 128
43. 血汗工资制度 ·· 132
44. 剩余价值转化为利润 ·· 134
45. 利润转化为平均利润 ·· 136
46. 价值转化为生产价格 ·· 138
47. 马克思剩余价值理论内容要点 ··· 140
48. 金融危机和社会危机 ·· 142
49. 资本主义发展所经历的阶段 ··· 144
50. 银行信用加速资本集中 ·· 146
51. 垄断组织的主要形式 ·· 149
52. 竞争产生的经济条件 ·· 151

53. 金融资本及其形成 ………………………………………… 154
54. 金融寡头及其统治 ………………………………………… 156
55. 垄断利润及其来源 ………………………………………… 158
56. 垄断价格并不否定价值规律 ……………………………… 160
57. 罗斯福"新政"及其实质 …………………………………… 162
58. 凯恩斯及凯恩斯经济学 …………………………………… 164
59. 战时经济管理体制 ………………………………………… 170
60. 国民收入的再分配 ………………………………………… 172
61. 财政政策和货币政策 ……………………………………… 175
62. 规制和规制经济学 ………………………………………… 178
63. 资本主义经济关系的自我调整 …………………………… 180
64. 布雷顿森林体系 …………………………………………… 182
65. 金融自由化与金融创新 …………………………………… 185
66. 经济虚拟化 ………………………………………………… 188
67. 跨国公司 …………………………………………………… 190
68. 产业空心化 ………………………………………………… 192
69. 国际垄断同盟 ……………………………………………… 194
70. 国际经济调节体系 ………………………………………… 195
71. 国际经济秩序 ……………………………………………… 198
72. 帝国主义基本特征 ………………………………………… 200
73. 殖民地、半殖民地、附属国 ……………………………… 202
74. 旧殖民主义和新殖民主义 ………………………………… 204
75. 经济全球化 ………………………………………………… 206
76. 国际分工的进一步深化 …………………………………… 209
77. 日益先进的贸易手段 ……………………………………… 211
78. 生产资料所有制的性质和形式 …………………………… 213
79. 劳动对资本的隶属和血汗工资制 ………………………… 217
80. 社会阶层和阶级结构 ……………………………………… 220
81. 周期性经济危机和结构性经济危机 ……………………… 222
82. 美国次贷危机和 2008 年国际金融危机 ………………… 224

3

83. 自然历史过程 …………………………………………… 226
84. 雇佣奴隶 …………………………………………………… 228
85. 资本社会化及其表现形式 ………………………………… 230
附录 《马克思主义基本原理》(2021年版)几处表述的商榷 …… 233
本书主要参考文献 ………………………………………………… 254

1. 资本主义生产关系的产生与商品经济发展的"密不可分的关系"

【原文】

资本主义生产关系的产生……与商品经济的发展有着密不可分的关系。①

【解析】

1.1 生产关系

任何生产都是建立在一定生产资料所有制和共同活动基础上的社会再生产过程或社会生产总过程。社会再生产过程或社会总生产过程包括生产（直接生产过程）、分配、交换、消费四个环节，相应地在人们相互之间形成了生产、分配、交换、消费四个方面的关系。生产关系就是人们在社会再生产过程中或社会生产总过程中彼此之间所形成的相互关系，也就是人们在一定生产资料所有制基础上所形成的、在社会再生产过程或社会生产总过程中所发生的生产、分配、交换、消费四个方面的关系或生产关系体系。

"生产关系是人们在物质资料生产过程中结成的相互关系。……生产关系的具体内容，按照马克思在《政治经济学批判》的导言中的论述，包括人们在物质资料的生产、交换、分配、消费等方面的关系。……生产资料所有制形式是生产关系的基础。一定的生产资料所有制形式，决定人们在生产中一定的地位和相互关系，一定的交换关系和一定的产品分配关系。"②

"生产关系是一个具有复杂结构的系统，由生产资料的所有制关系、人们在生产中的地位和交换关系、产品分配关系以及由它直接决定的消费关系三

---

① 《马克思主义基本原理》（2021年版）编写组.马克思主义基本原理[M].北京：高等教育出版社，2021：168.

② 许涤新主编.政治经济学辞典：上[Z].北京：人民出版社，1980：70—71.

个基本方面构成。……在生产关系体系中，生产资料所有制关系是最根本的内容。它决定生产关系的性质、特征和基本类型，是全部生产关系的基础，也是区分不同生产方式、判定社会经济结构性质的客观依据。……生产资料所有制决定人们在生产中所处的地位及交换关系，决定产品的分配关系和消费关系。"①

1.2 资本主义生产关系

资本主义生产关系一词，虽然在政治经济学领域使用频率颇高，但几乎所有的政治经济学教科书和辞书，都并未将其列为专门的名词或词条加以明确解释。因此，这里所说的资本主义生产关系的含义，仅仅只是本书的初步探讨，仅供参考。依据上述生产关系范畴的内涵，结合资本主义生产的特点，我们把资本主义生产关系概括为以生产资料资本家私有制为基础、以资本雇佣劳动为特征、以生产剩余价值为目的的资本家对雇佣工人的统治和剥削关系。这样的资本主义生产关系的产生必须具备两个基本条件：一是少数人手中积累了能够雇佣他人劳动来组织资本主义生产所必需的货币财富。二是多数人丧失生产资料而不得不沦为人身自由的劳动力出卖者。

资本主义生产关系产生的两个基本条件在历史上是通过小商品生产者之间的两极分化和资本原始积累过程而逐步具备的。首先，商品经济的发展和价值规律的作用，自然地引发小商品生产者之间的贫富两极分化，导致个体生产者和生产资料的分离，促成资本主义生产关系的缓慢产生。其次，运用暴力手段进行的资本原始积累过程，人为地造成个体生产者和生产资料相分离，促使资本主义生产关系快速产生。"资本主义生产关系产生于封建社会内部。14、15世纪地中海沿岸的某些城市萌芽了资本主义生产，但是在16世纪才开始资本主义时代。封建社会末期，商品经济的发展促进了封建社会自然经济的解体，引起了小商品生产者的两极分化。资本原始积累的加紧进行，加速了这一过程。在这个基础上，尼德兰、英国、法国先后爆发了资产阶级革命，终于建立了资本主义社会。"②

1.3 资本主义生产关系的产生与商品经济发展的关系

商品经济是相对于自然经济而言的、以交换为目的的、包含商品生产和商品交换的一种经济形式。迄今为止，商品经济的发展经历了简单商品经济

---

① 徐光春. 马克思主义大辞典 [Z]. 武汉：长江出版传媒崇文书局，2019：60.
② 徐光春. 马克思主义大辞典 [Z]. 武汉：长江出版传媒崇文书局，2019：222.

<<< 1. 资本主义生产关系的产生与商品经济发展的"密不可分的关系"

或小商品经济、资本主义商品经济和社会主义商品经济三种形式。这里所说的与资本主义生产关系的产生和资本主义生产方式的形成过程有着密不可分的关系的"商品经济",显然指的是简单商品经济或小商品经济,而不可能是资本主义商品经济或社会主义商品经济。简单商品经济或小商品经济是指以生产资料劳动者个体私有制和个体劳动为基础的最初形式的商品经济。"简单商品经济是商品经济的初始形式,它是农业经济时代的商品经济,是以生产资料的个体私有制和个体劳动为基础、以手工业劳动为技术特征的。"①

在简单商品经济条件下,各个商品生产者从事商品生产的目的,最终不是为了获得商品的使用价值,而是实现尽可能多的商品的价值。商品的价值量不是取决于个别商品生产者生产商品所耗费的个别劳动时间,而是取决于多数商品生产者生产商品所耗费的社会必要劳动时间。各个商品生产者因商品生产条件的差异,导致了各自生产商品所耗费的个别劳动时间的不同,进而导致了各自所生产商品的个别价值的差别,最终导致了所实现的商品价值量的差别。那些生产条件优越的商品生产者,其生产商品所耗费的个别劳动时间低于社会必要劳动时间,却计算为同量的社会必要劳动时间;其所生产商品的个别价值低于社会价值,却表现为同量的社会价值。相反,那些生产条件低劣的商品生产者,其生产商品所耗费的个别劳动时间高于社会必要劳动时间,却也计算为同量的社会必要劳动时间;其所生产商品的个别价值高于社会价值,却也表现为同量的社会价值。这样,在商品价值量决定于生产商品所耗费的社会必要劳动时间,和商品交换以商品价值量为基础进行等价交换的条件下,那些生产条件优越的商品生产者,因其所生产商品的少量的个别价值却实现了多量的社会价值而发财致富;相反,那些生产条件低劣的商品生产者,因其所生产商品的多量的个别价值却只实现了少量的社会价值而亏本乃至破产。

综上所述,在价值规律的作用下,简单商品经济的发展自发地引起了商品生产者之间的两极分化:一极是发财致富的商品生产者,一极是亏本破产的商品生产者。那些发财致富的商品生产者,占有越来越多的生产资料,为越发富有乐于雇佣亏本破产的商品生产者从而成为资本家。那些亏本破产的商品生产者,除了自己的劳动力外一无所有,为谋求生存不得不受雇于发财致富的商品生产者而由此沦为雇佣劳动者。由此可见,没有简单商品经济发

---

① 逢锦聚等主编.政治经济学[M].5版.北京:高等教育出版社,2014:31.

展所导致的劳动者和生产资料的分离,就不具备资本主义产生的基本条件,就不会产生资本主义生产关系。所以说,资本主义生产关系的产生的确与商品经济的发展有着"密不可分的关系"。

2. 资本主义生产方式的形成与商品经济发展的"密不可分的关系"

【原文】
资本主义生产方式的形成过程与商品经济的发展有着密不可分的关系。①

【解析】
2.1 生产方式

人类社会要生存和发展，就必须获得包括生产资料和生活资料在内的各种物质资料。众所周知，物质资料的生产是人类社会生存和发展的基础。生产方式就是指人们谋得物质资料的方式。生产方式包括生产力和生产关系两个方面，是生产力和生产方式的有机结合和统一。其中，生产力是生产方式的物质内容，生产关系是生产方式的社会形式。在生产方式中，生产力决定生产关系，有什么样的生产力，就有与之相适应的生产关系。同时，生产关系对生产力具有反作用，表现在生产关系能够促进或延缓生产力的发展。这就是说，当生产关系适应生产力的状况时，生产关系促进生产力的发展；当生产关系不适应生产力状况时，生产关系则阻碍生产力的发展。因此，生产关系一定要适合生产力的状况是人类社会发展的普遍规律，决定着人类社会的更替发展。

"人类社会为了存在和发展，必须获得物质资料，包括生产资料和生活资料。这种谋得物质资料的方式，马克思称之为物质生活的生产方式。生产方式包括生产力和生产关系两个方面。生产力是生产方式的物质内容，生产关系是生产方式的社会形式。不存在没有生产力的生产关系，也不存在没有生产关系的生产力。一定的生产力和一定的生产关系间的对立统一关系，构成

---

① 《马克思主义基本原理》（2021年版）编写组. 马克思主义基本原理 [M]. 北京：高等教育出版社，2021：168.

一定的生产方式。"①

2.2 资本主义生产方式

马克思在《资本论》第一版序言中说："我要在本书研究的是资本主义生产方式以及和它相适应的生产关系和交换关系。"② 据有人统计，马克思在《资本论》中提及资本主义生产方式范畴200余处，却并没有明确定义资本主义生产方式范畴的内涵。依据生产方式的范畴内涵和马克思在《资本论》中的相关论述，结合资本主义生产的显著特点，我们认为资本主义生产方式就是指资本主义社会谋得物质资料的方式，是资本主义生产力和资本主义生产关系的有机统一。具体来说，资本主义生产方式就是以生产资料资本家私有制和机器大工业生产为基础、以资本雇佣劳动和生产社会化为特征、以生产剩余价值为目的的一种物质资料生产方式。从生产力方面看，资本主义生产方式的特征是从工场手工业生产发展到机器大工业生产，实现了生产社会化。机器大工业是指以机器和机器体系进行社会化大规模生产的工业形态。生产社会化是指由分散的小规模的个体生产转变为集中的大规模的社会生产的过程。生产社会化主要表现为生产资料使用上的社会化，即生产资料由个人独自使用变为由众人共同使用；生产过程的社会化，即生产过程由系列的个人行动变为系列的社会行动；产品的社会化，即所有的产品都是根据社会需要生产并通过交换满足社会需要。从生产关系方面看，资本主义生产方式的特征是资本家占有生产资料并通过雇佣劳动剥削雇佣工人所创造的剩余价值。

"资本主义生产方式是以社会化的机器大生产为物质基础，由资产阶级垄断生产资料，并利用其所垄断的生产资料作为资本，对雇佣劳动者进行剩余价值的剥削为主要特征的物质财富的谋得方式。……从生产力方面看，资本主义生产方式的特征，是从工场手工业生产发展到机器大工业生产，实现了生产的社会化，极大地提高了生产的技术水平和劳动生产率，使生产力以空前的速度发展起来。……从生产关系方面看，资本主义生产方式有两个特征：（1）资本家占有全部生产资料，劳动力成为商品；（2）榨取剩余价值、追求利润是生产的直接目的和决定动机。正是剩余价值的生产，使资本主义的剥削方式区别于资本主义以前的剥削方式。"③

---

① 张卓元. 政治经济学大辞典［Z］. 北京：经济科学出版社，1998：25.
② 马克思. 资本论：第1卷［M］. 北京：人民出版社，2004：8.
③ 许涤新，主编. 简明政治经济学辞典［Z］. 北京：人民出版社，1983：449.

2.3 资本主义生产方式的形成与商品经济发展的关系

作为资本主义生产方式一个方面的资本主义生产关系的产生，如前所述，与商品经济的发展的确有着"密不可分的关系"。而作为资本主义生产方式的另一个方面的资本主义生产力或资本主义机器大工业和生产社会化的形成，与商品经济的发展同样有着"密不可分的关系"。

首先，商品经济的发展促使机器大工业生产的形成。商品经济本质上是竞争经济，竞争是商品经济的本性。优胜劣汰是竞争的不二法则，两极分化是竞争的必然产物。商品经济的发展和价值规律的作用，自发地引起商品生产者之间的激烈竞争。商品生产者之间的这种激烈竞争，一方面不断刺激技术进步和促进生产力水平提高，促使资本主义生产力由简单协作到工场手工业到机器大工业飞跃发展；一方面引起生产集中，使由个人使用的分散的生产资料转变为由众人使用的集中的生产资料；由系列个人行动的小规模的个体生产过程转变为系列社会行动的大规模的社会生产过程。

其次，商品经济的发展促使生产社会化的形成。商品经济产生于社会分工和不同生产资料所有制的基础之上，商品经济是以社会分工为基础、以商品交换为生产目的的一种经济形式。商品经济的发展，一方面促进了社会分工的发展，促使社会分工越来越细，商品生产越来越专业化和社会化；另一方面，促进了生产社会化的发展，促使商品生产者以社会需要为导向生产商品，生产符合社会需要的商品。因为，任何商品生产者只有生产出符合社会需要及其变化、符合社会需要的结构和总量的商品，才能顺利地通过交换卖掉商品，把商品转化为货币，从而实现商品的价值和从事商品生产的目的。

由上可见，正是商品经济的发展引起并促进了机器大工业和生产社会化的产生和发展，因此，以机器大工业生产和生产社会化为特征的资本主义生产方式的形成，自然与商品经济发展有着"密不可分的关系"。

2.4 资本主义生产关系与资本主义生产方式的关系

关于资本主义生产关系与资本主义生产方式彼此之间关系的文献，似乎并不多见，甚至是难得一见。我们认为，资本主义生产关系与资本主义生产方式是既相联系又相区别。二者的联系主要在于：资本主义生产方式作为资本主义生产关系和生产力的有机统一，资本主义生产方式包含着资本主义生产关系，或者说，资本主义生产关系是资本主义生产方式的一个方面。二者的区别主要在于资本主义生产关系先于资本主义生产方式而产生，资本主义生产方式随着资本主义生产力的发展而逐步确立。

资本主义生产关系萌芽于商品经济发展所引起的商品生产者之间的两极

分化，加速于资本原始积累过程所造成的生产者和生产资料的快速分离，形成于17世纪中叶资产阶级专制统治和资本主义政治制度的确立。不过，资本主义生产关系虽然在17世纪中叶已经形成，"但其物质技术仍是手工生产，还处在工场手工业发展阶段，远远不能适应日益扩大的国内外市场和商品经济发展的需求，迫切要求通过科学技术革命发展社会化大生产，建立资本主义制度的物质技术基础。这个历史任务是通过工业革命实现的。从18世纪60年代开始一直到19世纪30年代，英国率先发生和完成了工业革命，机器大工业为主体的工厂制度代替了以手工技术为基础的工场手工业。"① 由此可见，资本主义生产关系先于资本主义生产方式而产生，资本主义生产方式随着资本主义生产力的发展而开始形成，随着资本主义生产力由手工技术发展到机器大工业而最终形成。资本主义生产关系和资本主义生产力是资本主义生产方式不可分割的两个方面，因此，不宜将资本主义生产关系与资本主义生产方式视为同义语。

---

① 《马克思主义政治经济学概论》编写组. 马克思主义政治经济学概论[M]. 北京：人民出版社，高等教育出版社，2017：90-91.

3. 商品经济发展阶段的划分

【原文】

商品经济的发展经历了简单商品经济与发达商品经济两个阶段，简单商品经济以生产资料私有制和个体劳动为基础，资本主义商品经济以生产资料私有制和雇佣劳动为基础，是商品经济的高级或发达形态。①

【解析】

3.1 商品经济发展阶段划分的不同表述

对于商品经济发展阶段的划分，学术界存在着不同的表述。马克思主义理论研究和建设工程重点教材《马克思主义基本原理》（2021年版）的表述是："商品经济的发展经历了简单商品经济与发达商品经济两个阶段，简单商品经济以生产资料私有制和个体劳动为基础，资本主义商品经济以生产资料私有制和雇佣劳动为基础，是商品经济的高级或发达形态。"这种表述有待商榷之处在于：既然商品经济发展所经历的两个阶段是"简单商品经济"与"发达商品经济"，但随后解释的却是"简单商品经济"和"资本主义商品经济"，似乎"资本主义商品经济"与"发达商品经济"就是同义语。如果确实是这样的话，那就意味着"社会主义商品经济"将被排除在"发达商品经济"之外。一般来说，与简单商品经济对应的是资本主义商品经济和社会主义商品经济；与发达的商品经济相对应的是初始的商品经济；与高级的商品经济相对应的是初级的商品经济。

同样是马克思主义理论研究和建设工程重点教材《马克思主义政治经济学概论》的表述是："商品经济的发展分为两个阶段：简单商品经济（又称小商品经济）和市场经济。简单商品经济是商品经济的初始形式，它是以生产

---

① 《马克思主义基本原理》（2021年版）编写组. 马克思主义基本原理[M]. 北京：高等教育出版社，2021：168.

资料的个体私有制和个体劳动为基础的。简单商品经济在原始社会后期产生，在奴隶社会和封建社会，它存在于自然经济的夹缝之中。而在进入资本主义社会以后，商品经济成为占支配地位的经济形式。当商品经济发展到全社会，市场成为调节全社会资源配置的基础性机制，就意味着商品经济由简单商品经济发展到市场经济阶段。"①这种表述有待商榷之处在于：商品经济是相对于自然经济而言的一种经济形式；简单商品经济是相对于资本主义商品经济而言的一种商品经济形式；市场经济是相对于计划经济而言的一种资源配置方式，是商品经济发展到市场对资源配置起决定性作用时的高级的或发达的商品经济。

全国高等教育自学考试教材《政治经济学原理》却认为："在人类历史上，与不同私有制及公有制相联系，产生和存在不同的商品经济，即简单商品经济、资本主义商品经济和社会主义商品经济。"②

由上可见，对于商品经济发展阶段的划分，显然存在着商品经济发展的两阶段论和商品经济发展的三阶段论。就商品经济发展的两阶段论而言，又存在着简单商品经济和发达商品经济与简单商品经济和市场经济两种不同表述。或许，商品经济发展阶段的划分问题，重要的不在于商品经济发展应划分为哪些阶段，而在于如何划分商品经济的发展阶段，在于确定商品经济发展阶段划分的依据是什么。因为正是划分商品经济发展阶段的依据不同，导致了划分商品经济发展所经历的阶段不同。

3.2 简单商品经济、资本主义商品经济和社会主义商品经济

根据商品经济所产生的历史条件，我们可以把商品经济的发展划分为简单商品经济或小商品经济、资本主义商品经济和社会主义商品经济三个阶段。

简单商品经济产生的历史条件是社会分工和生产资料劳动者私有制。简单商品经济就是以生产资料劳动者私有制为基础、以劳动者与生产资料相统一、以个体劳动和个体性小生产为特征的初始形态的商品经济。

资本主义商品经济产生的历史条件是社会分工和生产资料资本家私有制。资本主义商品经济就是以生产资料资本家私有制为基础、以劳动者与生产资料相分离、以雇佣劳动和社会化大生产为特征的发展形态的商品经济。

社会主义商品经济产生的历史条件是社会分工和不同的生产资料所有制

---

① 《马克思主义政治经济学概论》编写组. 马克思主义政治经济学概论［M］. 北京：人民出版社，高等教育出版社，2017：67-28.
② 卫兴华，顾学荣，主编. 政治经济学原理［M］. 北京：经济科学出版社，1998：20.

或劳动产品属于不同所有者。社会主义商品经济就是以生产资料公有制为基础、以劳动者和生产资料相统一、以联合劳动和社会化大生产为特征的发展形态的商品经济。

3.3 私有制商品经济和公有制商品经济

根据商品经济所产生的生产资料所有制的性质，我们可以把商品经济的发展划分为私有制基础上的商品经济和公有制基础上商品经济，即私有制商品经济和公有制商品经济两个阶段。显然，简单商品经济和资本主义商品经济都是建立在生产资料私有制基础上的商品经济，而社会主义商品经济则是建立在生产资料公有制基础上的商品经济。由于马克思和恩格斯预测，取代资本主义社会的未来社会，商品经济将不复存在，因此，马克思主要研究的是私有制商品经济，亦即简单商品经济和资本主义商品经济。

3.4 初级的商品经济和高级的商品经济

根据商品经济中市场所发挥的作用的侧重点，我们可以把商品经济的发展划分为初级的商品经济和高级的商品经济两个阶段。初级阶段的商品经济是市场的作用侧重于商品交换功能的商品经济。高级阶段的商品经济是市场的作用侧重于资源配置功能的商品经济。高级阶段的商品经济也称为市场经济，即市场对资源配置起决定性作用的商品经济。所谓市场经济就是商品经济发展到一定阶段即市场对资源配置起决定性作用的那个阶段的商品经济。显然，简单商品经济属于初级的商品经济，资本主义商品经济和社会主义商品经济属于高级的商品经济。

3.5 初始的商品经济和发达的商品经济

根据商品生产的社会化程度，我们可以把商品经济的发展划分为初始的商品经济和发达的商品经济两个阶段。初始阶段的商品经济是商品生产个体化或个体化小生产的商品经济。发达阶段的商品经济是商品生产社会化或社会化大生产的商品经济。生产社会化或社会化大生产就是相对于个体的、分散的、少量的生产个体化或个体化小生产而言的、以分工协作为基本特征的、组织化的、集中化的、规模化的社会化生产。显然，简单商品经济属于初始的商品经济，资本主义商品经济和社会主义商品经济属于发达的商品经济。

由上可见，不宜将"简单商品经济"与"发达商品经济"视为商品经济发展的两个对应的阶段。因为与简单商品经济相对应的是资本主义商品经济和社会主义商品经济，而与发达商品经济相对应的是初始的商品经济或初级的商品经济。也不宜将"简单商品经济（又称小商品经济）和市场经济"当作商品经济发展的两个阶段。因为与简单商品经济相对应的是资本主义商品经济和社会主义商品经济;而与市场经济这种资源配置方式相对应的是计划经济那种资源配置方式。商品经济是相对于自然经济而言的一种经济形式,市场经济是相对于计划经济而言的一种资源配置方式。

4. 马克思研究资本主义生产方式的起点

【原文】

资本主义制度下的社会财富表现为一种惊人的庞大的商品堆积,单个商品表现为它的元素形式。因此,剖析以私有制为基础的简单商品经济的内在矛盾及其运动规律,就自然成为揭示资本主义本质的出发点。①

【解析】

4.1 马克思的相关论述及教材的变动

马克思在《资本论》的开篇说:"资本主义生产方式占统治地位的社会的财富,表现为'庞大的商品堆积',单个的商品表现为这种财富的元素形式。因此,我们的研究就从分析商品开始。"②

马克思在《政治经济学批判》的首段说:"最初一看,资产阶级的财富表现为一个惊人庞大的商品堆积,单个的商品则表现为这种财富的元素存在。"③

把马克思的原文与教材的表述相对照,可以看出:第一,教材综合了马克思在《资本论》和《政治经济学批判》中的相关论述,也就是把"惊人的"和"庞大的商品堆积"叠加在一起,表述为"资本主义制度下的社会财富表现为一种惊人的庞大的商品堆积";第二,教材把马克思所说的"资本主义生产方式"改为"资本主义制度",似乎两者是可以替换使用的同义语;第三,教材把马克思所说的"分析商品开始就成为研究资本主义生产方式的起点",修改为"剖析以私有制为基础的简单商品经济的内在矛盾及其运动规律,就自然成为揭示资本主义本质的出发点",似乎商品的内在矛盾也就是以

---

① 《马克思主义基本原理》(2021年版)编写组. 马克思主义基本原理[M]. 北京:高等教育出版社,2021:168.
② 马克思. 资本论:第1卷[M]. 北京:人民出版社,2004:47.
③ 马克思,恩格斯. 马克思恩格斯全集:第13卷[M]. 北京:人民出版社,2006:15.

私有制为基础的简单商品经济的内在矛盾。

4.2 资本主义生产方式与资本主义制度

马克思在《资本论》中明确指出："我要在本书研究的，是资本主义生产方式以及和它相适应的生产关系和交换关系。"① 要明确资本主义生产方式的含义，首先要明确生产方式的含义。"在马克思的著作中，'生产方式'是使用频率很高的范畴。在不同的语境下，马克思赋予这一范畴的含义往往是各不相同的。他大致是在三种含义上使用这个范畴的。第一，指生产方法或劳动方式，即采用什么样的生产资料、通过什么样的劳动组织进行生产。这是在生产力的意义上使用'生产方式'这个范畴。第二，指社会生产关系。社会生产关系又有广义和狭义之分：狭义的生产关系特指直接的物质生产过程范围内形成的人与人之间的社会关系，例如资本主义生产中资本家与雇佣劳动者的关系；广义的生产关系则指包括生产和流通在内的整个社会经济关系体系。第三，指社会经济形态，即一定社会历史条件下形成的生产力与生产关系的矛盾统一体。"② 马克思在《资本论》开篇所说的"资本主义生产方式"，其所指的应是以生产资料资本家私有制和机器大工业生产为基础、以生产社会化和雇佣劳动为特征、以剩余价值生产为目的的资本主义商品生产方式。因为，在资本主义社会，除了资本主义商品生产方式外，还存在一定数量的小商品生产、自给自足生产等其他的生产方式。因此，资本主义生产方式亦即资本主义商品生产方式，是资本主义社会中"占统治地位"的生产方式。也正是因为资本主义商品生产方式是资本主义生产方式中占统治地位的生产方式，而单个的商品又表现为这种生产方式的财富的元素形式，因此，研究资本主义生产方式从对商品的分析开始。

许多人乃至于许多《政治经济学》教科书大都习惯于把资本主义制度、资本主义经济制度、资本主义生产关系、资本主义经济关系、资本主义生产方式等术语交替使用，似乎它们就是同义语一样。并非如此，不然也就不会出现如此多的不同的术语。这些术语从不同的侧面或角度来体现资本主义的本质特征，因而它们因具有共同的内涵而可以相互替换使用，显得就像同义语一样。不过，这些术语在体现资本主义的本质特征时应有所侧重，视角应有所不同，因此，它们各自的含义也应有所差别，尤其是在不同语言环境中

---

① 马克思. 资本论：第1卷 [M]. 北京：人民出版社，2004：8.
② 《〈资本论〉导读》编写组. 《资本论》导读 [M]. 北京：人民出版社，高等教育出版社，2012：16.

会有所区别,还是不要随意替换使用为宜。例如,这里就不宜把"资本主义生产方式占统治地位"替换为"资本主义制度下"。因为,这里所说的"资本主义生产方式占统治地位的社会的财富",之所以"表现为庞大的商品堆积",直接源于在资本主义社会的各种生产方式中"占统治地位"的"资本主义商品生产方式",而非源于包含资本主义政治制度、法律制度、经济制度等种种制度在内的"资本主义制度"。可见,至少在这里不宜把资本主义生产方式和资本主义制度当作同义语来互换使用,也就是没有必要用"资本主义制度下的社会财富"一语替换"资本主义生产方式占统治地位的社会财富"的表述。

4.3 研究资本主义生产方式从分析商品开始

马克思对资本主义生产方式的研究之所以从分析商品开始,而不是从分析资本开始,主要是基于以下几个方面考虑:

第一,商品是资本主义生产方式下社会财富的元素形式或经济的细胞形式。与前资本主义经济相比,资本主义经济是普遍的商品经济,资本主义生产是发达的商品生产,因此,资本主义生产方式占统治地位的社会的财富表现为'庞大的商品的堆积',单个的商品表现为它的元素形式或细胞形式。"对资产阶级社会来说,劳动产品的商品形式,或者商品的价值形式,就是经济的细胞形式。在浅薄的人看来,分析这种形式好像是斤斤于一些琐事。这的确是琐事,但这是显微镜下的解剖所要做的那种琐事。"①

第二,以生产资料资本家私有制为基础的资本主义商品经济,产生于以生产资料劳动者私有制为基础的简单商品经济。简单商品经济的发展以及价值规律的作用,自发地引起商品生产者之间的贫富两极分化,从而使"富"一极的商品生产者变为资本家,使"贫"一极的商品生产者沦为雇佣劳动者,由此,以自主劳动为特征的简单商品经济随之就转变为以雇佣劳动为特征的资本主义商品经济。

第三,体现资本主义生产方式最显著特征的资本,也产生于简单商品经济的发展。商品内在的使用价值和价值的矛盾决定了商品交换的必然性。商品交换的长期发展最终产生了解决商品内在矛盾的货币。当货币用于价值增值从而带来剩余价值时就转化为资本。可见,商品交换产生货币,货币用于价值增值转化为资本。换句话说,资本最初的表现形式是货币,货币是商品交换长期发展的客观产物,是商品内在矛盾发展的必然结果。"商品流通是资

---

① 马克思.资本论:第1卷[M].北京:人民出版社,2004:8.

本的起点。商品生产和发达的商品流通，即贸易，是资本产生的历史前提。"①

第四，生产资料资本家私有制和生产社会化这个资本主义生产方式的基本矛盾，孕育于生产资料私有制和社会分工这个简单商品经济的基本矛盾之中。简单商品经济产生于生产资料劳动者私有制和社会分工这两个基本条件。生产资料私有制决定了商品生产的劳动只是体现商品生产者私人意志的私人劳动的性质，社会分工则决定了商品生产者的劳动必须体现商品消费者社会需要的社会劳动的性质。私人劳动只有在质上符合社会劳动的性质、在量上符合社会劳动的数量时，才具有社会劳动的性质从而被证明是有效劳动。但商品生产的私人决策的自发性和盲目性，常常使得体现私人意志的私人劳动，无论是在质上还是在量上与体现社会需要的社会劳动难以达成一致。可见，生产资料资本家私有制和生产社会化的矛盾其实就是，生产资料私有制和社会分工的矛盾在资本主义商品生产方式中的体现。

4.4 商品的内在矛盾与简单商品经济的内在矛盾

关于商品的内在矛盾，马克思在《资本论》中有明确的论述："商品内在的使用价值和价值的对立，私人劳动同时必须表现为直接社会劳动的对立，特殊的具体的劳动同时只是当作抽象的一般的劳动的对立，物的人格化和人格的物化的对立——这种内在的矛盾在商品形态变化的对立中取得发展了的运动形式。"② 教材的"以私有制为基础的简单商品经济的内在矛盾"的表述其实并不多见，通常的表述是"以私有制为基础的商品经济的基本矛盾"或"私有制基础上商品经济的基本矛盾"。例如："私人劳动和社会劳动的矛盾，是以私有制为基础的商品经济的基本矛盾，也就是简单商品经济的基本矛盾。"③ 再如："商品的使用价值和价值的矛盾、具体劳动和抽象劳动的矛盾，根源于私人劳动和社会劳动的矛盾。私人劳动和社会劳动的矛盾是商品经济的基本矛盾。"④

一般把产生于商品二因素的使用价值和价值之间的矛盾，称之为商品的内在矛盾；把产生于私有制商品经济生产条件的私人劳动和社会劳动之间的矛盾，称之为以私有制为基础的简单商品经济的基本矛盾。商品的内在矛盾

---

① 马克思. 资本论：第1卷 [M]. 北京：人民出版社, 2004：171.
② 马克思. 资本论：第1卷 [M]. 北京：人民出版社, 2004：135.
③ 卫兴华, 顾学荣, 主编. 政治经济学原理 [M]. 北京：经济科学出版社, 1998：29.
④ 《马克思主义政治经济学概论》编写组. 马克思主义政治经济学概论 [M]. 北京：人民出版社, 高等教育出版社, 2017：38.

根源于商品经济的基本矛盾，亦即使用价值和价值之间的矛盾，根源于私人劳动和社会劳动之间的矛盾。因此，"以私有制为基础的简单商品经济的内在矛盾"的表述的确值得商榷。

5. 商品经济产生的条件

【原文】

商品经济得以产生的社会历史条件有两个：一是存在社会分工，二是生产资料和劳动产品属于不同的所有者。①

【解析】

迄今为止，商品经济的发展经历了简单商品经济或小商品经济、资本主义商品经济和社会主义商品经济三种形式或三种形态。作为特殊形式的商品经济，三者自然各有其产生的特殊条件；作为一般形式的商品经济，三者自应具有商品经济产生的一般条件。因此，研究商品经济产生的条件，应首先研究作为各种特殊形式商品经济产生的特殊条件，然后再研究抽掉各种特殊形式的商品经济产生的一般条件。

5.1 简单商品经济产生的条件

简单商品经济产生的条件是社会分工和生产资料劳动者私有制。社会分工使得每个产品生产者所生产的产品种类有限，从而与每个产品生产者的多样性需要之间发生矛盾，由此产生了彼此之间需通过交换产品以满足各自多样性需要的客观要求。但社会分工本身并不必然导致产品交换，因为在同一利益体内部的劳动分工就不存在产品交换。只有不同利益体的产品或私人劳动的产品才要求通过等价交换产品的方式来满足各自的多样性需要。"各种使用价值或商品体的总和，表现了同样多种的、按照属、种、科、亚种、变种分类的有用劳动的总和，即表现了社会分工。这种社会分工是商品生产存在的条件，虽然不能反过来说商品生产是社会分工存在的条件。在古代印度公社中就有社会分工，但产品并不成为商品。或者拿一个较近的例子来说，每

---

① 《马克思主义基本原理》（2021年版）编写组. 马克思主义基本原理 [M]. 北京：高等教育出版社，2021：168-169.

个工厂内都有系统的分工,但是这种分工不是由工人交换他们个人的产品引起的。只有独立的互不依赖的私人劳动的产品,才作为商品互相对立。"①

简单商品经济出现于原始社会末期,在奴隶社会和封建社会有所发展,在资本主义社会和社会主义社会也少许存在。简单商品经济就是以生产资料劳动者私有制和劳动者个人劳动为基础、以换取自己所需要的使用价值为目的的最初形式或初始形态的商品经济。"简单商品经济,即商品生产以生产资料私有制和个人劳动为基础,生产和出卖商品是为了购买其他商品,以满足自己的需要。"②

5.2 资本主义商品经济产生的条件

资本主义商品经济产生的条件是社会分工和生产资料资本家私有制。资本主义商品经济是以生产资料资本家私有制和工人雇佣劳动为基础、以生产剩余价值为目的的高级形式或发展形态的商品经济。资本主义商品经济产生于简单商品经济发展所导致的商品生产者之间的两极分化。在简单商品经济条件下,商品价值量决定于生产商品的社会必要劳动时间,商品交换以价值量为基础进行等价交换。因此,那些生产条件好的商品生产者,其生产商品所耗费的个别劳动时间低于社会必要劳动时间,却计算为同量的社会必要劳动时间;其所生产商品的个别价值低于社会价值,却表现为同量的社会价值。相反,那些生产条件差的商品生产者,其生产商品所耗费的个别劳动时间高于社会必要劳动时间,却也计算为同量的社会必要劳动时间;其所生产商品的个别价值高于社会价值,却也表现为同量的社会价值。那些商品生产条件好的商品生产者,因其所生产商品的少量的个别价值却实现了多量的社会价值而发财致富;那些商品生产条件差的商品生产者,因其所生产商品的多量的个别价值但却只实现了少量的社会价值而亏本破产。那些发财致富的商品生产者,占有越来越多的生产资料,为越发富有乐于雇佣亏本破产的商品生产者而成为资本家。那些亏本破产的商品生产者,除了自己的劳动力外一无所有,为谋求生存不得不受雇于发财致富的商品生产者而由此沦为雇佣劳动者。"资本主义商品经济根本不同于简单商品经济,它的特点是:资本家占有生产资料,雇佣出卖劳动力的劳动者为其生产。资本家生产和出卖商品不是为了取得其他商品的使用价值,而是为了取得剩余价值,使资本价值

---

① 马克思.资本论:第1卷 [M].北京:人民出版社,2004:55.
② 许涤新,主编.简明政治经济学辞典 [Z].北京:人民出版社,1983:494.

增值。"①

5.3 社会主义商品经济产生的条件

社会主义商品经济产生的条件是社会分工和生产资料不同所有制或劳动产品属于不同所有者。不同生产资料所有制是指生产资料全民所有制和集体所有制两种公有制形式。这两种公有制形式的存在决定了全民所有制经济与集体所有制经济之间的商品经济关系。劳动产品属于不同所有者是指全民所有制和集体所有制经济内部的各个企业，各自作为相对独立的经济利益实体，拥有各自所生产的劳动产品。这种公有制内部各个企业独立拥有各自劳动产品的事实决定了公有制内部各个企业之间的商品经济关系。

马克思和恩格斯曾经设想：随着生产资料社会主义公有制取代生产资料资本主义私有制，商品经济在社会主义社会将会消亡。马克思和恩格斯的这个设想是以全部生产资料都归社会所有，各个企业没有自己的特殊利益为条件的。实践证明，马克思和恩格斯的设想在社会主义社会建立之后并没有实现，社会主义社会的客观经济条件决定了商品经济在社会主义社会不仅不会消亡，而且还需要大力发展。原因在于在社会主义社会，除了社会分工这个决定商品经济存在的一般条件依然存在外，生产资料公有制还存在着全民所有制和劳动群众集体所有制两种不同的公有制形式，全民所有制经济和劳动群众集体所有制经济之间存在着商品经济关系，生产资料全民所有制内部各个企业作为相对独立的经济实体或利益主体，它们彼此之间也存在着商品经济关系。可见，社会主义商品经济就是以生产资料公有制为基础、以劳动者和生产资料相统一、以联合劳动和社会化大生产为特征的发展形态的商品经济。

5.4 商品经济产生的一般条件

从简单商品经济、资本主义商品经济和社会主义商品经济产生的条件可以看出：第一，社会分工是所有商品经济产生的一般条件或前提条件。第二，简单商品经济和资本主义商品经济都是生产资料私有制基础上的商品经济。因为生产资料劳动者私有制和生产资料资本家私有制同属生产资料私有制，只是在形式上不同而已，因此，简单商品经济和资本主义商品经济可以统称为私有制商品经济。马克思预测未来社会的生产资料不再由私人占有而由社会占有，因此，商品经济将伴随着生产资料私有制的消失而消除，所以，马克思所研究的商品经济其实就是私有制商品经济，马克思所指出的商品经济

---

① 许涤新，主编．简明政治经济学辞典［Z］．北京：人民出版社，1983：494．

产生的一般条件即生产资料私有制和社会分工,其实只是私有制商品经济产生的一般条件。第三,简单商品经济、资本主义商品经济、社会主义商品经济都是不同生产资料所有制基础上的商品经济。因为无论是生产资料劳动者私有制、资本家私有制还是公有制,其实就是生产资料的不同所有制。因此,我们可以把包括私有制商品经济和公有制商品经济在内的商品经济产生的一般条件概括为社会分工和不同生产资料所有制。第四,由于社会主义生产资料全民所有制这种同一所有制内部各企业之间依然存在着商品经济关系,因此,社会分工和不同生产资料所有制还称不上是商品经济产生的一般条件。

我们认为,涵盖简单商品经济、资本主义商品经济和社会主义商品经济,尤其是社会主义全民所有制经济内部商品经济在内的商品经济产生的一般条件,一是社会分工,二是不同经济利益体。因为,无论是生产资料归劳动者私有、资本家私有、全民(国家)所有、集体所有还是劳动产品归独立的或相对独立的经济实体所有,无非是说明这些生产资料和劳动产品的所有者各自都是一个不同的经济利益体。不同的经济利益体,为了实现各自的经济利益,它们把产品当作商品来生产,从而使劳动产品采取了商品的形式;为了维护各自的经济利益,它们要求彼此之间遵循等价交换原则来让渡商品。可见,生产资料和劳动产品属于谁并不重要,重要的是生产资料和劳动产品的所有者必须是一个独立的或相对独立的经济利益体。唯有此,他们才会为了追求和维护各自的经济利益而自觉地遵循商品经济规律,按商品经济规律行事。"商品经济产生和存在的决定性条件,是生产资料和产品属于不同所有者。它决定了从事不同产品生产的各个所有者都是具有各自经济利益的经济主体,为了维护各自的利益,需要通过对等的原则相互交换产品,即根据产品的价值实行等价交换。这样,产品便必然表现为商品。"[1]

---

[1] 卫兴华,顾学荣,主编. 政治经济学原理[M]. 北京:经济科学出版社,1998:19.

6. 商品经济在奴隶社会和封建社会所处的地位

【原文】

商品经济出现于原始社会末期，在奴隶社会和封建社会有所发展，但不占主导地位。这一阶段的商品经济以生产资私有制和个体劳动为基础，以换取自己所需要的使用价值为目的，是一种简单商品经济。[①]

【解析】

6.1 主导、主体、整体

从某种意义上说，主导是相对于主体而言，主体是相对于整体而言，主导、主体、整体三者之间存在密切联系。主导可以理解为部分在整体中的引领作用，主体可以理解为部分在整体中的绝对多数。举例来说，社会主义市场经济是一个包括多种经济成分在内的整体，公有制经济是社会主义市场经济这个整体中居于主体地位的经济成分，国有经济则是社会主义市场经济整体中发挥主导作用的经济成分。因此，"要坚持社会主义，必须坚持生产资料公有制；在社会主义初级阶段，必须坚持公有制的主体地位。坚持公有制的主体地位，主要体现在以下几个方面：第一，确保公有资产在社会总资产中占优势；公有资产占优势，要有量的优势，更要注意质的提高。第二，保证国有经济控制国民经济命脉。第三，发挥国有经济对整个经济发展的主导作用，国有经济起主导作用，主要体现在控制力上。"[②] 由此看来，主体侧重于"数量"方面，即部分占整体数量的绝对多数或占整体比例达50%以上。主导侧重于"作用"方面，即部分在整体中发挥主要作用或主导作用。无论是原始社会还是奴隶社会和封建社会，自然经济始终占据着统治地位，不存在所

[①] 《马克思主义基本原理》（2021年版）编写组. 马克思主义基本原理 [M]. 北京：高等教育出版社，2021：169.

[②] 卫兴华，顾学荣，主编. 政治经济学原理 [M]. 北京：经济科学出版社，1998：252.

谓简单商品经济占不占"主导地位"的问题。

6.2 统治、从属、夹缝

商品经济是相对于自然经济而言的一种经济形式。商品经济和自然经济作为两种不同的经济形式，长期并存于原始社会、奴隶社会和封建社会几个不同的社会经济形态之中。但无论是在原始社会还是奴隶社会和封建社会，自然经济始终处于统治或支配地位，简单商品经济处于从属地位，存在于自然经济的夹缝之中。"简单商品经济存在于不同的社会经济制度之中，在原始社会、奴隶社会和封建社会中，它存在于自然经济的夹缝之中，附属于居支配地位的经济形式。"[1] "在奴隶社会和封建社会中，商品经济在不同国度和不同时期虽曾有过较大规模的发展，但是总的说来，在这两个社会中，自给自足的自然经济占统治地位，商品经济只居从属地位。存在于这两个社会的商品经济，基本上是简单商品经济。它的特点是：商品生产者以生产资料私有制和个人劳动为基础，生产和出卖商品是为了重新购买其他商品，以满足自己的需要。"[2] 由此看来，贴切地说，相对于自然经济而言，简单商品经济在奴隶社会和封建社会，虽有所发展，但都不占"支配地位"或"统治地位"，而是处于"附属地位"或"从属地位"。

---

[1] 逄锦聚，等，主编. 政治经济学 [M]. 5版. 北京：高等教育出版社，2014：31.
[2] 许涤新，主编. 政治经济学辞典：上 [Z]. 北京：人民出版社，1980：59.

7. 商品的两个因素或两种属性

【原文】

商品是用来交换、能满足人的某种需要的劳动产品，具有使用价值和价值两个因素或两种属性，是使用价值和价值的矛盾统一体。①

【解析】

7.1 商品的两个因素

商品的两个因素或商品二因素是指作为商品所必须具有的使用价值和价值这两个内部构成因素，也就是说，作为商品，必须既具有使用价值又具有价值，二者缺一不可。《资本论》第一卷第一篇第一章第一节的标题就是："商品的两个因素：使用价值和价值。"②

使用价值和价值作为商品内部构成的两个客观因素，二者既相互依存又相互对立，从而使商品成为使用价值和价值的对立统一体或矛盾统一体。

使用价值和价值的对立或矛盾表现在：（1）质和量的对立，使用价值表现各种商品之间的质的区别；价值则表现各种商品之间的量的差别。（2）人和物的对立，使用价值决定于商品的自然属性，是物的因素；价值决定于商品的社会属性，是人的因素。（3）买者和卖者的对立，对于商品的买者和卖者来说，不能同时占有商品的使用价值和价值，二者只能择其一。卖者要获得商品的价值就必须向买者让渡商品的使用价值；买者要得到商品的使用价值就必须向卖者支付商品的价值。（4）使用价值量和价值量的对立，劳动生产力与商品的使用价值量成正比，与单位商品的价值量成反比。人们习惯上把买者和卖者的对立或矛盾称为商品的使用价值和价值的对立或矛盾。

---

① 《马克思主义基本原理》（2021年版）编写组. 马克思主义基本原理 [M]. 北京：高等教育出版社，2021：169.

② 马克思. 资本论：第1卷 [M]. 北京：人民出版社，2004：47.

使用价值和价值的统一表现在：（1）互相依存。使用价值和价值作为商品的两个构成要素，统一于商品体内，二者缺一不可。（2）互为条件。使用价值是价值的物质承担者，价值寓于使用价值之中。因此，任何物品没有使用价值就没有价值，有使用价值而无价值则不是商品。"没有一个物可以是价值而不是使用物品。如果物没有用，那么其中包含的劳动也就没有用，不能算作劳动，因此不形成价值。"①

7.2 商品的两种属性

商品的两种属性或商品二重性是指商品所具有的使用价值的自然属性和交换价值的社会属性。"商品二重性是指商品的使用价值和交换价值。这是说商品具有二重属性，一方面具有供人们使用和消费的自然属性，另一方面具有可供人们交换之用的社会属性。"② "商品的交换价值，乃是商品所具有的按照一定的数量关系或交换比例能够与别种商品相交换的一种属性，它与商品的另一种属性使用价值形成矛盾的对立面，统一在同一个商品体内，结合成为该商品的二重属性。"③ 马克思说："商品是以铁、麻布、小麦等使用价值或商品体的形式出现的。这是它们日常的自然形式。但它们所以是商品，只因为它们是二重物，既是使用物品又是价值承担者。因此，它们表现为商品或具有商品的形式，只是由于它们具有二重的形式，即自然形式和价值形式。"④ 商品的自然形式就是商品的使用价值，商品的价值形式就是商品的交换价值，正如《资本论》第一卷第一篇第一章第三节的标题"价值形式或交换价值。"⑤

就经济思想发展史来看，古希腊思想家色诺芬（Xenophon）最先发现商品具有使用和交换两种属性。色诺芬认为财富就是能给持有人带来利益的东西。因此，他说，笛子对于会吹笛子的人来说是财富，而对于不会吹笛子的人来说，无异于一块毫无用处的石头。不过，他又说，不会吹笛子的人如果能用笛子换到对他有用的别的东西，笛子对他来说还是财富。亚当·斯密（Adam Smith）把色诺芬所发现的商品具有使用和交换两种属性的经济思想，用政治经济学的范畴表述为商品具有使用价值和交换价值两种属性的经济理

---

① 马克思. 资本论：第1卷 [M]. 北京：人民出版社，2004：54.
② 洪远朋，主编. 新编《资本论》教程：第1卷 [M]. 上海：复旦大学出版社，1988：82.
③ 漆琪生. 《资本论》大纲：第1卷 [M]. 北京：人民出版社，1985：119.
④ 马克思. 资本论：第1卷 [M]. 北京：人民出版社，2004：60.
⑤ 马克思. 资本论：第1卷 [M]. 北京：人民出版社，2004：60.

论。马克思从商品的交换价值中抽象出作为其基础的价值，在亚当·斯密关于商品具有使用价值和交换价值两种属性理论的基础上，提出商品具有使用价值和价值两个因素的经济学说。

7.3 商品的两种因素与两种属性的关系

商品二因素与商品二重性之间既互相联系又互相区别。二者的联系主要表现在商品二因素源于商品二重性。商品的使用价值决定于商品的自然属性，反映的是人与自然之间的物质变换关系。商品的自然属性不同，商品的使用价值也就不同。商品的价值决定于商品的社会属性，反映的是人与人之间的劳动交换关系。如果不存在商品的交换关系或交换价值的这种社会关系，也就不存在体现交换社会属性的商品的价值。"商品二重性是商品的外在表现，商品二因素是商品的内在实质，可以说，是形式和内容的关系。马克思分析商品就是采用从现象到本质、从形式到内容的方法进行的。"[1]

二者的区别主要表现在商品二因素是商品的内部构成因素，指的是商品作为一个客观存在的外界对象，必须具备使用价值和价值两个客观因素，二者缺一不可。商品二重性是商品的外在表现形式，指的是商品既具有供人们使用和消费以满足自身需要的自然属性，又具有可供人们交换他物之用的社会属性。因此，不宜把商品的两个因素与商品的两种属性视为同义语。"在一般的政治经济学读物中，常有这样的提法：商品的二重性是使用价值和价值，这就是一个误解。其实，在《资本论》第一卷的第一章第一节里明明写的是'商品的两个因素：使用价值和价值'。按照马克思原意，使用价值和价值是商品的二因素而不是它的二重性。商品的二重性是使用价值和交换价值。这类讹错应该纠正过来。"[2]

---

[1] 洪远朋，主编. 新编《资本论》教程：第1卷 [M]. 上海：复旦大学出版社，1988：83.

[2] 洪远朋，主编. 新编《资本论》教程：第1卷 [M]. 上海：复旦大学出版社，1988：22.

8. 财富的物质内容和财富的社会形式

【原文】

使用价值构成社会财富的物质内容。马克思指出："不论财富的社会的形式如何，使用价值总是构成财富的物质的内容。"①

【解析】

8.1 财富的物质内容

马克思在《资本论》中明确区分了财富的物质内容和财富的社会形式。马克思说："不论财富的社会的形式如何，使用价值总是构成财富的物质的内容。"② 关于财富的物质内容，马克思说："劳动并不是它所生产的使用价值即物质财富的唯一源泉。正像威廉·配第所说，劳动是财富之父，土地是财富之母。"③ "更多的使用价值本身就是更多的物质财富，两件上衣比一件上衣多。两件上衣可以两个人穿，一件上衣只能一个人穿，依此类推。"④ 可见，财富的物质内容就是物品的使用价值，也就是物品的有用性，亦即物品能够满足人的某种需要的自然属性。

8.2 财富的社会形式

关于财富的社会形式，马克思说："自从有可能把商品当作交换价值来保持，或把交换价值当作商品来保持以来，求金欲就产生了。随着商品流通的扩展，货币——财富的随时可用的绝对社会形式——的权利增大了。"⑤ "金和银同别的财富形态的区别何在呢？不在于价值量大小，因为价值量是由其

---

① 《马克思主义基本原理》（2021年版）编写组. 马克思主义基本原理[M]. 北京：高等教育出版社，2021：169-170.
② 马克思. 资本论：第1卷[M]. 北京：人民出版社，2004：49.
③ 马克思. 资本论：第1卷[M]. 北京：人民出版社，2004：56-57.
④ 马克思. 资本论：第1卷[M]. 北京：人民出版社，2004：59.
⑤ 马克思. 资本论：第1卷[M]. 北京：人民出版社，2004：154.

中对象化的劳动量决定的。相反，在于它们是财富的社会性质的独立体现和表现。……只是由于用货币作中介，个人的财富才实现为社会的财富。这个财富的社会性质，就体现在货币这个东西上。"① 可见，财富的社会形式首先是货币。货币不是从来就有的，而是商品交换长期发展的产物，是逐渐从商品世界中分离出来，固定充当一般等价物的商品。但作为货币的金和银，一旦从商品世界中分离出来，作为一般等价物，作为社会财富的一般代表，作为价值的一般形式，成为衡量商品价值的尺度和媒介商品交换的手段，就取得了"财富的社会的形式"。随着货币成为财富的社会形式和价值的一般形式，货币之外的各种商品都只是财富的物质形式和价值的特殊形式。它们要取得财富的社会形式，要成为价值的一般形式，就必须通过市场交换由商品转化为货币。

其实，与货币一样，信用也是一种"财富的社会形式"。随着商品交换的发展，尤其是赊购赊销形式的出现，信用随之产生。随着生息资本尤其是银行资本的发展，信用迅速扩大。作为两种不同的财富的社会形式，货币的特点在于它能够随时转化为与之等值或等额的使用价值形式的特殊财富，而信用的特点则在于它能够在不需付价或不需付等价的情况下，获得货币形式的一般财富或使用价值形式的特殊财富。前者如银行信用和个人信用，后者如商业信用。随着资本主义商品经济的发展，由于信用作为财富的社会形式较之货币具有某种特有的优势，因此，"同样作为财富的社会形式的信用，排挤货币，并篡夺它的位置。正是由于对生产社会性质的信任，才使得产品的货币形式表现为某种转瞬即逝的和观念的东西，表现为单纯想象的东西。但是，当信用发生动摇——而这个阶段总是必然地在现代产业周期中出现——一切现实的财富就都会要求现实地、突然地转化为货币，转化为金和银"②。

---

① 马克思. 资本论：第3卷 [M]. 北京：人民出版社，2004：649.
② 马克思. 资本论：第3卷 [M]. 北京：人民出版社，2004：650.

9. 劳动产品是否都有价值

【原文】

一种物品如果没有使用价值，就是无用之物，即使人们为它付出了大量的劳动，也没有价值。一种物品尽管具有使用价值，但如果不是劳动产品，也没有价值，比如自然界中的阳光、空气。①

【解析】

9.1 马克思的原文

马克思说："一个物可以是使用价值而不是价值。在这个物不是以劳动为中介而对人有用的情况下就是这样。例如，空气、处女地、天然草地、野生林等等。一个物可以有用，而且是人类劳动产品，但不是商品。……要生产商品，他不仅要生产使用价值，而且要为别人生产使用价值，即生产社会的使用价值。（而且不只是简单地为别人。中世纪农民为封建主生产作为代役租的粮食，为神父生产作为什一税的粮食。但不管是作为代役租的粮食，还是作为什一税的粮食，都并不因为是为别人生产的，就成为商品。要成为商品，产品必须通过交换，转到把它当作使用价值使用的人的手里。）最后，没有一个物可以是价值而不是使用物品。如果物没有用，那么其中包含的劳动也就没有用，不能算作劳动，因此不形成价值。"②

9.2 马克思的原文解读

一个物品要成为商品并具有价值，第一，这个物必须具有某种使用价值，即具有能够满足人的某种需要的有用性。因为，"物的有用性使物成为使用价值。"③ 使用价值是价值的物质承担者，价值是凝结在物中的亦即使用价值中

---

① 《马克思主义基本原理》（2021年版）编写组. 马克思主义基本原理 [M]. 北京：高等教育出版社，2021：170.

② 马克思. 资本论：第1卷 [M]. 北京：人民出版社，2004：54.

③ 马克思. 资本论：第1卷 [M]. 北京：人民出版社，2004：48.

的人类劳动。"如果物没有用，那么其中包含的劳动也就没有用，不能算作劳动，因此不形成价值。"

第二，这个物必须是劳动产品。因为，价值是凝结在商品中的人类劳动，以价值为基础的商品之间的交换，事实上是生产商品时所耗费的劳动之间的交换。所以，"一个物可以是使用价值而不是价值。在这个物不是以劳动为中介而对人有用的情况下就是这样。例如，空气、处女地、天然草地、野生林等等。"

第三，这个物必须是满足别人需要的劳动产品。因为，只有满足别人需要的劳动产品，对别人才具有使用价值，别人才有可能为得到这种使用价值而支付劳动凝结其中的价值。所以，"一个物可以有用，而且是人类劳动产品，但不是商品。谁用自己的产品来满足自己的需要，他生产的就只是使用价值，而不是商品。要生产商品，他不仅要生产使用价值，而且要为别人生产使用价值，即生产社会的使用价值。"

第四，这个物必须是通过交换来满足别人需要的劳动产品。因为凝结在商品中的人类劳动，只是因为用来交换才表现为商品的价值，只有通过交换才能实现其价值。因此，一个物品尽管也是满足别人需要的劳动产品，但如果没有通过等价交换而满足别人的需要，那它也不是商品，也没有价值。"中世纪农民为封建主生产作为代役租的粮食，为神父生产作为什一税的粮食。但不管是作为代役租的粮食，还是作为什一税的粮食，都并不因为是为别人生产的，就成为商品。要成为商品，产品必须通过交换，转到把它当作使用价值使用的人的手里。"

9.3 劳动产品也不一定有价值

从马克思的相关论述可以看出，一个物品要成为商品并具有价值，要求这个物品，首先，必须具有某种使用价值；其次，必须是劳动产品；再次，必须是满足别人需要的劳动产品；最后，必须是通过交换来满足别人需要的劳动产品。因此，不但，"一种物品尽管具有使用价值，但如果不是劳动产品，也没有价值。"而且，一种物品尽管具有使用价值，也是劳动产品，但如果不是用来交换的劳动产品，也不是商品，也没有价值。换句话说，具有使用价值的非劳动产品没有价值，具有使用价值的劳动产品也不一定有价值，具有使用价值的用来交换的劳动产品才具有价值。

10. 劳动生产力和劳动生产率

【原文】

生产商品所需要的社会必要劳动时间随着劳动生产率的变化而变化。劳动生产率指的是劳动者生产使用价值的效率。它的高低可以用单位时间内生产的产品数量来测量，也可以用单位商品中所耗费的劳动时间来测量。影响劳动生产率的因素有很多，主要有劳动者的平均熟练程度、科学技术的发展程度及其在生产中的应用、生产过程的社会结合、生产资料的规模和效能以及自然条件等。[①]

【解析】

10.1 马克思的原文

马克思说："如果生产商品所需要的劳动时间不变，商品的价值量也就不变。但是，生产商品所需要的劳动时间随着劳动生产力的每一变动而变动。劳动生产力是由多种情况决定的，其中包括：工人的平均熟练程度，科学的发展水平和它在工艺上应用的程度，生产过程的社会结合，生产资料的规模和效能，以及自然条件。……劳动生产力越高，生产一种物品所需要的劳动时间就越少，凝结在该物品中的劳动量就越小，该物品的价值就越小。相反地，劳动生产力越低，生产一种物品的必要劳动时间就越多，该物品的价值就越大。可见，商品的价值量与实现在商品中的劳动的量成正比地变动，与这一劳动的生产力成反比地变动。"[②]

10.2 劳动生产力和劳动生产率的联系与区别

马克思《资本论》原著使用的是劳动生产力的概念，而《马克思主义基

[①] 《马克思主义基本原理》（2021年版）编写组. 马克思主义基本原理 [M]. 北京：高等教育出版社，2021：172.

[②] 马克思. 资本论：第1卷 [M]. 北京：人民出版社，2004：53-54.

本原理》（2021年版）教材则使用的是劳动生产率的概念。那么，劳动生产力与劳动生产率是可以替换使用的同义语概念，还是两个既相联系又有区别的不同概念？

劳动生产力有时也简称生产力，指的是具体劳动在一定时间内生产某种使用价值的能力。劳动生产率则指的是具体劳动在一定时间内生产某种使用价值的效率。一方面，能力不等同于效率，劳动生产力不等同于劳动生产率。因为能力是某种潜在的力量，而效率则是能力作用的效果；劳动生产力是具体劳动生产使用价值的潜力，劳动生产率是具体劳动生产使用价值的效率。另一方面，能力决定效率，劳动生产力决定劳动生产率。换句话说，能力和效率相一致，能力越大效率越高；劳动生产力和劳动生产率相一致，劳动生产力越大，劳动生产率也越高。

正因为劳动生产力和劳动生产率存在紧密联系，因此，马克思说："生产力当然始终是有用的、具体的劳动的生产力，它在事实上只决定有目的的生产活动在一定时间内的效率。"① 当然也不可否认，受各种因素的影响，能力和效率、劳动生产力和劳动生产率也会常常偏离。因此，当劳动生产率和劳动生产力一致时，二者可以看作是同义语而替换使用，但当二者不一致时，就不宜将劳动生产力等同于劳动生产率。"能力和效率是不同的，能力是潜在的力量，效率是能力发挥作用的结果。一般说来，能力和效率是成正比的，但也不完全这样。有时能力很大，但效率不高；有时能力不大，但效率很高。当劳动生产率标志着劳动生产力作用的结果时，劳动生产率和劳动生产力就是一致的，可以通用。但不一致时，就不能等同。马克思在《资本论》中运用这两个概念时，有些地方是很严格的，有些地方也不是那么严格，需要具体情况具体分析。"②

10.3 劳动生产率高低的表示

严格来说，劳动生产率高低的表示与劳动生产率本身的表示有所不同，不应将二者等同起来。劳动生产率是指劳动者的具体劳动在一定时间内生产某种使用价值的效率，既可以用单位劳动时间内所生产的产品数量来表示，也可以用生产单位产品所耗费的劳动时间来表示。劳动生产率的高低是指劳动者在单位劳动时间内所生产的产品数量的多少或生产单位产品所耗费的劳

---

① 马克思.资本论：第1卷[M].北京：人民出版社，2004：59.
② 洪远朋，主编.新编《资本论》教程：第1卷[M].上海：复旦大学出版社，1988：87.

动时间的多少。如果劳动者单位时间内生产的产品数量多则意味着劳动生产率高，反之则低。如果劳动者生产单位产品所耗费的劳动时间少则意味着劳动生产率高，反之则低。换句话说，表示劳动生产率"高低"的应是单位时间内所生产的产品数量的"多少"或单位产品所耗费的劳动时间的"多少"，而非单位时间内生产的产品"数量"或单位产品所耗费的劳动"时间"。

10.4 劳动生产力的决定因素与影响因素

如前所述，马克思《资本论》原著是将工人的平均熟练程度，科学的发展水平和它在工艺上的应用程度，生产过程的社会结合，生产资料的规模和效能，以及自然条件视为劳动生产力的"决定"因素，而《马克思主义基本原理》（2021年版）教材却将上述因素视为劳动生产率的"影响"因素。这样就难免会使读者产生困惑：如果劳动生产力的"决定"因素也就是劳动生产率的"影响"因素，那劳动生产率有没有它的"决定"因素呢？如果有的话，那劳动生产率的"决定"因素又是什么呢？这样看来，在我们还没有只在理论上切实区分劳动生产率的"决定"因素和"影响"因素之前，还是遵循《资本论》原著原意，采用劳动生产力或劳动生产率的"决定"因素的表述为宜。

11. 商品价值量的尺度

【原文】

当复杂劳动生产出来的商品和简单劳动生产出来的商品相交换时，商品的价值量是以简单劳动为尺度的。①

【解析】

11.1 商品价值量以社会必要劳动时间为尺度

商品的价值是凝结在商品中的无差别的一般人类劳动。既然价值是劳动的凝结，那么，价值量就决定于生产商品所耗费的劳动量。由于劳动量通常用劳动持续时间来计量，因此，价值量决定于生产商品所耗费的劳动时间。但是，不同的商品生产者由于生产商品的主观条件和客观条件不同，因此，各自生产同种商品所耗费的劳动时间即个别劳动时间也就不同。生产商品的主观条件和客观条件差的商品生产者，其生产同种商品所耗费的个别劳动时间多；生产商品的主观条件和客观条件好的商品生产者，其生产同种商品所耗费的劳动时间少。商品的价值量不是决定于个别生产者生产商品所耗费的个别劳动时间，而是决定于多数生产者生产商品所耗费的社会必要劳动时间。换句话说，商品价值量不是以个别劳动时间为尺度，而是以社会必要劳动时间为尺度。

马克思说："在商品的生产上只使用平均必要劳动时间或社会必要劳动时间。社会必要劳动时间是在现有的社会正常的生产条件下，在社会平均的劳动熟练程度和劳动强度下制造某种使用价值所需要的劳动时间。例如，在英国使用蒸汽织布机以后，把一定量的纱织成布所需要的劳动时间可能比过去少一半。实际上，英国的手工织布工人把纱织成布仍旧要用以前那样多的劳

---

① 《马克思主义基本原理》（2021年版）编写组．马克思主义基本原理［M］．北京：高等教育出版社，2021：172.

动时间，但这时他一小时的个人劳动的产品只代表半小时的社会劳动，因此价值也降到了它以前的一半。"①

11.2 社会必要劳动时间以简单劳动为尺度

商品的价值是生产商品所耗费的劳动的凝结，商品的价值量决定于生产商品所耗费的社会必要劳动时间。但生产商品的劳动却有简单劳动和复杂劳动的区别。简单劳动是指不需要经过专门训练和培养的一般劳动者都能胜任的劳动。复杂劳动是指需要经过专门训练和培养、具有一定文化知识和技能技巧的劳动者才能从事的劳动。简单劳动和复杂劳动的区别主要是由社会分工和科技发展水平的差别及其在生产中的应用程度决定的，因此，这种区别不是绝对的，而是相对的。例如，某个时期某个国家的复杂劳动，对另一时期另一个国家来说，只是简单劳动，但从一定时期的一定国家来看，这种区别又是确定的。

商品的价值所体现的人类劳动以及决定商品价值量的社会必要劳动时间的劳动，其实都是以简单劳动为尺度或为计量单位。马克思说："商品价值体现的是人类劳动本身，是一般人类劳动的耗费。……它是每个没有任何专长的普通人的有机体平均具有的简单劳动力的耗费。简单平均劳动本身虽然在不同的国家和不同的文化时代具有不同的性质，但在一定的社会里是一定的。比较复杂的劳动只是自乘的或不如说多倍的简单劳动，因此，少量的复杂劳动等于多量的简单劳动。……各种劳动化为当作它们的计量单位的简单劳动的不同比例，是在生产者背后由社会过程决定的。"② 可见，"商品价值量决定于生产商品的社会必要劳动时间，而社会必要劳动时间是以简单劳动为尺度的。复杂程度不同的劳动所生产的不同种类商品的价值量的确定，是通过把一定量的复杂劳动化为多倍的简单劳动来实现的。少量的复杂劳动可以等于自乘的或多倍的简单劳动；少量复杂劳动创造的价值可以等于倍加的简单劳动创造的价值。因而，复杂程度不同的劳动所生产的产品，可以按照一定的比例相互交换。"③ 显然，并非只是"当复杂劳动生产出来的商品和简单劳动生产出来的商品相交换"时，商品的价值量才以简单劳动为尺度。

---

① 马克思. 资本论：第1卷 [M]. 北京：人民出版社，2004：52.
② 马克思. 资本论：第1卷 [M]. 北京：人民出版社，2004：57-58.
③ 卫兴华，顾学荣，主编. 政治经济学原理 [M]. 北京：经济科学出版社，1998：27.

12. 商品价值形式发展的四个阶段

【原文】

商品的价值形式是不断发展演变的。从历史上看，商品价值形式的发展经历了四个阶段，即简单的或偶然的价值形式、总和的或扩大的价值形式、一般价值形式以及货币形式。①

【解析】

12.1 简单的或偶然的价值形式

商品内在的使用价值和价值的矛盾决定了商品交换。最初的商品交换是出现在原始社会末期的公社与公社之间或公社成员之间偶然的物物交换，由此形成了简单的或偶然的物物交换关系。在这种交换关系中，一种商品的价值简单地或偶然地表现在与它相交换的另一种商品上，由此形成简单的或偶然的价值形式："x 量商品 A＝y 量商品 B，或 x 量商品 A 值 y 量商品 B。（20 码麻布＝1 件上衣，或 20 码麻布值 1 件上衣。）"②

在简单价值形式 X 量商品 A＝Y 量商品 B 或 20 码麻布＝1 件上衣的交换关系中，麻布通过上衣表现自己的价值，处于相对价值形式；上衣则成为表现麻布价值的材料，处于等价形式。"更仔细地考察一下商品 A 同商品 B 的价值关系中所包含的商品 A 的价值表现，就会知道，在这一关系中商品 A 的自然形式只是充当使用价值的形态，而商品 B 的自然形式只是充当价值形式或价值形态。这样，潜藏在商品中的使用价值和价值的内部对立，就通过外部对立，即通过两个商品的关系表现出来了，在这个关系中，价值要被表现的商品只是直接当作使用价值，而另一个表现价值的商品只是直接当作交换价值。

---

① 《马克思主义基本原理》（2021 年版）编写组. 马克思主义基本原理 [M]. 北京：高等教育出版社，2021：173.
② 马克思. 资本论：第 1 卷 [M]. 北京：人民出版社，2004：62.

所以，一个商品的简单的价值形式，就是该商品中所包含的使用价值和价值的对立的简单表现形式。"①

12.2 总和的或扩大的价值形式

随着社会分工的发展和剩余产品数量的增多，商品交换范围逐步扩大，这时，一种商品不再是偶然地与一种商品交换，而是经常地与一系列商品交换；一种商品的价值不再是偶然地表现在一种商品上，而是经常地表现在一系列的许多商品上，从而形成了总和的或扩大的价值形式："z 量商品 A＝u 量商品 B，或＝v 量商品 C，或＝w 量商品 D，或＝x 量商品 E，或＝其他。(20 码麻布＝1 件上衣，或＝10 磅茶叶，或＝40 磅咖啡，或＝1 夸特小麦，或＝2 盎司金，或＝1/2 吨铁，或＝其他。)"② 与简单价值形式相比，扩大价值形式的优点在于一种商品的价值表现在一系列的其他商品上，从而使一种商品的价值能够得到比较充分的体现，体现为无差别的人类劳动的凝结。而扩大价值形式的缺点则在于没有统一的等价形式或等价物来表现商品的价值，因而使交换过程迂回复杂、困难重重，且交易费用高昂。

12.3 一般价值形式

随着商品交换的进一步发展，客观要求从商品世界中逐渐分离出一种商品固定地充当一般等价物，用来表现其他一切商品的价值，逐渐形成了一般价值形式："1 件上衣或 10 磅茶叶或 40 磅咖啡或 1 夸特小麦或 2 盎司金或 1/2 吨铁或 x 量商品 A 等等＝20 码麻布。"③ 与扩大价值形式相比，在一般价值形式中，所有商品的价值都表现在同一的一种商品上，既表现了一切商品价值的等同性，又使一切商品的价值量可以互相比较。因此，一般价值形式的产生解决了商品交换的困难，大大降低了商品的交易费用，促进了商品生产和商品交换的发展。

12.4 货币形式

一般价值形式只是表明一种商品从商品世界中被分离出来而处于一般等价物的地位，却并没有固定在唯一的一种商品上。在商品交换发展的历史上，充当一般等价物的商品曾因时因地而不同。这种状况使不同地区之间的商品交换仍不方便。随着商品交换的数量和种类的增多以及交换区域的扩大，客观要求充当一般等价物的商品固定在某一种特定商品上。金银自身价值昂贵、

---

① 马克思. 资本论：第 1 卷 [M]. 北京：人民出版社, 2004: 76-77.
② 马克思. 资本论：第 1 卷 [M]. 北京：人民出版社, 2004: 78.
③ 马克思. 资本论：第 1 卷 [M]. 北京：人民出版社, 2004: 81.

质地均匀、易于分割、便于携带、不易磨损等自然属性，决定了它最适合作为一般等价物的材料，因此，一般等价物就最终固定在金银上，一般价值形式相应地就转化为货币形式："20 码麻布或 1 件上衣或 10 磅茶叶或 40 磅咖啡或 1 夸特小麦或 1/2 吨铁或 x 量商品 A＝2 盎司金。"① 其实，"金能够作为货币与其他商品相对立，只是因为它早就作为商品与它们相对立。与其他一切商品一样，它过去就起等价物的作用：或者是在个别的交换行为中起个别等价物的作用，或者是与其他商品等价物并列起特殊等价物的作用。渐渐地，它就在或大或小的范围内起一般等价物的作用。当它在商品世界的价值表现中独占了这个地位，它就成为货币商品。"② 当金银固定地充当一般等价物时，一般价值形式就转化为货币形式，商品的交换价值就转化为商品的价格。可见，货币不是从来就有的，而是商品交换长期发展的产物，是固定充当一般等价物的商品。

---

① 马克思．资本论：第1卷［M］．北京：人民出版社，2004：86．
② 马克思．资本论：第1卷［M］．北京：人民出版社，2004：87．

13. 货币的职能和基本职能

【原文】
货币具有价值尺度、流通手段、贮藏手段、支付手段和世界货币等职能，其中价值尺度和流通手段是最基本的职能。①

【解析】
13.1 货币及其职能

商品内在的使用价值和价值的矛盾决定了商品交换的产生，商品交换的长期发展产生了货币。货币其实也是商品，与其他特殊商品的区别在于它在本质上是固定充当一般等价物的一般商品。"因为其他一切商品只是货币的特殊等价物，而货币是它们的一般等价物，所以它们是作为特殊商品来同作为一般商品的货币发生关系。"② 货币的本质决定了货币的职能，并通过货币的职能而得以体现。在发达的商品经济中，货币有价值尺度、流通手段、贮藏手段、支付手段和世界货币五种职能。价值尺度是指货币表现和衡量商品价值的职能。流通手段是指货币充当商品交换媒介的职能。贮藏手段是指货币退出流通领域而贮藏起来的职能。支付手段是指货币用于延期支付以及租税、薪金等支付的职能。世界货币是指货币在世界市场充当一般等价物的职能。

13.2 货币的基本职能

货币的职能是指货币的价值尺度、流通手段、贮藏手段、支付手段和世界货币的职能。货币的基本职能是指货币的价值尺度和流通手段的职能。

货币的价值尺度和流通手段的职能，之所以称之为货币的两个基本职能，原因就在于价值尺度和流通手段的职能产生于以物易物的商品交换所面临的

---

① 《马克思主义基本原理》（2021 年版）编写组. 马克思主义基本原理 [M]. 北京：高等教育出版社，2021：173.

② 马克思. 资本论：第 1 卷 [M]. 北京：人民出版社，2004：109.

两个基本困难。物物交换的第一个基本困难是因商品价值在交换之前不能直接表现和衡量而导致的物物交换的极其不便。因此，货币用来直接表现和衡量商品价值的价值尺度职能就成为货币的第一个基本职能。"金的第一个职能是为商品世界提供表现价值的材料，或者说，是把商品的价值表现为同名的量，使他们在质的方面相同，在量的方面可以比较。"① 物物交换的第二个基本困难是因缺乏一般等价物作为交换媒介而导致的物物交换的极其不便。因此，货币作为一般等价物充当商品交换媒介的流通手段职能就成为货币的第二个基本职能。"作为商品流通的中介，货币取得了流通手段的职能。"②

货币的贮藏手段、支付手段、世界货币的职能，之所以不被看作货币的基本职能，原因就在于它们并不是直接产生于以物易物的商品交换的本身，而是产生于以货币为媒介的商品流通及其发展。换句话说，价值尺度和流通手段的职能是在一般等价形式转变为货币形式的过程中逐渐形成的，而贮藏手段、支付手段和世界货币的职能则是在货币固定充当一般等价形式之后逐渐形成的。

货币"以上五种职能的排列顺序，大致反映了它们产生的顺序及其相互关系。其中，价值尺度和流通手段，是货币最基本的职能，是货币一产生就具有的。其他三个职能，是随着商品经济的发展而产生的"③。"货币的职能共有五种：价值尺度，流通手段，贮藏手段，支付手段和世界货币等，而以价值尺度和流通手段为基本职能，尤其是以价值尺度为最基本的职能，其余的职能则是伴随商品流通发展和商品形态变化而以此产生出来的。因此，考察货币的职能，一方面必须从货币的本质去分析；另一方面还必须从商品形态变化的特点去研究，才能获得正确的认识。"④

---

① 马克思. 资本论：第1卷［M］. 北京：人民出版社，2004：114.
② 马克思. 资本论：第1卷［M］. 北京：人民出版社，2004：136.
③ 卫兴华，顾学荣，主编. 政治经济学原理［M］. 北京：经济科学出版社，1998：36.
④ 漆琪生.《资本论》大纲：第1卷［M］. 北京：人民出版社，1985：226.

14. "商品的惊险的跳跃"

【原文】

货币的出现有利于解决商品交换的困难，促进了商品经济的发展。但是，货币的出现并没有从根本上消除商品经济的矛盾，反而有可能使矛盾扩大和加深。所以，马克思把商品转化成货币称为"商品的惊险的跳跃"，"这个跳跃如果不成功，摔坏的不是商品，但一定是商品占有者。"①

【解析】

14.1 商品交换包括物物交换和商品流通

商品内在的使用价值和价值的矛盾决定了商品交换。因为，"商品占有者的商品对他没有直接的使用价值。否则，他就不会把它拿到市场上去。他的商品对别人有使用价值。对他来说，他的商品直接有的只是这样的使用价值：它是交换价值的承担者，从而是交换手段。所以，他愿意让渡他的商品来换取其使用价值为他所需要的商品。一切商品对它们的占有者是非使用价值，对它们的非占有者是使用价值。因此，商品必须全面转手。这种转手就形成商品交换。"②

最初的商品交换是发生在原始社会末期的直接的产品交换，也就是直接的物物交换。"直接的产品交换形式是 x 量使用物品 A＝y 量使用物品 B。在这里，A 物和 B 物在交换之前不是商品，它们通过交换才成为商品。……商品交换是在共同体的尽头，在它们与别的共同体或其成员接触的地方开始的。……在直接的产品交换中，每个商品对于它的占有者直接就是交换手段，对于它的非占有者直接就是等价物，不过它要对后者有使用价值。因此，交

---

① 《马克思主义基本原理》（2021 年版）编写组. 马克思主义基本原理 [M]. 北京：高等教育出版社，2021：173.

② 马克思. 资本论：第 1 卷 [M]. 北京：人民出版社，2004：104.

换物还没有取得同它本身的使用价值或交换者的个人需要相独立的价值形式。"①

随着进入交换过程的商品的数量和种类的增多，缺乏以某种等价物作为交换媒介的以物易物的直接的产品交换愈加困难。不过，"问题和解决问题的手段同时产生。"② 商品交换的日益发展促使一般等价物产生并最终固定地由金银贵金属充当。货币就是固定充当一般等价物的贵金属商品。随着货币的产生，直接的产品交换就转化为间接的商品流通，即以货币为媒介的商品交换。与直接的产品交换形式 W—W 不同，"商品流通的直接形式是 W—G—W，商品转化为货币，货币再转化为商品，为买而卖。"③ 可见，商品的交换既包括以物易物的直接的产品交换，也包括以货币为媒介的间接的产品交换。前者称为物物交换，后者称为商品流通，但两者都属于商品交换。因此，准确的表述应是货币的出现有利于解决以物易物这种直接的产品交换或物物交换的困难，从而促进了商品经济的发展。

14.2 商品的内在矛盾

商品是用来交换的劳动产品，是使用价值和价值的矛盾统一体。统一是指作为商品必须既具有使用价值又具有价值，二者缺一不可。商品的使用价值是商品的价值的物质承担者，商品的价值寓于商品的使用价值之中。矛盾是指商品的买者和卖者不能同时获得商品的使用价值和价值，二者只能择其一。商品的买者要获得商品的使用价值就必须支付商品的价值，商品的卖者要获得商品的价值就必须让渡商品的使用价值。由于使用价值和价值是商品的内部构成要素，因此，习惯上将商品的使用价值和价值的矛盾称之为商品的内在矛盾。由于商品的使用价值和价值的矛盾源于生产商品的具体劳动和抽象劳动的矛盾，而生产商品的具体劳动和抽象劳动的矛盾源于简单商品经济的私人劳动和社会劳动的矛盾。因此，商品的内在矛盾既包含使用价值和价值的矛盾，也包括具体劳动和抽象劳动的矛盾、私人劳动和社会劳动的矛盾等矛盾。"商品内在的使用价值和价值的对立，私人劳动同时必须表现为直接社会劳动的对立，特殊的具体的劳动同时只是当作抽象的一般的劳动的对立，物的人格化和人格的物化的对立，——这种内在的矛盾在商品形态变化

---

① 马克思. 资本论：第1卷 [M]. 北京：人民出版社，2004：106-107.
② 马克思. 资本论：第1卷 [M]. 北京：人民出版社，2004：107.
③ 马克思. 资本论：第1卷 [M]. 北京：人民出版社，2004：172.

的对立中取得发展了的运动形式。"①

14.3 货币的产生扩大和加深了商品的内在矛盾

随着货币的产生，商品成为使用价值的化身，货币成为价值的符号，因此，商品内在的使用价值和价值的矛盾外化为商品和货币的对立，商品交换由直接的产品交换转化为间接的产品交换，亦即以货币为媒介的商品流通。与直接的产品交换相比，以货币为媒介的间接的商品交换，一方面因"打破产品交换的时间、空间和个人的限制"，推动了商品经济的发展；另一方面因商品交换在时间和空间上的买卖脱节，隐含着商品流通的中断，"包含着危机的可能性"②，所以扩大和加深了商品的内在矛盾或商品经济的内在矛盾。"货币的支付手段职能，一方面促进了商品经济的发展，这是因为货币的支付手段职能使商品的实际交易在一定时期内突破了货币数量的局限性；另一方面，又扩大了商品经济的内在矛盾，这是因为随着支付关系的发展，赊销方式使商品生产者之间形成了一长串的债权债务链条。如果其中有人到期不能支付，支付链条就有可能中断，也就是资金链断裂，整个债权债务关系陷入混乱，出现支付危机，导致商品生产与经营无法顺利进行。"③

14.4 "惊险的跳跃"相对于商品内在的使用价值和价值的矛盾而言

商品内在的使用价值和价值的矛盾决定了商品交换。在直接的产品交换即以物易物的物物交换形式中，商品的交换过程表现为 W—W，它使商品内在的使用价值和价值的矛盾外化为商品和商品的对立，前一个商品代表着商品的使用价值，后一个商品代表着商品的价值。在间接的产品交换即以货币为媒介的商品流通形式中，商品的交换过程表现为 W—G—W，它使商品内在的使用价值和价值的矛盾外化为商品和货币的对立，商品代表着使用价值，货币代表着价值。在商品流通 W—G—W 中，由于任何商品都只是价值的特殊存在形式，而只有货币才是价值的一般存在形式，因此，任何商品生产者要实现商品的价值，要实现从事商品生产的根本目的，关键在于能否成功地通过 W—G 这个商品的第一形态变化或卖出商品，也就是能否成功地将商品转化为货币。如果能，商品生产者将因能够实现其所生产的商品的价值而发财致富；如果否，商品生产者将因不能实现其所生产的商品的价值而亏本破

---

① 马克思. 资本论：第1卷 [M]. 北京：人民出版社，2004：135.
② 马克思. 资本论：第1卷 [M]. 北京：人民出版社，2004：135.
③ 《马克思主义政治经济学概论》编写组. 马克思主义政治经济学概论 [M]. 北京：人民出版社，高等教育出版社，2017：56.

产。由于商品的第一形态变化或卖事关商品生产者的命运，对于商品生产者来说当然是"惊险的跳跃"。马克思正是在这个意义上说："W—G。商品的第一形态变化或卖。商品价值从商品体跳到金体上，像我在别处说过的，是商品的惊险的跳跃。这个跳跃如果不成功，摔坏的不是商品，但一定是商品占有者。"① 可见，马克思的"惊险的跳跃"的论述是就商品内在的使用价值和价值的矛盾而言的。

14.5 成功实现"惊险的跳跃"的种种条件

第一，商品必须符合"货币占有者"的需要。"社会分工使商品占有者的劳动成为单方面的，又使他的需要成为多方面的。正因为这样，他的产品对他来说仅仅是交换价值。这个产品只有在货币上，才取得一般的社会公认的等价形式，而货币又在别人的口袋里。为了把货币吸引出来，商品首先应当对于货币占有者具有使用价值，就是说，用在商品上的劳动应当是以社会有用的形式耗费的，或者说，应当证明自己是社会分工的一部分。"② 这就要求任何商品生产经营者在生产经营任何商品时，都必须首先了解"货币占有者"的需要并以"货币占有者"的需要为导向，生产经营"货币占有者"所需所欲所求的商品，而不能以自己的生产能力或经营兴趣为导向，生产经营不符合"货币占有者"需、欲、求的没有销路的商品。为了准确地了解"货币占有者"的所需所欲所求，商品生产经营者必须重视和搞好产前的市场调查工作。

第二，商品必须符合"货币占有者"需要的变化。"货币占有者"的需要不是一成不变的，而是处于不断变化之中的。商品生产经营者要确保所生产经营的商品始终符合"货币占有者"的需要，始终"对于货币占有者是使用价值"，就必须重视和搞好市场预测工作，准确地把握市场需要的变化趋势，适时调整商品生产经营活动。社会需要不断变化，新的商品不断出现，常常导致旧的商品因不符合已经变化了的社会需要，使其使用价值难以让渡，价值难以实现，不能顺利实现"商品的惊险的跳跃"。消费者需要、市场需要和社会需要的不断变化，使得"某种产品今天满足一种社会需要，明天就可能全部或部分地被一种类似的产品排挤掉"③。可见，商品生产经营者只有搞好市场调查才能准确了解市场需要，只有搞好市场预测才能准确地把握市场

---

① 马克思.资本论：第1卷[M].北京：人民出版社，2004：127.
② 马克思.资本论：第1卷[M].北京：人民出版社，2004：127.
③ 马克思.资本论：第1卷[M].北京：人民出版社，2004：127.

需要的变化趋势。

第三，商品必须具有竞争力。一方面，社会对一种商品的需要数量不是无限的，而是有限的；另一方面，一种商品的生产经营者不是个别的，而是众多的。因此，商品生产经营者彼此之间必然存在着激烈的商品竞争。当竞争者的商品已经满足了社会需要的数量，其他的商品生产经营者所生产经营的商品就成为多余的，就不能转化为货币，就不能实现"惊险的跳跃"，就可能导致亏本直至破产。马克思幽默地说："即使某种劳动，例如我们这位织麻布者的劳动，是社会分工的特许的一部分，这也决不能恰好使他的20码麻布的使用价值得到保证。社会对麻布的需要，像对其他各种东西的需要一样，是有限度的，如果他的竞争者已经满足了这种需要，我们这位朋友的产品就成为多余的、过剩的，因而是无用的了。接受赠马，不看岁口，但是我们这位织麻布者绝不是到市场去送礼的。"①

第四，商品必须符合社会必要劳动时间的变化。商品的价值量不是决定于生产商品的个别劳动时间，而是决定于生产商品的社会必要劳动时间。社会必要劳动时间不是决定于商品的个别生产条件，而是决定于商品的社会生产条件。随着商品的社会生产条件的变化，生产商品的社会必要劳动时间随之变化，因此，生产商品所耗费的劳动时间今天代表社会必要劳动时间，明天未必还能代表社会必要劳动时间。当生产商品所耗费的劳动时间高于社会必要劳动时间时，生产商品所耗费的劳动时间就难以全部得到补偿，商品的价值就难以全部实现，难以使全部商品的价值都转化为货币。马克思以织麻布者为例风趣地说："假定他耗费在他的产品上的只是平均社会必要劳动时间。因此，商品的价格只是对象化在商品中的社会劳动量的货币名称。但是，织麻布业的以往可靠的生产条件，没有经过我们这位织麻布者的许可而在他的背后发生了变化。同样多的劳动时间，昨天还确实是生产一码麻布的社会必要劳动时间，今天就不是了。货币占有者会非常热心地用我们这位朋友的各个竞争者定出的价格来说明这一点。我们的这位朋友真是不幸，世上竟有很多织麻布者。"②

第五，商品必须符合社会需要总量。一种商品即使符合社会需要，所耗费的劳动时间也符合社会必要劳动时间，全部商品的价值也难以得到实现。因为，商品价值量的决定和实现，不仅取决于商品的总供给，还取决于商品

---

① 马克思. 资本论：第1卷 [M]. 北京：人民出版社，2004：127-128.
② 马克思. 资本论：第1卷 [M]. 北京：人民出版社，2004：128.

的总需求。当一种商品的供给总量超过了其需求总量，换句话说，当一种商品所耗费的社会必要劳动时间总量，超过了社会应分配给该商品的社会必要劳动时间总量时，部分商品的价值或商品的部分价值就不能得到实现，一部分商品就不能转化为货币。例如，社会只需要1000双鞋，而鞋的生产者却生产了2000双鞋，尽管每一双鞋都是符合社会需要的，而且都是以社会必要劳动时间生产的，但1000双鞋的社会需要总量，无论如何都无法使2000双鞋的价值都得到实现，从而使之全部价值都转化为货币。"假定市场上的每一块麻布都只包含社会必要劳动时间。即使这样，这些麻布的总数所包含的已耗费的劳动时间仍然可能过多。如果市场的胃口不能以每码2先令的正常价格吞下麻布的总量，这就证明，在全部社会劳动时间中，以织麻布的形式耗费的时间太多了。其结果就像每一个织布者花在他个人的产品上的时间都超过了社会必要劳动时间一样。这正像俗话所说：'一起捉住，一起绞死。'"①

---

① 马克思. 资本论：第1卷[M]. 北京：人民出版社，2004：128.

15. 金银与货币的关系

【原文】

金银天然不是货币，但货币天然是金银。①

【解析】

15.1 货币是商品交换过程矛盾发展的产物

货币不是从来就有的，而是商品交换长期发展的产物。商品内在的使用价值和价值的矛盾决定了商品交换。因为，"一切商品对它们的占有者是非使用价值，对它们的非占有者是使用价值。因此，商品必须全面转手。这种转手就形成商品交换，而商品交换使商品彼此作为价值发生关系并作为价值来实现"②。"商品交换是在共同体的尽头，在它们与别的共同体或其成员接触的地方开始的。"③ 在原始社会晚期，随着劳动生产力水平的提高，不同的原始部落会偶然地出现剩余产品，相应地出现了不同原始部落之间的偶然的产品交换。在这种以物易物的产品直接交换中，每个商品，对于它的占有者来说，直接就是交换手段，也就是用于换取别人商品的交换价值。而对于它的非占有者来说，直接就是等价物，也就是符合自身某种需要的使用价值。但在直接的物物交换中，每个商品对于它的非占有者来说，未必直接就是等价物，也就是说，商品占有者的商品，未必就是符合商品非占有者需要的使用价值，因此，商品交换也就常常难以顺利实现。

在原始社会末期，随着生产力水平的进一步发展，剩余产品不再是偶然的少量的出现，而是经常的大量的存在。三次社会大分工的出现和发展，使

---

① 《马克思主义基本原理》（2021年版）编写组. 马克思主义基本原理 [M]. 北京：高等教育出版社，2021：173.
② 马克思. 资本论：第1卷 [M]. 北京：人民出版社，2004：104.
③ 马克思. 资本论：第1卷 [M]. 北京：人民出版社，2004：107.

得商品交换不再是偶然的，而是经常的。随着进入交换过程的商品数量和商品种类的不断增多，在以物易物的产品直接交换条件下，商品顺利实现交换的难度就越来越大，甚至无法完成交易。因为，"如果不同商品占有者的不同商品在它们的交易中不和同一个第三种商品相交换并作为价值和它相比较，商品占有者拿自己的物品同其他种种物品相交换、相比较的交易就绝不会发生。"① 不过，没有过不去的火焰山，问题和解决问题的手段必然同时产生。正是商品交换的长期发展，使得一种商品最终从商品世界分离出来，直接取得一般的或社会的等价形式，成为充当其他不同商品一般等价物的货币商品。

15.2 金银是最适宜的货币材料

一般等价物其实就是从商品世界分离出来的以其自身的自然形态来表现其他一切商品的价值形态的商品。它是社会公认的等价形态，是所有商品的共同的价值形态，因此，它可以与其他所有商品直接进行交换，并使生产其他一切商品的私人劳动转化为得到社会承认的社会劳动。不过，在金银充当一般等价物之前，许多商品都充当过一般等价物。中国货币史学家的研究表明，在中国历史上，牲畜、兽皮、五谷、布帛、珠玉、海贝、农具都等曾充当过一般等价物。正如司马迁在《史记·平准书》中所说："农工商交易之路通，而龟、贝、金、钱、刀、布之币兴焉。"他们通常认为，中国最早的货币商品是始于夏代的贝，也就是说中国最早是以贝作为货币商品的。因此，在中国古代文字的结构上，与价值相关的字，多带贝字部首，说明中国古人无意间已经将贝视为价值的一般形式和财富的一般代表了。

然而，在中国古代历史上，不同时期和不同地区，充当一般等价物的货币商品也并不相同。例如在春秋战国时期就存在着布钱、刀币、环钱和楚币四大货币体系。正是充当一般等价物的商品在地域上的局限性和时间上的不稳定性，难以适应和满足日益扩大和增长的商品交换的需要，因此客观要求将充当一般等价物的商品固定在某些商品上，这种固定充当一般等价物的商品也就成为货币。金银自身的自然属性使其成为最适宜充当货币的材料。因为金银具有质地均匀、易于分割、不易磨损、便于携带、宜于贮存等自然属性，因此最终成为世界各国普遍采用的货币商品。正如马克思所说："一种物质只有分成的每一份都是均质的，才能成为价值的适当的表现形式，或抽象

---

① 马克思.资本论：第1卷［M］.北京：人民出版社，2004：107.

的因而等同的人类劳动的化身。另一方面，因为价值量的差别纯粹是量的差别，所以货币商品必须只能有纯粹量的差别，就是说，必须能够随意分割，又能够随意把它的各部分合并起来。金和银就天然具有这种属性。"①

---

① 马克思. 资本论：第 1 卷 [M] . 北京：人民出版社，2004：109.

16. 价格与价值的关系

【原文】

在商品经济中，价值规律的表现形式是，商品的价格围绕商品的价值自发波动。①

【解析】

16.1 价格与价值的量的背离

商品的价值是凝结在商品中的无差别的一般人类劳动。商品的价值量决定于生产商品时所耗费的社会必要劳动时间。商品的价格是把商品的价值相对地表现在货币上，因而是商品价值的一种相对表现。这样，从商品价格表现商品价值这个关系来说，价格是商品价值量的指数；从商品价格表现商品和货币的交换比例来说，商品价格又是商品和货币的交换比例的指数，但这两种指数并非任何场合都相一致。也就是说，价格作为商品同货币的交换比例的指数，它只表明这一商品能够交换多少货币，而不一定能够表明这个商品的价值量。因而，"商品的价值量表现出一种必然的、商品形成过程内在的同社会必要劳动时间的关系。随着价值量转化为价格，这种必然的关系就表现为商品同在它之外存在的货币商品的交换比例。这种交换比例既可以表现商品的价值量，也可以表现比它或大或小的量，在一定条件下，商品就是按这种较大或较小的量来让渡的。可见，价格和价值量之间的量的不一致的可能性，或者价格偏离价值量的可能性，已经包含在价格形式本身中。但这并不是这种形式的缺点，相反地，却使这种形式成为这样一种生产方式的适当形式，在这种生产方式下，规则只能作为没有规则性的盲目起作用的平均数

---

① 《马克思主义基本原理》（2021 年版）编写组. 马克思主义基本原理 [M]. 北京：高等教育出版社，2021：174.

规律来为自己开辟道路"①。可见，价格形式作为商品价值的货币表现形式，作为商品和货币的交换比例，使得价格与价值量可能一致，也可能不一致，从而导致商品的价格与商品的价值之间的量的背离。

16.2 价格与价值的质的背离

价格不仅是商品价值的货币表现形式，不仅是商品和货币的交换比例，而且也是商品的使用价值的表现形式。因为，商品交换存在着买卖双方，卖方是让渡商品的使用价值以实现商品的价值的一方，买方是支付商品的价值以获得商品的使用价值的一方。在商品交换中，卖方为实现商品的价值而让渡商品的使用价值，买方为获得商品的使用价值而支付商品的价值。因此，商品的价格不仅要反映商品的价值和货币的价值，而且要体现商品的使用价值，因此，商品的价格有时仅仅只是商品的使用价值的货币表现，这导致商品的价格与价值的质的背离。"价格形式不仅可能引起价值量和价格之间即价值量和它自身的货币表现之间的量的不一致，而且能够包藏一个质的矛盾，以致货币虽然只是商品的价值形式，但价格可以完全不是价值的表现。有些东西本身并不是商品，例如良心、名誉等等，但是也可以被它们的占有者出卖以换取金钱，并通过它们的价格，取得商品形式。因此，没有价值的东西在形式上可以具有价格。"② 可见，价格作为商品价值的货币表现形式，因货币价值的变化导致价格与价值的量的背离。而价格作为商品的使用价值的货币表现形式，使"只有使用价值而没有价值的东西在形式上可以具有价格"，使价格完全不是价值的表现，从而导致价格与价值的质的背离。

---

① 马克思．资本论：第 1 卷 [M]．北京：人民出版社，2004：112-122.
② 马克思．资本论：第 1 卷 [M]．北京：人民出版社，2004：123.

17. 价值规律调节社会收入分配

【原文】

（价值规律）自发地调节社会收入的分配。在实际的生产活动中，生产同种商品的各个生产者，由于生产条件和技术水平不同，生产中实际耗费的劳动时间也不一样。那些生产条件好、技术水平高的生产者，生产商品的个别劳动耗费较少，仍按照较高的社会价值出卖，因而可以获得较多的收入。相反，那些生产条件差、技术水平低的商品生产者，生产同种商品的个别劳动耗费较多，但还要按照社会价值出卖，结果不仅无利可图，甚至可能亏本或破产。这样，就调节了社会收入在不同商品生产者之间的分配。①

【解析】

17.1 个别劳动时间和个别价值、社会必要劳动时间和社会价值

在实际的商品生产活动中，生产同种商品的各个商品生产者，因其生产商品的主观条件和客观条件的不同，导致其生产同种商品所耗费的劳动时间的不同。那些生产商品的主观条件和客观条件好的商品生产者，其生产商品所耗费的劳动时间少；而那些生产商品的主观条件和客观条件差的商品生产者，其生产商品所耗费的劳动时间则更多。个别劳动时间是指个别生产者生产商品所耗费的劳动时间。个别价值是指由个别劳动时间所决定的个别商品的价值。

商品的价值量不是决定于个别商品生产者生产商品所耗费的个别劳动时间，而是决定于大多数商品生产者生产商品所耗费的社会必要劳动时间。"社会必要劳动时间是在现有的社会正常的生产条件下，在社会平均的劳动熟练

---

① 《马克思主义基本原理》（2021年版）编写组. 马克思主义基本原理［M］. 北京：高等教育出版社，2021：175.

程度和劳动强度下制造某种使用价值所需要的劳动时间。"① "社会正常的生产条件"是商品生产者生产商品的客观条件，通常是指一定国家的一定时期同一生产部门绝大多数商品生产者所普遍使用的标准的生产资料，其中最主要的是生产工具。"社会平均的劳动熟练程度和劳动强度"是商品生产者生产商品的主观条件。通常是指一定国家的一定时期同一生产部门绝大多数商品生产者所具有的劳动熟练程度和劳动强度。社会价值是指由社会必要劳动时间所决定的商品的价值。

17.2 价值规律和两极分化

价值规律是商品经济的基本规律。价值规律的内容是商品的价值量由生产商品所耗费的社会必要劳动时间决定。价值规律的要求是商品交换以价值量为基础等价交换。只要存在商品经济，价值规律就必然发挥作用。"这是因为在私人劳动产品的偶然的不断变动的交换比例中，生产这些产品的社会必要劳动时间作为起调节作用的自然规律强制地为自己开辟道路，就像房屋倒在人的头上时重力定律为自己开辟道路一样。"②

在价值规律的作用下，那些生产商品的主观条件和客观条件好的商品生产者，因其生产商品所耗费的个别劳动时间低于社会必要劳动时间，所以其所生产的商品的个别价值低于社会价值，但仍按照由社会必要劳动时间决定的同一的社会价值来售卖，那么，他所生产的商品就能够实现较多的价值，并由此走上发财致富之路。相反，那些生产商品的主观条件和客观条件差的商品生产者，因其生产商品所耗费的个别劳动时间高于社会必要劳动时间，所以其所生产的商品的个别价值高于社会价值，但仍按照由社会必要劳动时间决定的同一的社会价值来售卖，那么，他所生产的商品就只能够实现较少的价值，从而走上亏本淘汰之路。由此可见，价值规律发挥作用的一个显著结果，就是自发地导致商品生产者之间的优胜劣汰和两极分化。"价值规律作用导致优胜劣汰、商品生产者两极分化。"③ 价值规律的作用"不可避免地造成富者愈富，贫者愈贫，引起小商品生产者的贫富两极分化。在封建社会末期的历史条件下，少数生产条件较好的小商品生产者越来越富，生产规模越来越大，变为资本家。大多数生产条件较差的小商品生产者破产倒闭，沦为雇佣工人。从而在小商品生产者贫富两极分化的基础上，导致了资本主义生

---

① 马克思. 资本论：第1卷 [M]. 北京：人民出版社，2004：52.
② 马克思. 资本论：第1卷 [M]. 北京：人民出版社，2004：92.
③ 逄锦聚，等，主编. 政治经济学 [M]. 5版. 北京：高等教育出版社，2014：45.

产关系的产生"①。

17.3 社会收入分配的调节

或许正是由于价值规律发挥作用的结果是自发地导致商品生产者的收入差距、贫富分化和优胜劣汰，而并非自发地调节社会收入在商品生产者之间的分配，因此，在我国的政治经济学文献中，无论是具有代表性的政治经济学的教科书还是政治经济学的辞书，都不曾见到价值规律的作用是"自发地调节社会收入的分配"的表述。且不论这种新的提法或观点准确与否，其涉及的相关概念就有待明确阐释。例如，什么是不同于"个人收入"的"社会收入"？什么是不同于"个人收入的分配"的"社会收入的分配"？"调节社会收入的分配"的手段都有哪些？其中是否包括价值规律的作用？各种调节社会收入分配的手段又是如何协调地"调节社会收入的分配"的？等等。

不可否认，价值规律在微观经济活动方面具有激励创新和优胜劣汰的功能，在宏观经济活动方面具有调节社会劳动分配和资源配置的功能。但"价值规律也有许多不能发挥调节作用的领域。比如，生态破坏、环境污染和社会保障等方面的问题，事关社会成员的公共利益，不能依靠价值规律的调节作用来解决。再如，价值规律作用下的优胜劣汰，有可能导致贫富两极分化，因而无法保障收入分配的公平"②。或许正是由于价值规律不具备"调节社会收入的分配"功能，所以，在我国社会主义市场经济条件下，"必须按照社会主义分配原则的要求，不断完善我国的收入分配制度，调节收入分配关系，逐步缩小收入分配差距，实现共同富裕"③。为此，我们要通过加强政府宏观经济管理职能，有效调节收入分配；健全市场机制，发挥市场机制对初次分配的基础性调节作用；深化垄断行业收入分配制度改革，合理调节垄断行业的过高收入；加强法制建设，规范收入分配秩序；缩小收入分配差距，实现共同富裕。

---

① 卫兴华，顾学荣，主编. 政治经济学原理 [M]. 北京：经济科学出版社，1998：40.
② 《马克思主义政治经济学概论》编写组. 马克思主义政治经济学概论 [M]. 北京：人民出版社，高等教育出版社，2017：74-75.
③ 《马克思主义政治经济学概论》编写组. 马克思主义政治经济学概论 [M]. 北京：人民出版社，高等教育出版社，2017：315.

18. 价值规律阻碍技术进步

【原文】

在商品经济条件下，商品是按照由社会必要劳动时间所决定的社会价值进行交换的。那些劳动生产率较高、个别劳动时间低于社会必要劳动时间，从而商品的个别价值低于社会价值的生产者，就可以获得较多的收入，在竞争中处于有利地位；反之，就只能获得较少的收入，在竞争中处于不利地位。商品生产者为了获得较多的利益，并在竞争中获胜，必然要不断改进技术，提高劳动生产率，从而推动社会生产力的发展。……在市场竞争中，首先采用先进技术和经营管理办法，提高了劳动生产率的商品生产者，为了保持其在竞争中的优势，往往会限制技术的扩散，严守经营秘密，这就在一定程度上阻碍了新技术的推广和生产经营的普遍改善，阻碍了社会生产力的发展。①

【解析】

18.1 价值规律自发地促进技术进步

在商品经济条件下，任何商品生产者从事商品生产的目的，都不是为了获取使用价值，而是为了实现尽可能多的价值。在商品价值量不是由个别商品生产者生产商品所耗费的个别劳动时间决定，而是由多数商品生产者生产商品所耗费的社会必要劳动时间决定的条件下，个别商品生产者所生产的商品要实现尽可能多的价值，必须使其所生产商品的个别价值低于同种商品的社会价值，从而必须使其生产商品所耗费的个别劳动时间低于同种商品生产所耗费的社会必要劳动时间。任何商品生产者要能够使所生产商品的个别价值低于社会价值，所生产商品耗费的个别劳动时间低于社会必要劳动时间，只有不断改进技术，改善经营管理，提高劳动生产力。可见，价值规律作为

---

① 《马克思主义基本原理》（2021年版）编写组. 马克思主义基本原理[M]. 北京：高等教育出版社，2021：174-175.

商品经济的基本规律,就像一只看不见的手,自发地促进或刺激技术进步。"商品生产者为了多获利润就必须不断进行技术创新,加强经营管理,提高劳动生产率,在竞争中努力降低商品的价格。这不仅对技术进步产生了巨大的刺激作用,而且在客观上推动了整个社会生产力的发展。"①

18.2 既得利益者人为地阻碍技术进步

在商品经济条件下,率先改进技术的商品生产者,因其生产商品所耗费的个别劳动时间低于社会必要劳动时间,其所生产商品的个别价值低于社会价值,但仍按照由社会必要劳动时间决定的同一的社会价值出卖商品,其所生产的商品就会实现较多的价值,他就会获得较多的利益。那些率先改进技术的商品生产者,为了维护其改进技术所获得的既得利益,自然就会人为地想方设法防止技术的泄露扩散。但商品经济长期发展的实践表明,尽管所有的率先改进技术的商品生产者,无不试图人为地阻碍技术进步以维护既得利益,但却并没有哪个商品生产者真正实现了通过人为阻碍技术进步而维护既得利益的企图。原因何在呢?原因就在于,商品价值量由生产商品的社会必要劳动时间决定和商品交换以价值量为基础进行等价交换,这个同一的价值规律,既会使率先改进技术的商品生产者获得既得利益,又会作为竞争的强制规律,迫使他的竞争者亦即其他商品生产者也采用改进的技术乃至更先进的技术,从而促进技术的持续进步。"价值由劳动时间决定这同一规律,既会使采用新方法的资本家感觉到,他必须低于商品的社会价值来出售自己的商品,又会作为竞争的强制规律,迫使他的竞争者也采用新的生产方式。"②

由上可见,阻碍技术进步的并非价值规律,而是那些既得利益者。而且,正是价值规律的作用冲破了既得利益者对技术进步的阻碍。例如,封建社会的行会制度为了维护行会成员的既得利益,想方设法维护行会垄断,反对自由竞争,阻碍技术进步,然而行会制度最终也未能限制自由竞争和阻碍技术进步。因为,"随着商品经济的发展,行会的种种限制失去作用,在行会手工业者中,终于分化出资本家和雇佣工人。行会手工业便逐步被资本主义工场手工业所代替"③。再如,"垄断资本的统治,决定了帝国主义的寄生性和腐朽性,因为,在规定了(即使是暂时的)垄断价格的情况下,技术进步的动因,就会在相当程度上消失,而且在经济上就有可能人为地阻碍技术进步。

---

① 逄锦聚,等,主编.政治经济学[M].5版.北京:高等教育出版社,2014:45.
② 马克思.资本论:第1卷[M].北京:人民出版社,2004:370-271.
③ 许涤新,主编.简明政治经济学辞典[Z].北京:人民出版社,1983:153.

当然，这一趋势并不排除科学技术在资本主义制度下的迅速发展，因为垄断组织为了加强自己的竞争能力，仍要利用改良技术的办法来降低生产成本和提高利润"[1]。

---

[1] 许涤新，主编．简明政治经济学辞典［Z］．北京：人民出版社，1983：393．

19. 以私有制为基础的商品经济的基本矛盾

【原文】

在私有制商品经济条件下，私人劳动和社会劳动之间的矛盾是商品经济的基本矛盾。在资本主义制度下，这种矛盾进一步发展成为资本主义的基本矛盾，即生产社会化和生产资料资本主义私人占有之间的矛盾。①

【解析】

19.1 私人劳动和社会劳动的矛盾是以私有制为基础的商品经济的基本矛盾

以私有制为基础的商品经济产生于生产资料私有制和社会分工。生产资料私有制决定了商品生产者的劳动是具有私人性质的私人劳动，其主要表现在生产什么、生产多少、如何生产，完全是由商品生产者根据各自的私人利益而独立决定的私人事情。社会分工则决定了商品生产者的劳动是具有社会性质的社会劳动，其主要表现在任何商品生产者的私人劳动作为社会分工体系的组成部分，事实上都是社会总劳动的一部分，从而都必须以符合社会需要为前提。

以私有制为基础的商品经济的基本矛盾，亦即私人劳动和社会劳动的矛盾表现在：一方面，私人劳动产品因在质上不符合社会需要，导致私人劳动一点也不能转化为社会劳动，耗费在商品生产上的全部劳动都得不到补偿；另一方面，私人劳动的产品虽在质上符合社会需要，但在量上超过社会需要，导致私人劳动不能全部而只能部分地转化为社会劳动，耗费在商品生产上的全部劳动只能得到部分补偿。当私人劳动一点也得不到补偿时，商品生产者将面临破产；当私人劳动只能得到部分补偿时，商品生产者将面临亏本。可

---

① 《马克思主义基本原理》（2021 年版）编写组. 马克思主义基本原理［M］. 北京：高等教育出版社，2021：177-178.

见，私人劳动和社会劳动的矛盾运动决定着商品生产者的命运。

"私人劳动和社会劳动的矛盾，是以私有制为基础的商品经济的基本矛盾。这是因为，第一，私人劳动和社会劳动的矛盾，是商品内在各种矛盾的根源。……第二，私人劳动和社会劳动的矛盾，决定私有制商品经济产生和发展全过程。……第三，私人劳动和社会劳动的矛盾，决定着以私有制为基础的商品生产者的命运。"①

19.2 私人劳动和社会劳动的矛盾决定了商品的各种内在矛盾

生产资料的私有制决定了各个商品生产者生产商品的劳动首先是体现其私人意志的私人劳动，社会分工决定了每个商品生产者生产商品的私人劳动必须同时也是符合社会需要的社会劳动。要使千差万别的各种私人劳动转化为与社会需要相一致的社会劳动，就必须撇开各个商品生产者私人劳动的千差万别的具体形式，从而把形式各异的各种具体劳动还原为无差别的一般人类劳动，也就是抽象劳动。具体劳动创造了商品的使用价值，抽象劳动形成了商品的价值。可见，商品之所以具有使用价值和价值两个因素，根源于生产商品的劳动具有具体劳动和抽象劳动两重属性。而生产商品的劳动之所以具有具体劳动和抽象劳动两重属性，根源于以私有制为基础的商品经济具有私人劳动和社会劳动两重性质。换句话说，使用价值和价值的矛盾根源于具体劳动和抽象劳动的矛盾；具体劳动和抽象劳动的矛盾根源于私人劳动和社会劳动的矛盾。这些矛盾也就是马克思所说的"商品内在的使用价值和价值的对立，私人劳动同时必须表现为直接社会劳动的对立，特殊的具体的劳动同时只是当作抽象的一般的劳动的对立，物的人格化和人格的物化的对立"②。概要来说，私有制和社会分工决定了商品生产者的劳动划分为私人劳动和社会劳动二重属性，进而决定了劳动划分为具体劳动和抽象劳动二重属性，而劳动二重性又将商品区别为使用价值和价值二因素，相应地，私有制和社会分工的矛盾导致私人劳动和社会劳动的矛盾，进而导致劳动属性的具体劳动和抽象劳动的矛盾，最终导致商品的使用价值和价值的矛盾。可见，商品的各种内在矛盾根源于以私有制为基础的商品经济的基本矛盾。

19.3 以私有制为基础的商品经济的基本矛盾转化为资本主义的基本矛盾

以私有制为基础的商品经济的发展经历了简单商品经济和资本主义商品经济两个阶段。如前所述，简单商品经济亦称小商品经济，它是以生产资料

---

① 卫兴华，顾学荣，主编. 政治经济学原理 [M]. 北京：经济科学出版社，1998：30.
② 马克思. 资本论：第1卷 [M]. 北京：人民出版社，2004：135.

劳动者个体私有制为基础、以劳动者与生产资料相统一、以个体劳动和个体性小生产为特征的初始形态的以私有制为基础的商品经济。资本主义商品经济则是以生产资料资本家私有制为基础，以劳动者与生产资料相分离、以雇佣劳动和社会化大生产为发展形态特征、以私有制为基础的商品经济。简单商品经济的发展引起商品生产者之间贫富两极分化，"贫"的商品生产者沦为"富"的商品生产者的雇佣劳动者，"富"的商品生产者成为雇佣"贫"的商品生产者的资本家，由此促进了以生产资料劳动者个体私有制为基础、以劳动者和生产资料相统一、以个体劳动和个体性小生产为特征的简单商品经济，发展为以生产资料资本家私有制为基础、以劳动者与生产资料相分离、以雇佣劳动和社会化大生产为特征的资本主义商品经济。

商品经济的发展促进了生产资料的劳动者私有制向资本家私有制的转变，商品关系的普遍化促进了社会分工向生产社会化的转变。随着生产资料的劳动者私有制转化为资本家私有制和社会分工转化为生产社会化，以生产资料劳动者私有制为基础的私人劳动和社会劳动这个简单商品经济的基本矛盾，随之转化为以生产资料资本家私有制为基础的生产资料资本主义私人占有和生产社会化这个资本主义商品经济的基本矛盾，亦即资本主义的基本矛盾。简单商品经济的发展所引起的商品生产者之间的贫富两极分化，促使生产资料劳动者私有制转化为生产资料资本家私有制；简单商品经济的发展所促进的分工的精细化和协作的密切化，促使简单商品生产方式下的社会分工发展为资本主义商品生产方式下的生产社会化。虽然几乎所有的政治经济学辞书和教材目前都把私人劳动和社会劳动的矛盾视为简单商品经济的基本矛盾，但是，基于私人劳动和社会劳动的矛盾却根源于生产资料劳动者私有制和社会分工的矛盾；基于生产资料资本家私有制和生产社会化的这个资本主义基本矛盾，却根植于生产资料劳动者私有制和社会分工这个简单商品经济基本矛盾的发展。那么，我们是否可以将生产资料劳动者私有制和社会分工的矛盾，而非由其产生的私人劳动和社会劳动的矛盾，视为简单商品经济的基本矛盾呢？

20. 商品拜物教

【原文】

私有制商品经济条件下私人劳动与社会劳动之间的矛盾通过商品的运动、价值的运动、货币的运动决定商品生产者的命运，这使商品生产者认为商品、价值乃至货币似乎是物的自然属性，而这种所谓的自然属性又似乎具有一种超自然的神秘性，商品生产者不能自己掌握自己的命运，而是听凭商品、价值、货币运动的摆布，人与人之间一定的社会关系在人们面前采取了物与物的关系的虚幻的形式，马克思称之为商品拜物教。①

【解析】

20.1 商品拜物教

拜物教是指人们因对某物缺乏正确认识，而迷信某物具有支配人们命运的神秘力量，进而将其当作神秘偶像加以崇拜的一种宗教。例如，远古时代的人们因对雷、电、风、雨、日、月、星、云等自然现象缺乏正确认识，而迷信这些自然现象是主宰人们命运的神灵，进而对这些自然现象产生迷信崇拜，从而产生形形色色的拜物教。"所谓拜物教的涵义，是指人们迷信某种物体具有支配人们命运的神秘力量，因而把它当作神怪偶像加以崇拜的一种宗教。"②

商品拜物教，是指商品生产者因无法理解商品生产和商品交换在本质上所体现的人与人之间的社会关系为何在现象上却表现为商品与商品之间的物和物的关系，更无法理解商品与商品之间的这种物和物的关系为何会成为支配商品生产者命运的物统治人的关系，由此而产生的一种对商品崇拜的宗教

---

① 《马克思主义基本原理》（2021年版）编写组. 马克思主义基本原理［M］. 北京：高等教育出版社，2021：177.

② 漆琪生.《资本论》大纲：第一卷［M］. 北京：人民出版社，1985：190.

意识。

20.2 商品拜物教不是来源于商品的使用价值

就商品的使用价值而言，任何商品都具有满足人的某种需要的物质属性，也就是具有某种使用价值。商品的这种物质属性存在于商品体本身，人们也能够感知和感觉到，因此，使用价值并没有什么神秘之处。"就商品是使用价值来说，不论从它靠自己的属性来满足人的需要这个角度来考察，或者从它作为人类劳动的产品才具有这些属性这个角度来考察，它都没有什么神秘的地方。很明显，人通过自己的活动按照对自己有用的方式来改变自然物质的形态。例如，用木头做桌子，木头的形状改变了。可是桌子还是木头，还是一个普通的可以感觉的物。"①

20.3 商品拜物教也不是来源于商品价值规定的内容

就商品的价值规定的内容来说，商品拜物教也没有什么神秘之处。商品价值规定的内容，就是指形成价值实体的、抽象的、一般的人类劳动。它也不会使商品产生什么神秘性。因为，"第一，不管有用劳动或生产活动怎样不同，它们都是人体的机能，而每一种这样的机能不管内容和形式如何，实质上都是人的脑、神经、肌肉、感官等等的耗费。这是一个生理学的真理。第二，说到作为决定价值量的基础的东西，即这种耗费的持续时间或劳动量，那么，劳动的量可以十分明显地同劳动的质区别开来。在一切社会状态下，人们对生产生活资料所耗费的劳动时间必然是关心的，虽然在不同的发展阶段上关心的程度不同。最后，一旦人们以某种方式彼此为对方劳动，他们的劳动也就取得社会的形式"②。

20.4 商品拜物教来源于商品形式本身

商品拜物教来源于商品形式本身。劳动产品一旦成为商品，也就是采取商品形式，生产商品的劳动的各种规定性，就以特殊的形式表现出来，从而使商品产生谜一样的神秘性。因为"商品形式在人们面前把人们本身劳动的社会性质反映成劳动产品本身的物的性质，反映成这些物的天然的社会属性，从而把生产者同总劳动的社会关系反映成存在于生产者之外的物与物之间的社会关系。由于这种转换，劳动产品成了商品，成了可感觉又超感觉的物或社会的物。……商品形式和它借以得到表现的劳动产品的价值关系，……这只是人们自己的一定的社会关系，但它在人们面前采取了物与物的关系的虚

---

① 马克思. 资本论: 第1卷 [M]. 北京: 人民出版社, 2004: 88.
② 马克思. 资本论: 第1卷 [M]. 北京: 人民出版社, 2004: 88-89.

幻形式。因此，要找一个比喻，我们就得逃到宗教世界的幻境中去。在那里，人脑的产物表现为赋有生命的、彼此发生关系并同人发生关系的独立存在的东西。在商品世界里，人手的产物也是这样。我把这叫作拜物教"①。

20.5 商品拜物教根源于私人劳动和社会劳动的矛盾

在以私有制为基础的商品生产条件下，生产资料私有制使每个商品生产者的劳动成为体现私人意志的私人劳动，但社会分工又使每个商品生产者的私人劳动成为社会劳动的组成部分。但将私人劳动转化为社会劳动从而被证实为社会劳动的一部分，只有通过商品交换才能实现。"使用物品成为商品，只是因为它们是彼此独立进行的私人劳动的产品。这种私人劳动的总和形成社会总劳动。因为生产者只有通过交换他们的劳动产品才发生社会接触，所以，他们的私人劳动的独特的社会性质也只有在这种交换中才表现出来。换句话说，私人劳动在事实上证实为社会劳动的一部分，只是由于交换使劳动产品之间，使生产者之间发生了关系。因此，在生产者面前，他们的私人劳动的社会关系就表现为现在这个样子，就是说，不是表现为人们在自己劳动中的直接的社会关系，而是表现为人们之间的物的关系和物之间的社会关系。"②

---

① 马克思. 资本论：第1卷 [M]. 北京：人民出版社，2004：89-90.
② 马克思. 资本论：第1卷 [M]. 北京：人民出版社，2004：90.

21. 劳动创造价值观点的提出

【原文】

在马克思之前,英国古典政治经济学的代表人物亚当·斯密已经认识到了商品的二因素,提出了劳动创造价值的观点;大卫·李嘉图(David Ricardo)甚至已经认识到决定商品价值量的是社会必要劳动量,而不是生产商品实际耗费的劳动量。①

【解析】

21.1 古典政治经济学和庸俗政治经济学的划分

马克思把资产阶级政治经济学划分为古典政治经济学和庸俗政治经济学。按照马克思的划分,古典政治经济学产生于17世纪中叶,完成于19世纪初。庸俗政治经济学产生于19世纪初,到19世纪30年代取代古典政治经济学而居于统治地位。所谓"古典"和"庸俗"是以对待资本主义经济制度的态度而言的。"古典"是指对资本主义经济制度采取客观分析的态度。"庸俗"是指对资本主义经济制度采取主观辩护的态度。

马克思认为古典政治经济学的发展经历了三个阶段:以英国的威廉·配第(William Petty)和法国的布阿吉尔贝尔(P Pierre Le Pesant, sieur de Boisguillebert)为代表的创始阶段;以英国的亚当·斯密和法国的重农学派为代表的发展阶段;以英国的大卫·李嘉图和法国的西斯蒙第(Sismondi)为代表的完成阶段。

与马克思的划分不同,西方经济学家认为斯密是政治经济学之父,一般把斯密之后、19世纪70年代边际主义产生之前的经济学称作古典经济学;把19世纪70年代边际主义产生到20世纪30年代凯恩斯主义产生之前的经济学

---

① 《马克思主义基本原理》(2021年版)编写组. 马克思主义基本原理[M]. 北京:高等教育出版社,2021:178.

称作新古典经济学；把20世纪30年代凯恩斯主义之后的经济学称作当代经济学或现代经济学。

21.2 劳动创造价值观点的提出

最先提出劳动创造价值观点的英国古典政治经济学代表人物，并非英国古典政治经济学的发展者亚当·斯密，而是英国古典政治经济学的创始人威廉·配第。马克思称配第是"政治经济学之父，在某种程度上也可以说是统计学的创始人"[①]。配第在他的《赋税论》（1662）中已经提出商品的价值决定于生产商品所需要的劳动时间，商品的价值与生产商品的劳动时间成正比，与生产商品的劳动生产率成反比。"配第提出了劳动决定价值的最初观点，这些观点经斯密、李嘉图和马克思之手发展成为完整的劳动价值理论。"[②] "配第在政治经济学上最重要的一个历史功绩在于，在近代，他第一次有意识地把商品价值的源泉归于劳动，从而奠定了科学的劳动价值论的基础。"[③]

21.3 斯密并未认识到商品的二因素

如前所述，商品的两个因素或商品二因素是指作为商品所必须具有的使用价值和价值这两个内部构成因素；商品的两种属性或商品二重性是指商品所具有的使用价值的自然属性和交换价值的社会属性。在经济思想发展史上，古希腊思想家色诺芬最先发现商品具有使用和交换两种属性。斯密把色诺芬所发现的商品具有使用和交换两种属性的经济思想，用政治经济学的范畴表述为商品具有使用价值和交换价值两种属性的经济理论。"色诺芬和亚里士多德曾提到过货物有两种用途，例如鞋，既能用来穿，也能用来交换。可以视为对使用价值和交换价值认识的思想萌芽。斯密首次明确提出了这两个概念。"[④] 马克思首次从商品的交换价值中抽象出作为其基础的价值，在斯密关于商品具有使用价值和交换价值两种属性理论的基础上，提出商品具有使用价值和价值两个因素的经济学说。可见，"在马克思之前，英国古典政治经济学的代表人物亚当·斯密已经认识到了商品的二因素"的表述是值得斟酌的。

21.4 李嘉图的社会必要劳动时间

李嘉图在继承斯密劳动价值论的基础上，就"决定商品价值的劳动提出了一系列深刻的见解。首先，决定商品价值的劳动，并不是个别生产者在生产商品时实际所耗费的劳动，而是社会必要劳动。但他所说的必要劳动，是

---

① 马克思. 资本论：第1卷 [M]. 北京：人民出版社，2004：314.
② 吴宇晖，张嘉昕，编著. 外国经济思想史 [M]. 北京：高等教育出版社，2007：68.
③ 姚开建. 经济学说史：第2版 [M]. 北京：中国人民大学出版社，2011：48.
④ 吴宇晖，张嘉昕，编著. 外国经济思想史 [M]. 北京：高等教育出版社，2007：94.

指在最不利的条件下进行生产的人所必须投入的较大量劳动。这种观点对农产品价值的确定是正确的，但把它推广到一切商品价值的确定就错了，原因在于李嘉图完全抽掉了工业和农业生产上的不同特点"①。换句话说，李嘉图虽然正确地指出商品价值量不是决定于生产商品所耗费的个别劳动时间，而是决定于生产商品所耗费的社会必要劳动时间。但他所说的社会必要劳动时间是指在最不利的生产条件下生产商品所耗费的劳动时间。显然，这仅仅适合农产品的特点而不适合工业品的特点。马克思在继承李嘉图的商品价值量决定于社会必要劳动时间理论的基础上，明确指出农产品的价值量决定于劣等的生产条件下生产商品所耗费的劳动时间，工业品的价值量决定于平均生产条件下生产商品所耗费的劳动时间。

---

① 吴宇晖，张嘉昕，编著. 外国经济思想史［M］. 北京：高等教育出版社，2007：112-113.

22. 马克思劳动价值论内容要点

【原文】

通过对商品关系的深刻分析，马克思创立了科学的劳动价值论，主要包括商品的二因素和生产商品的劳动的二重性及其相互关系的理论，价值量的规定性及其变化规律的理论，价值形式的发展和货币起源的理论，商品经济的基本矛盾和基本规律及其作用的理论等方面的内容。①

【解析】

22.1 马克思劳动价值论的来源

如前所述，劳动价值论并非马克思首创。马克思的劳动价值论源自对资产阶级古典政治经济学家的劳动价值理论的继承和批判。劳动创造价值的命题，是由英国资产阶级古典政治经济学的创始人威廉·配第首先提出，后经英国资产阶级古典政治经济学的集大成者亚当·斯密发展，再经英国资产阶级古典政治经济学的完成者大卫·李嘉图的坚定坚持和进一步发展，逐步形成英国资产阶级古典政治经济学的劳动价值论。在理论上确立劳动创造价值的观点无疑是英国资产阶级古典政治经济学家在政治经济学理论上的重要贡献。但是，由于他们根本不懂劳动二重性，因此，他们根本不懂生产商品的同一劳动，如何作为具体劳动在创造使用价值并转移生产资料旧价值的同时，又如何作为抽象劳动而创造新价值的。他们总是把创造商品使用价值的具体劳动与创造商品价值的抽象劳动混为一谈，从而他们根本不了解究竟什么是价值？什么劳动形成价值？劳动为什么形成价值？他们始终不能从商品的分析，特别是从商品的价值的分析中，发现和研究出那种使价值成为交换价值

---

① 《马克思主义基本原理》（2021年版）编写组．马克思主义基本原理[M]．北京：高等教育出版社，2021：178．

的价值形式,从而揭示出货币真正的起源和本质。总之,英国资产阶级古典政治经济学的劳动价值论本身存在着诸多局限、缺陷、错误和矛盾。马克思继承了英国资产阶级古典政治经济学劳动价值论的科学因素,批判了其中的非科学成分,运用建立在辩证唯物主义和历史唯物主义认识论基础上的科学抽象法,通过剖析作为资本主义经济细胞的商品,创立了完整的、科学的劳动价值论。

22.2 马克思劳动价值论内容要点

马克思通过对"商品"的分析建立了科学的劳动价值论。马克思劳动价值论的基本内容可以概括为以下几点:

(1) 价值实体是凝结在商品中的无差别的一般人类劳动

商品价值"只是无差别的人类劳动的单纯凝结,即不管以哪种形式进行的人类劳动力耗费的单纯凝结。这些物现在只是表示,在它们的生产上耗费了人类劳动力,积累了人类劳动。这些物,作为它们共有的这个社会实体的结晶,就是价值——商品价值"①。

(2) 价值量决定于生产商品所耗费的社会必要劳动时间

"在商品的生产上只使用平均必要劳动时间或社会必要劳动时间。社会必要劳动时间是在现有的社会正常的生产条件下,在社会平均的劳动熟练程度和劳动强度下制造某种使用价值所需要的劳动时间。……只是社会必要劳动量,或生产使用价值的社会必要劳动时间,决定该使用价值的价值量。"②

(3) 价值量与劳动生产力成反比变动

"劳动生产力越高,生产一种物品所需要的劳动时间就越少,凝结在该物品中的劳动量就越小,该物品的价值就越小。相反地,劳动生产力越低,生产一种物品的必要劳动时间就越多,该物品的价值就越大。可见,商品的价值量与实现在商品中的劳动的量成正比地变动,与这一劳动的生产力成反比地变动。"③

(4) 价值量与劳动的复杂程度成正比变动

"比较复杂的劳动只是自乘的或不如说多倍的简单劳动,因此,少量的复杂劳动等于多量的简单劳动。经验证明,这种简化是经常进行的。一个商品

---

① 马克思.资本论:第1卷 [M].北京:人民出版社,2004:51.
② 马克思.资本论:第1卷 [M].北京:人民出版社,2004:52.
③ 马克思.资本论:第1卷 [M].北京:人民出版社,2004:53-54.

可能是最复杂的劳动的产品,但是它的价值使它与简单劳动的产品相等,因而本身只表示一定量的简单劳动。各种劳动化为当作它们的计量单位的简单劳动的不同比例,是在生产者背后由社会过程决定的。"①

(5) 价值形式是价值的表现形式

凝结在商品中的价值是看不见、摸不着的,只能在商品交换过程中以交换价值的形式表现出来。"价值对象性只能在商品同商品的社会关系中表现出来。我们实际上也是从商品的交换价值或交换关系出发,才探索到隐藏在其中的商品价值。"② 因此,价值是交换价值的基础,交换价值是价值的表现形式。价值形式及其发展表明,货币起源于商品交换的长期发展,货币本质上是固定充当一般等价物的商品。

(6) 价值本质上是人与人之间的关系

价值在本质上体现的是商品生产者之间劳动交换的人与人之间的关系,但在商品形式中却颠倒地表现为商品交换的物与物之间的关系。"商品形式在人们面前把人们本身劳动的社会性质反映成劳动产品本身的物的性质,反映成这些物的天然的社会属性,从而把生产者同总劳动的社会关系反映成存在于生产者之外的物与物之间的社会关系。由于这种转换,劳动产品成了商品,成了可感觉而又超感觉的物或社会的物。"③

(7) 价值规律是商品经济的基本规律

价值规律是商品价值量由生产商品的社会必要劳动时间决定,商品交换以价值量为基础等价交换的规律。价值量由社会必要劳动时间决定是价值规律的基本内容,以价值量为基础进行等价交换是价值规律的基本要求。价值规律作用的表现形式是价格围绕价值上下波动。"在私人劳动产品的偶然的不断变动的交换比例中,生产这些产品的社会必要劳动时间作为起调节作用的自然规律强制地为自己开辟道路,就像房屋倒在人的头上时重力定律强制地为自己开辟道路一样。"④

22.3 马克思劳动价值论的广义内容

"我们认为综观《资本论》第一至四卷,最广义的劳动价值论主要应包括以下十项内容:

---

① 马克思. 资本论:第 1 卷 [M]. 北京:人民出版社,2004:58.
② 马克思. 资本论:第 1 卷 [M]. 北京:人民出版社,2004:61.
③ 马克思. 资本论:第 1 卷 [M]. 北京:人民出版社,2004:89.
④ 马克思. 资本论:第 1 卷 [M]. 北京:人民出版社,2004:92.

（1）价值实体。指抽象人类劳动。

（2）价值量。价值量决定于社会必要劳动时间。

（3）价值形式。指商品价值的表现形式。

（4）价值本质。它体现商品生产者之间的社会关系。

（5）价值规律。它包括：价值决定的规律，即社会必要劳动时间决定价值量的规律；价值交换的关系，即等价交换的原则；价格围绕价值上下波动的关系。

（6）价格和价值的关系。大致有三种情况：价值决定价格；价格和价值之间的量的背离；价格和价值之间的质的背离。

（7）劳动力的使用价值和价值。劳动力的使用价值是价值的源泉，能创造比劳动力自身价值更大的价值。

（8）价值转型。它揭示了从价值到生产价格的历史过程，建立了生产价格学说，即价值转型理论。

（9）虚假的社会价值。它是指提供级差地租的那部分价值，是价值规律发生作用的结果。

（10）价值构成。它包括价值的组成及转型和分割。"①

22.4 马克思劳动价值论面临的新课题

江泽民总书记在纪念中国共产党建党80周年的讲话中指出："马克思主义经典作家关于资本主义社会的劳动和劳动价值理论，揭示了当时资本主义生产方式的运行特点和基本矛盾。现在，我们发展社会主义市场经济，与马克思主义创始人当时所面对和研究的情况有很大不同。我们应该结合新的实际，深化对社会主义劳动和劳动价值理论的研究和认识。"时代的变化呼唤理论的创新。与劳动价值论密切相关的时代变化主要表现在社会生产力的新发展和科学技术的新变化，社会主义基本经济制度的发展变化，社会主义市场经济体制的建立发展，经济全球化引起生产、贸易、金融、信息等新变化，等等。"随着世界新科技革命的发生和知识经济的出现，马克思劳动价值论也需要发展。我国理论界对此进行了广泛的讨论，涉及的主要问题有：新的条件下，创造价值的'生产性劳动'的内涵是否需要拓宽；如何理解生产商品的劳动生产率与商品价值量、使用价值量的关系；如何认识科技、管理及除

---

① 洪远朋，主编．新编《资本论》教程：第1卷［M］上海：复旦大学出版社，1988：91-92.

劳动以外的其他生产要素在价值创造中的作用等。讨论方兴未艾，形成了多种不同的观点。"①

---

① 逄锦聚，等，主编．政治经济学［M］．5版．北京：高等教育出版社，2014：42.

23. 生产性劳动

【原文】

深化对创造价值的劳动的认识，对生产性劳动作出新的界定。马克思在《资本论》等著作中，从自然属性和社会属性两个角度对生产性劳动进行了分析。①

【解析】

23.1 生产劳动和非生产劳动的划分

生产劳动和非生产劳动的划分是古典政治经济学的一个重要理论。这个理论不仅关系到谁是财富的创造者，关系到某种职业或某个阶级的社会地位问题，而且涉及国家的经济发展战略问题。"配第最早探讨了生产劳动和非生产劳动问题。"② "斯密力图阐明什么样的劳动有助于增加国民财富。他提出，能增加价值即利润的劳动是生产性劳动，反之则是非生产性劳动。他以制造业工人和家仆的劳动举例说明这一点。……但斯密认为，这种区分还不够明确，于是他提出了划分生产劳动和非生产劳动的第二个原则。他有时又把生产性劳动解释为生产物质产品的劳动，把非生产性劳动解释为不生产物质产品的劳动。前者体现在具有或长或短的生命期限或服役期限的产品中；而后者不能固定在任何产品中，它是一种劳务，它的提供与消费是同时进行，不能被储蓄起来供日后使用。"③

23.2 马克思《资本论》对生产性劳动的分析

在《资本论》第一卷第五章，马克思在从撇开各种特殊历史形态的、一

---

① 《马克思主义基本原理》（2021年版）编写组. 马克思主义基本原理 [M]. 北京：高等教育出版社，2021：181.
② 吴宇晖，张嘉昕，编著. 外国经济思想史 [M]. 北京：高等教育出版社，2007：71.
③ 吴宇晖，张嘉昕，编著. 外国经济思想史 [M]. 北京：高等教育出版社，2007：100-101.

般的劳动过程的结果的角度，指出生产劳动就是劳动者生产物质资料的活动，是人与自然之间的物质变换活动。"如果整个过程从其结果的角度，从产品的角度加以考察，那么劳动资料和劳动对象二者表现为生产资料，劳动本身则表现为生产劳动。"① 但对于这个简单的、一般的生产劳动的概念，马克思在注（7）中提醒人们："这个从简单劳动过程的观点得出的生产劳动的定义，对于资本主义生产过程是绝对不够的。"② 其原因在于"资本主义生产过程"与"简单劳动过程"之间存在着显著的区别。

一方面，资本主义生产过程作为协作劳动过程，使生产工人和生产劳动的概念扩大了。在产品只是个人劳动产品，劳动过程只是纯粹个人的劳动过程时，劳动者直接生产产品并承担产品生产的全部职能时，他才是生产工人，他的劳动才是生产劳动。但随着"产品从个体生产者的直接产品转化为社会产品，转化为总体工人即结合劳动人员的共同产品。总体工人的各个成员较直接地或者较间接地作用于劳动对象。因此，随着劳动过程的协作性质本身的发展，生产劳动和它的承担者即生产工人的概念也就必然扩大。为了从事生产劳动，现在不一定要亲自动手；只要成为总体工人的一个器官，完成他所属的某一种职能就够了。上面从物质生产性质本身中得出的关于生产劳动的最初的定义，对于作为整体来看的总体工人始终是正确的。但是，对于总体工人的每一单个成员来说，它就不再适用了"③。可见，资本主义生产过程作为协作劳动过程，使生产工人和生产劳动的概念扩大了。那些并不直接生产产品而专门从事技术研发和经营管理的劳动者也是"生产工人"，他们所从事的脑力劳动也是"生产劳动"。

另一方面，资本主义生产过程作为资本价值增值过程，作为剩余价值生产过程，又使生产工人和生产劳动的概念缩小了。因为只有生产剩余价值的劳动者才是"生产工人"，只有生产剩余价值的劳动才是"生产劳动"。因为，资本主义生产不仅是商品的生产，它实质上是剩余价值的生产。工人不是为自己生产，而是为资本生产。因此，工人单是进行生产已经不够了。他必须生产剩余价值。只有为资本家生产剩余价值或者为资本的自行增殖服务的工人，才是生产工人。如果可以在物质生产领域以外举一个例子，那么，"一个教员只有当他不仅训练孩子的头脑，而且还为校董的发财致富劳碌时，

---

① 马克思. 资本论：第1卷[M]. 北京：人民出版社，2004：211.
② 马克思. 资本论：第1卷[M]. 北京：人民出版社，2004：211.
③ 马克思. 资本论：第1卷[M]. 北京：人民出版社，2004：582.

他才是生产工人。校董不把他的资本投入香肠工厂，而是投入教育工厂，这并不使事情有任何改变。因此，生产工人的概念决不只包含活动和效果之间的关系，工人和劳动产品之间的关系，而且还包含一种特殊社会的、历史地产生的生产关系。这种生产关系把工人变成资本增殖的直接手段。"①

23.3 对生产性劳动的探索

在对生产劳动内涵的探讨上，一方面，我们应该看到，随着科学技术的进步、经营管理的加强和分工协作的发展，生产工人和生产劳动的概念日益扩大，直接"亲自动手"使用劳动资料加工劳动对象的生产工人和生产劳动日益减少，而不"亲自动手"但大量"动脑"的生产工人和生产劳动日益增加，并且科学技术、经营管理等"动脑"的生产劳动，作为高级的复杂劳动会创造更大的价值。"在每一个价值形成过程中，较高级的劳动总是要化为社会的平均劳动，例如一日较高级的劳动化为 X 日简单的劳动。"② 在当今自动化和现代化程度较高的企业里，虽然"亲自动手"的生产工人和生产劳动数量明显减少了，但大量"动脑"的生产工人和生产劳动数量却大大增加了，因此所创造的新价值数量成倍数地增长就不足为奇了。

另一方面，随着社会经济的进步和第三产业的发展，无形商品的数量迅速增长，所占商品的比重不断增大，相应地无形商品的生产工人和生产劳动数量快速增长、比重日益扩大，所创造的新价值数量成倍地增长，在价值总量中所占比重不断增大。现在看来，那种将产品界定为有形的物质产品，而把服务等无形产品排除在产品范围之外的传统产品观念显然是需要更新的。就产品的本质而言，关键在于它是否是人类劳动的产品，是否能满足人类的某种需要，而与它本身是否有形或无形无关。在当今时代，科学技术不断进步，国民经济快速发展，产品总量不断增长，无形产品比重不断扩大，生产劳动的数量及其所创造的价值量相应地大大增加。因此，时代的发展没有也不可能否定马克思劳动价值论的科学性，而是向当今人们提出了科学地坚持、发展和丰富马克思劳动价值论的时代课题。

---

① 马克思. 资本论: 第1卷 [M]. 北京: 人民出版社, 2004: 582.
② 马克思. 资本论: 第1卷 [M]. 北京: 人民出版社, 2004: 231.

24. 封建主、农奴主、农民、农奴

【原文】

封建社会的生产关系以封建主占有土地等生产资料和不完全占有农民（农奴）为基本特征。在封建制度下，地主（或封建领主、寺院主）依靠封建土地所有制，借助于强制手段，通过地租形式（劳役地租、实物地租、货币地租），占有农民（农奴）的剩余劳动。①

【解析】

24.1 封建主

封建主是封建领主的简称。封建领主是封建社会中那些占有封赐领地并在领地内拥有行政司法权的封建主。封建主通常都是拥有世袭爵位的贵族，他们在自己的领地内是最高统治者，对领地居民尤其是农奴进行残酷的剥削和野蛮的压迫。一些大的封建领主，他们除设置官吏、法庭、监狱外，还设有关卡、收赋税、铸币税等权利。

24.2 地主

地主是封建社会中那些占有土地，自己不劳动，而凭借土地所有权以剥削农民为生者。地主主要通过收取地租的方式对农民进行剥削，有些地主还兼放高利贷以获取高额利息。地主阶级是封建社会中与农民对立的基本阶级。在半殖民地半封建的旧中国，地主阶级占有大量土地，残酷地剥削农民，代表着最落后的生产关系，严重地阻碍着社会生产力的发展。

24.3 寺院主

基督教在欧洲中世纪的盛行，使得寺院几乎遍布欧洲大陆。中世纪的寺院因受到统治阶级的推崇，通过赠予获得了大量的土地以及豁免有关捐税的

---

① 《马克思主义基本原理》（2021年版）编写组. 马克思主义基本原理[M]. 北京：高等教育出版社，2021：184.

权利，由此形成了举足轻重的寺院经济。寺院主就是那些来自贵族和教会上层僧侣的寺院住持及高层管理者，他们形成了一个新的封建主阶层即寺院封建主。寺院主通过残酷剥削那些依附和依赖寺院的农奴获得巨大经济收入。

24.4 农民

封建社会的农民一般占有小块土地和简单的生产工具，多数农民需要租种地主的土地，遭受地主阶级的地租剥削。农民不同于农奴的一个显著特征就是农民的人身是自由的，并不像农奴依附于农奴主那样依附于封建地主。中国封建社会的地主占有大部分土地，农民占有较少土地甚至无地，因此，农民不得不租种地主的土地进而忍受高额的劳役地租、实物地租、货币地租的经济剥削。但自秦汉以后的多数封建朝代，由于土地可以自由买卖，中国封建社会的农民和地主之间并不存在中世纪西欧封建社会存在的那种普遍的人身依附关系。由此可见，中国封建社会的地主经济较之于西欧中世纪的领主经济可谓是封建经济发展的更高形态。

24.5 农奴

西欧的农奴制产生于公元5世纪末，形成于9世纪中叶，解体于14至15世纪。西欧的农奴制是以封建土地所有制和农奴对封建领主（或寺院主、地主）人身依附关系为基础的一种封建剥削制度。封建领主以奴役性条件给农民以份地，把他们束缚在土地上，使他们失去人身自由而变成农奴，遭受封建领主的残酷剥削。

农奴主是封建制度下占有土地和不完全占有劳动者即农奴的封建领主、寺院主和地主。农奴主在其领地或占有地内，以奴役性的条件分给农奴小块份地，把农奴世代束缚在土地上，派管家、监工用暴力手段强迫农奴为他们提供劳役、实物和货币。他们可以任意惩治农奴，也可以连同土地出卖、抵押、转让农奴或没收他们的财产。

农奴是封建领主制下世代被束缚在土地上、人身依附于封建领主（农奴主）并受其剥削和压迫的农业劳动者。农奴用自有的工具和耕畜，在农奴主分给自己的份地上进行生产活动，拥有自己的经济和家庭，因而具有一定的生产积极性。可见，农奴不同于奴隶占有制下的奴隶。农奴主虽可以随意处罚以及随同土地出卖、抵押、转让农奴，但却不可以随意处死农奴。

24.6 超经济强制

超经济强制是相对于经济强制而言的。经济强制是剥削阶级利用纯粹的经济手段实现其对劳动者的统治和剥削。例如，在资本主义制度下，工人的人身是自由的，并不存在对资本家的人身依附关系，工人之所以受雇于资本家并忍受其剥削，仅仅是因为工人除了自己的劳动力外一无所有，为了生存不得不出卖自己的劳动力给资本家。雇佣工人这种不得已的被迫劳动完全是纯经济手段强制的结果。

超经济强制也称经济外强制或非经济强制，它是封建制度下地主阶级施加于农民的一种以人身依附关系为特征的经济以外的强制形式，是封建地主阶级借以维持和加强对农民进行封建剥削的重要手段。在封建制度下，地主或领主虽然不能随意处死农民，但农民被束缚于土地或封建制度，使得他们或被列于地主的名下，或是确定固定的户籍，不能随便离开本土，也不能随便选择地主，逃亡的佃户抓回后送回原主，地主或领主可以随意使唤、打骂、惩罚甚至出卖、抵押、转让农民。农民对地主的人身依附是封建制度的一个基本特征，它是封建地主阶级对农民实行的超经济强制。

封建社会的超经济强制根源于封建制度本身。因为，无论是在农奴制下还是在租佃制下，农奴或农民一般都有自己的小私有经济，有条件离开地主或农奴主而过活。在这种条件下，如果没有超经济的强制，那么，他们就有可能不为地主或农奴主去劳动或不给他们缴纳地租。

24.7 地租

地租是土地所有者凭借土地所有权而获得的收入。"不论地租的特殊形式是怎样的，它的一切类型有一个共同点：地租的占有是土地所有权借以实现的经济形式，而地租又是以土地所有权，以某些个人对某些地块的所有权为前提。"①

劳役地租又称劳动地租、徭役地租，是封建地主凭借土地所有权和借助于超经济强制，迫使农民无偿地为其进行一定时间的耕作劳动和其他劳动，直接占有农民剩余劳动的一种地租形式。土地所有者把其所有的土地分为自营地和份地两部分。份地租给农民使用，产品归农民所有。自营地由土地所有者经营，由农民为其劳作，产品归土地所有者所有。在劳役地租形式上，农民为地主进行的劳动和为自己进行的劳动，彼此在时间上和空间上截然分开。劳役地租是最原始的地租形式，与封建社会初期较低的生产力水平相适应。

实物地租又称产品地租，是封建地主把土地租给农民，按照规定的比例或数额，占有农民剩余劳动所生产的产品的一种地租形式。在实物地租形式上，农民为地主的劳动和为自己的劳动不再像劳役地租那样泾渭分明，掩盖

---

① 马克思．资本论：第 3 卷 [M]．北京：人民出版社，2004：714.

了地主对农民剩余劳动的榨取。实物地租是封建社会已发展到较高阶段的产物。在中国封建社会，实物地租长期是地租的主要形式。

货币地租是封建地主把土地租给农民，按照规定的货币额，以货币形式占有农民的剩余劳动或剩余产品的一种地租形式。随着商品货币经济的发展，所有实物都是财富的特殊形式，唯有货币是财富的一般代表，可以便利地转化为任何实物财富。因此，实物地租已难以满足地主的欲望和利益，随即为货币地租所取代。可见，货币地租是相对于实物地租而言的。

25. 资本主义产生的途径

【原文】

资本主义产生的途径有两个：一是从小商品经济分化出来，二是从商人和高利贷者转化而来。[①]

【解析】

25.1 资本主义生产关系产生的两个经济条件

资本主义生产是以生产资料资本家私有制为基础、以雇佣劳动为特征、以剩余价值为目的的社会化大生产。因此，资本主义生产关系的产生必须具备两个基本经济条件：一是少数人手中积累了大量的货币财富，能够大量地雇佣他人劳动以进行大规模的社会化生产。二是多数人丧失生产资料成为人身自由的劳动者，能够自由地把自己的劳动力出卖给那些"少数人"以满足其对雇佣劳动的需求。"资本主义生产关系的出现，必须在经济上具备两个条件：第一，一批失去生产资料并具有一定人身自由的劳动者；第二，在少数人手中积累了为组织资本主义生产必需的货币财富。"[②]

25.2 资本主义生产关系产生的两个经济条件形成的两个途径

资本主义生产关系产生的两个经济条件，主要是通过商品经济的发展和资本的原始积累两个途径形成的。商品经济的发展和价值规律的作用，自发地引起商品生产者之间的贫富两极分化，从而使那些变"贫"的商品生产者沦为那些变"富"的商品生产者的雇佣劳动者；那些变"富"的商品生产者成为雇佣那些变"贫"的商品生产者的资本家，由此促进了以生产资料资本家私有制为基础、以雇佣劳动为特征、以剩余价值为目的的资本主义生产关

[①] 《马克思主义基本原理》（2021年版）编写组.马克思主义基本原理［M］.北京：高等教育出版社，2021：184.

[②] 《马克思主义政治经济学概论》编写组.马克思主义政治经济学概论［M］.北京：人民出版社，高等教育出版社，2017：88.

系的产生。

资本原始积累加速了少数人积累大量货币财富和多数人沦为雇佣劳动者的过程。欧洲15世纪末的地理大发现及其所造成的新的世界市场的巨大需求，促使新兴资产阶级和资产阶级化的封建贵族，通过运用暴力手段的资本原始积累过程，加速资本主义生产关系产生的两个经济条件的形成。资本原始积累过程是指15、16世纪新兴资产阶级和资产阶级化的封建贵族通过暴力手段迫使生产者和生产资料相分离的历史过程。资本原始积累过程，一方面使大量的社会财富迅速集中在少数人手中并转化为资本；一方面使大批生产者被剥夺了生产资料而沦为雇佣劳动者。"创造资本关系的过程，只能是劳动者和他的劳动条件的所有权分离的过程，这个过程一方面使社会的生活资料和生产资料转化为资本，另一方面使直接生产者转化为雇佣工人。因此，所谓原始积累只不过是生产者和生产资料分离的历史过程。这个过程之所以表现为'原始的'，因为它形成资本及与之相适应的生产方式的前史。"①

25.3 工业资本家产生的两个途径

《资本论》第一卷第七篇第二十四章第六节的标题就是"工业资本家的产生"。马克思认为，工业资本家是通过缓慢的和快速的两个途径产生的。所谓缓慢的途径：一是通过小手工业者之间的分化；二是通过商人资本和高利贷资本的转化。前者是指商品经济的发展和价值规律的作用，小手工业生产者发生贫富两极分化，变富的少数的小手工业生产者成为工业资本家，而变贫的多数的小手工业生产者则沦为雇佣劳动者。"毫无疑问，有些小行会师傅和更多的独立小手工业者，甚至雇佣工人，转化成了小资本家，并且由于逐渐扩大对雇佣劳动的剥削和进行相应的积累，成为不折不扣的资本家。"② 后者是指一些商人和高利贷者通过向小手工业者提供资金、生产工具、生产材料、生活资料以及收购产品等，逐步阻隔他们与市场的联系，使他们逐步沦为雇佣劳动者的同时，使自己逐步蜕变为工业资本家。"中世纪已经留下两种不同形式的资本，它们是在极不相同的社会经济形态中成熟的，而且在资本主义生产方式时期到来以前，就被当作资本，这就是高利贷资本和商业资本。……高利贷和商业所形成的货币资本在转化为工业资本时，曾受到农村封建制度和城市行会制度的阻碍。"③

---

① 马克思. 资本论：第1卷 [M]. 北京：人民出版社，2004：822.
② 马克思. 资本论：第1卷 [M]. 北京：人民出版社，2004：859.
③ 马克思. 资本论：第1卷 [M]. 北京：人民出版社，2004：860.

上述工业资本家产生的两种缓慢的途径，"无论如何也不能适应15世纪末各种大发现所造成的新的世界市场的贸易需要"①。因此，工业资本家通过商业战争和殖民制度、国债制度、现代税收制度、保护关税制度而快速产生。可见，所谓快速的途径就是通过商业战争和原始积累的不同因素的途径。"美洲金银产地的发现，土著居民的被剿灭、被奴役和被埋葬于矿井，对东印度开始进行的征服和掠夺，非洲变成商业性地猎获黑人的场所——这一切标志着资本主义生产时代的曙光。这些田园诗式的过程是原始积累的主要因素。接踵而来的是欧洲各国以地球为战场而进行的商业战争。……原始积累的不同因素，多少是按时间顺序特别分配在西班牙、葡萄牙、荷兰、法国和英国。在英国，这些因素在17世纪末系统地综合为殖民制度、国债制度、现代关税制度和保护关税制度。"②

由上可见，资本主义生产关系产生的两个途径是商品经济的发展和资本的原始积累过程，工业资本家的产生包括缓慢的和快速的两个途径。工业资本家缓慢产生的途径，一是通过小手工业者之间的分化；二是通过商人资本和高利贷资本的转化。工业资本家快速产生的途径，一是通过商业战争、殖民制度进行的国外掠夺，二是通过国债制度、现代税收制度、保护关税制度进行的国内剥削。

---

① 马克思. 资本论：第1卷[M]. 北京：人民出版社，2004：860.
② 马克思. 资本论：第1卷[M]. 北京：人民出版社，2004：860-861.

26. 新兴资产阶级的国外掠夺和国内剥削

【原文】

新兴资产阶级在国外进行疯狂掠夺的同时，还通过国债制度、课税制度和保护关税制度，加强对国内人民的剥削，积累起巨额货币资本。①

【解析】

在《资本论》第一卷第二十四章第六节"工业资本家的产生"中，马克思首先指出，工业资本家不像租地农场主那样缓慢地产生，而是快速地产生。原因在于由一部分小行会师傅、独立手工业者乃至雇佣工人，通过货币积累并剥削雇佣劳动力而逐渐成为资本家。"这种方法的蜗牛爬行的进度，无论如何也不能适应15世纪末各种大发现所造成的新的世界市场的贸易需要。"② 为适应"新的世界市场的贸易需要"，新兴资产阶级借助种种暴力手段，采用资本原始积累的方法，通过对国外的掠夺和国内的剥削而得以快速发展。"原始积累的不同因素，多少是按时间顺序特别分配在西班牙、葡萄牙、荷兰、法国和英国。在英国，这些因素在17世纪末系统地综合为殖民制度、国债制度、现代税收制度和保护关税制度。这些方法一部分是以最残酷的暴力为基础，例如殖民制度就是这样。但所有这些方法都利用国家权力，也就是利用集中的、有组织的社会暴力，来大力促进从封建生产方式向资本主义生产方式的转化过程。"③

26.1 殖民制度

"殖民制度大大地促进了贸易和航运的发展。'垄断公司'（路德语）是资本积累的强有力的手段。殖民地为迅速产生的工场手工业保证了销售市场

---

① 《马克思主义基本原理》（2021年版）编写组. 马克思主义基本原理[M]. 北京：高等教育出版社，2021：187.
② 马克思. 资本论：第1卷[M]. 北京：人民出版社，2004：860.
③ 马克思. 资本论：第1卷[M]. 北京：人民出版社，2004：861.

以及由市场垄断所引起的成倍积累。在欧洲以外直接靠掠夺、奴役和杀人越货而夺得的财宝，源源流入宗主国，在这里转化为资本。第一个充分发展了殖民制度的荷兰，在1648年就已达到了它的商业繁荣的顶点。"①

26.2 国债制度

"公共信用制度，即国债制度，在中世纪的热那亚和威尼斯就已产生，到工场手工业时期流行于整个欧洲。……公债成了原始积累的最强有力的手段之一。它像挥动魔杖一样，使不生产的货币具有了生殖力，这样就使它转化为资本，而又用不着承担投资于工业甚至高利贷时所不可避免的劳苦和风险。国债债权人实际上并没有付出什么，因为他们贷出的金额转化为容易转让的公债券，而这些公债券在他们手里所起的作用和同量现金完全一样。于是就有了这样产生的有闲的食利者阶级，充当政府和国民之间中介人的金融家就大发横财，包税者、商人和私营工厂主也大发横财，因为每次国债的一大部分成为从天而降的资本落入他们的手中。"②

26.3 保护关税制度

"因为国债是依靠国家收入来支付年利息等等开支，所以现代税收制度就成为国债制度的必要补充。借债可以使政府应付额外的开支，而纳税人又不会立即有所感觉，但借债最终还是要求提高税收。另一方面，由于债务一笔接着一笔的积累而引起的增税，又迫使政府在遇到新的额外开支时，总是要借新债。因此，以对最必要的生活资料的课税（因而也是以它们的昂贵）为轴心的现代财政制度，本身就包含着税收自行增殖的萌芽。过重的课税并不是一件偶然的事情，倒不如说是一个原则。"③

26.4 保护关税制度

"保护关税制度是制造工厂主、剥夺独立劳动者，使国民的生产资料和生活资料资本化，强行缩短从旧生产方式向现代生产方式过渡的一种人为手段。欧洲国家为了获得这种发明的专利权而钩心斗角，它们一旦为谋利者效劳，就不仅为此目的而间接通过保护关税和直接通过出口补助金等来掠夺本国人民，而且还要用暴力摧毁其附属邻国的一切工业，例如英格兰摧毁了爱尔兰的毛纺织工场手工业。"④

---

① 马克思.资本论：第1卷 [M]．北京：人民出版社，2004：864．
② 马克思.资本论：第1卷 [M]．北京：人民出版社，2004：864-865．
③ 马克思.资本论：第1卷 [M]．北京：人民出版社，2004：866．
④ 马克思.资本论：第1卷 [M]．北京：人民出版社，2004：867．

总之,"殖民制度、国债、重税、保护关税制度、商业战争等等——所有这些真正工场手工业时期的嫩芽,在大工业的幼年时期都大大地成长起来了。"①

---

① 马克思. 资本论:第 1 卷 [M]. 北京:人民出版社,2004:868.

27. 资本总公式及其矛盾

【原文】

从形式上看，资本总公式与商品交换的原则是矛盾的。价值规律要求商品交换遵循等价交换的原则，交换领域不能创造新价值，但资本总公式却表明，资本在流通中创造了新价值。如何理解这个矛盾呢？[1]

【解析】

27.1 货币与资本

资本最初的表现形式是货币，但货币本身并不就是资本。马克思通过对商品流通公式 W—G—W 和资本流通公式 G—W—G′ 的分析，阐明了作为货币的货币和作为资本的货币之间的区别。

第一，"作为货币的货币和作为资本的货币的区别，首先只是在于它们具有不同的流通形式"[2]。首先，商品流通过程以卖开始，以买结束；资本流通过程以买开始，以卖结束。其次，商品流通以商品为运动的起点和终点；资本流通以货币为运动的起点和终点。最后，商品流通以货币为媒介；资本流通以商品为媒介。

第二，在商品流通中，货币作为购买手段而花掉，一去不返；在资本流通中，货币作为流通手段而预付，随着商品的出卖再收回。

第三，在商品流通中，同一枚货币换位两次；在资本流通中，同一件商品换位两次。

第四，商品流通的目的是获得满足消费需要的使用价值；资本流通的目的是获得货币形式的交换价值。

---

[1] 《马克思主义基本原理》（2021年版）编写组. 马克思主义基本原理[M]. 北京：高等教育出版社，2021：188.

[2] 马克思. 资本论：第1卷[M]. 北京：人民出版社，2004：172.

第五，商品流通的两端是使用价值不同但价值量相等的商品；资本流通的两端是质上相同但量上不等的货币。

第六，以获取使用价值为目的的商品流通的运动是有限的；以实现价值增值为目的的资本流通的运动是无止境的。

在资本流通 G—W—G′ 中，"价值成了处于过程中的价值，成了处于过程中的货币，从而也就成了资本。它离开流通，又进入流通，在流通中保存自己，扩大自己，扩大以后又从流通中返回来，并且不断重复开始同样的循环"①。

27.2 资本总公式

资本总公式是指资本流通公式 G—W—G′。其中的"G"表示预付的货币，"—"表示资本流通的买或卖，"W"表示商品，"G′"表示增殖的货币。资本总公式表明，预付的货币通过资本流通的一买一卖就实现了自身价值的增值，也就是带来了剩余价值。

对于为什么把商人资本或商业资本运动的公式，称之为涵盖生息资本、商业资本和产业资本运动在内的资本总公式，马克思说："为卖而买，或者说的完整些，为了贵卖而买，即 G—W—G′，似乎只是一种资本即商人资本所特有的形式。但产业资本也是这样一种货币，它转化为商品，然后通过商品的销售再转化为更多的货币。在买和卖的间歇，即在流通领域以外发生的行为，丝毫不会改变这种运动形式。最后，在生息资本的场合，G—W—G′ 的流通简化地表现为没有中介的结果，表现为一种简练的形式，G—G′，表现为等于更多货币的货币，比本身价值更大的价值。因此，G—W—G′ 事实上是直接在流通领域内表现出来的资本的总公式。"②

27.3 资本总公式的矛盾

关于资本总公式的矛盾，有人认为是指"货币羽化为资本的流通形式，是和前面阐明的所有关于商品、价值、货币和流通本身的性质的规律相矛盾的"。有人认为是指"资本不能从流通中产生，又不能不从流通中产生。它必须既在流通中又不在流通中产生"。有人认为二者都是资本总公式的矛盾。

我们认为，资本总公式的矛盾是指："货币羽化为资本的流通形式，是和前面阐明的所有关于商品、价值、货币和流通本身的性质的规律相矛盾的。"③ 如前所述，由于商品是价值的特殊存在形式，货币是价值的一般存在

---

① 马克思. 资本论：第1卷 [M]. 北京：人民出版社，2004：181.
② 马克思. 资本论：第1卷 [M]. 北京：人民出版社，2004：181.
③ 马克思. 资本论：第1卷 [M]. 北京：人民出版社，2004：182.

形式，因此，任何商品都必须通过交换转化为货币。由于价值是凝结在商品中无差别的一般人类劳动，价值量决定于生产商品所耗费的社会必要劳动时间，商品交换以价值量为基础进行等价交换，因此，在等价交换的流通中不可能发生价值增值。即使在贱卖贵买的不等价交换的流通中，也不可能发生价值增值，因为一方之所得就是他方之所失，价值总量并不会增加。但资本总公式 G—W—G′ 表明资本在流通中确实产生了价值增值，的确带来了剩余价值。可见，简单地说，资本总公式的矛盾就是资本在流通中的价值增殖与价值规律之间的矛盾。

27.4 资本总公式矛盾的解决条件

资本通过流通之所以会发生价值增值或带来剩余价值，根本原因在于资本在流通中购买到能够使价值增值亦即创造剩余价值的劳动力这个特殊商品。作为商品，劳动力商品与其他商品一样，也是使用价值和价值的统一。但作为特殊商品，劳动力商品则与其他商品不同，劳动力商品的价值就是维持劳动力占有者所必要的生活资料的价值。劳动力的使用价值就是劳动。价值的实体就是劳动的凝结，劳动是价值的唯一源泉。在生产过程中，劳动者的劳动不仅创造出相当于劳动力价值的新价值，而且创造出超过劳动力价值的剩余价值，从而实现预付货币的价值增殖或带来剩余价值，最终使货币转化为资本。

资本总公式矛盾解决的条件就是"资本不能从流通中产生，又不能不从流通中产生。它必须既在流通中又不在流通中产生"[①]。"资本不能从流通中产生"是因为无论是等价交换的流通，还是非等价交换的流通，二者都不创造价值和剩余价值。资本"又不能不从流通中产生"是因为离开流通，商品所有者只能和他自己的商品发生关系，虽然能够通过自己的劳动创造价值，但却不能使资本的价值自行增殖。换句话说，资本家在市场上亦即流通过程中购买生产剩余价值所必需的生产资料和劳动力，然后暂时离开流通过程进入生产过程。劳动力的使用价值就是劳动，劳动不仅能创造价值，而且能创造超过劳动力价值的剩余价值。因此，马克思说："货币转化为资本的这整个过程，既在流通领域中进行，又不在流通领域中进行。它是以流通为中介，因为它以在商品市场上购买劳动力为条件。它不在流通中进行，因为流通只是为价值增值过程做准备，而这个过程是在生产领域进行的。"[②]

[①] 马克思. 资本论：第1卷［M］. 北京：人民出版社，2004：193.
[②] 马克思. 资本论：第1卷［M］. 北京：人民出版社，2004：227.

28. 劳动力成为商品的两个基本条件

【原文】

劳动力是指人的劳动能力，是人的脑力和体力的总和。……劳动力成为商品，要具备两个基本条件：其一，劳动者在法律上是自由人，能够把自己的劳动力当作自己的商品来支配；其二，劳动者没有任何生产资料，没有生活资料来源，因而不得不依靠出卖劳动力为生。劳动力成为商品的两个条件并不是自古以来就有的，而是在封建社会后期发生的资本原始积累过程中逐渐形成的。①

【解析】

28.1 劳动力的概念

关于劳动力的概念，马克思说："我们把劳动力或劳动能力，理解为一个人的身体即活的人体中存在的、每当他生产某种使用价值时就运用的体力和智力的总和。"② 可见，在马克思看来，劳动力是存在于人身体中的劳动能力，是当人生产使用价值时就运用的体力和智力的总和。《马克思主义基本原理》（2021年版）教材，在没有做任何说明的情况下，对劳动力的概念做了两处修改：一是用"脑力"替换了"智力"一词。二是把"体力"放在"脑力"之后。我们觉得还是采用马克思的劳动力概念为好：一是"脑力"与"智力"是否是可以替换使用的同义词还有待商榷，"脑力"相比于"智力"一词是否更贴切也有待商榷。二是把"体力"放在"智力"或"脑力"之前更恰当，因为体力是智力或脑力的物质承担者，智力或脑力寓于体力之中。

---

① 《马克思主义基本原理》（2021年版）编写组. 马克思主义基本原理［M］. 北京：高等教育出版社，2021：188.
② 马克思. 资本论：第1卷［M］. 北京：人民出版社，2004：195.

28.2 劳动力成为商品的两个基本条件

关于劳动力成为商品的两个基本条件，马克思说："劳动力占有者要把劳动力当作商品出卖，他就必须能够支配它，从而必须是自己的劳动能力、自己人身的自由所有者。……他作为人，必须总是把自己的劳动力当作自己的财产，从而当作自己的商品。……货币占有者要在市场上找到作为商品的劳动力，第二个基本条件就是：劳动力占有者没有可能出卖有自己的劳动对象化在其中的商品，而不得不把只存在于他的活的人体中的劳动力本身当作商品出卖。"① 可见，在马克思看来，劳动力成为商品必须具备两个基本条件：一是劳动力占有者必须拥有人身自由，能够把自己的劳动力当作自己的财产，从而当作自己的商品自由地出卖。二是劳动力占有者除了自己的劳动力外一无所有，没有将自己的劳动对象化在其中的生产资料，从而不得不把自己仅有的劳动力当作商品出卖。

28.3 劳动力成为商品两个基本条件的形成过程

劳动力成为商品的两个基本条件的形成过程，其实也就是雇佣劳动者的形成过程。雇佣劳动者就是因丧失生产资料而被迫把自己的劳动力作为商品出卖给资本家的无产者。他们因拥有人身自由和能够自由地出卖自己的劳动力而不同于奴隶和农奴。他们因除了自己的劳动力外一无所有而不得不出卖劳动力，这不同于农民以及其他小生产者。劳动力成为商品的两个基本条件形成于封建社会后期的商品经济发展过程和资本原始积累过程。

商品经济发展过程是通过经济手段造成劳动者和生产资料分离从而成为雇佣劳动者的自然过程。封建社会末期，随着社会生产力的提高和社会分工的扩大，商品经济不断发展，在价值规律的作用下，小商品生产者之间发生贫富两极分化，破产的小商品生产者沦为雇佣劳动者。但是这样的雇佣劳动者形成过程，无疑是一个渐进的、缓慢的过程，难以满足新兴资产阶级强烈的致富欲望对大量雇佣劳动者的需求。因此，以暴力手段快速制造大量雇佣劳动者的资本原始积累过程应时而生。资本原始积累过程就是通过暴力手段造成劳动者和生产资料分离进而使其成为雇佣劳动者的人为过程。可见，资本原始积累过程尽管加速了劳动力成为商品的两个基本条件的形成，但也不宜把劳动力成为商品的两个基本条件的形成仅仅归之于资本原始积累的人为过程，也就是不可忽略商品经济发展导致两极分化的自然过程。

---

① 马克思. 资本论：第1卷 [M]. 北京：人民出版社，2004：195-196.

29. 资本的本质

【原文】

资本不是一种物，而是一种以物为中介的人和人之间的社会关系。①

【解析】

29.1 原文出处

《资本论》第一卷第二十五章的标题是"现代殖民理论"。但马克思在这里却并非要研究殖民地的具体状况，而主要是引用英国资产阶级经济学家威克菲尔德（Wakefield Edward Gibbon，1796-1862）对于殖民地经济的说明和例证，进一步阐明资本的本质。"威克菲尔德在殖民地发现，拥有货币、生活资料、机器以及其他生产资料，而没有雇佣工人这个补充物，没有被迫自愿出卖自己的人，还不能使一个人成为资本家。他发现，资本不是一种物，而是一种以物为中介的人与人之间的社会关系。"②

29.2 资本不是一种物

资本是用于增殖的价值，是带来剩余价值的价值，实现价值增值和获取剩余价值是资本的本性。资本之所以能够实现价值增值和带来剩余价值，秘密在于资本购买到能使资本价值增值的劳动力商品。与普通商品不同，劳动力商品的使用价值就是劳动者的劳动，而劳动是价值的唯一源泉。劳动不但能够创造新价值，而且能够创造出超过劳动力自身价值的剩余价值。资本所占有的剩余价值不是所谓资本创造的，而是雇佣工人的劳动所创造的新价值超过自身劳动力价值的余额。如果生产资料和生活资料所有者雇佣不到劳动者，没有雇佣工人无偿提供的剩余劳动，没有雇佣工人所创造的剩余价值，

---

① 《马克思主义基本原理》（2021年版）编写组．马克思主义基本原理 [M]．北京：高等教育出版社，2021：189.

② 马克思．资本论：第1卷 [M]．北京：人民出版社，2004：877-878.

他所拥有的生产资料和生活资料就不能转化为资本，就不是资本。因此，"生产资料和生活资料，作为直接生产者的财产，不是资本。它们只有在同时还充当剥削和统治工人的手段的条件下，才成为资本"①。威克菲尔德在殖民地发现，如果没有被迫自愿出卖自己的人，没有雇佣工人和雇佣劳动，生产资料和生活资料的所有者，不要说发财致富，甚至难以生存下去。

29.3 资本是一种社会生产关系

在对资本的本质的认识上，马克思与资产阶级政治经济学家的根本不同在于：马克思不是把资本看作一种物，不是看作物自身的一种自然属性，而是看作一种社会生产关系，看作一种社会属性。资产阶级经济学家由于把资本看作物，看作生产资料，因此，"托伦斯上校在野蛮人用的石头上发现了资本的起源。'在野蛮人用来投掷他所追逐的野兽的第一块石头上，在他用来打落他用手摘不到的果实的第一根棍子上，我们看到占有一物以取得另一物的情形，这样我们就发现了资本的起源'"②。在马克思看来，资本不是物，而是在物的外壳掩盖下的一种社会生产关系，即建立在生产资料资本家私有制基础上的资本剥削雇佣劳动的社会生产关系。因此，生产资料本身并不是资本，只有在生产资料成为剩余劳动榨取器和吸收器时，它才成为资本。"如果说，劳动力只有在它的卖者即雇佣工人手中才是商品，那么相反，它只有在它的买者手中，即暂时握有它的使用权的资本家手中，才成为资本。生产资料本身，只有在劳动力作为生产资本的人的存在形式，能够和生产资料相合并时，才成为生产资本的物的形态或生产资本。因此，正如人类劳动力并非天然是资本一样，生产资料也并非天然是资本。只有在一定的历史发展条件下，生产资料才取得这种独特的社会性质。"③

关于资本的本质，即资本不是物而是社会生产关系的观点，马克思在《资本论》中做过许多精辟的论述，除了上述论述外，马克思在《资本论》第三卷第四十八章"三位一体的公式"中说："资本不是物，而是一定的、社会的、属于一定历史社会形态的生产关系，后者体现在一个物上，并赋予这个物以独特的社会性质。资本不是物质的和生产出来的生产资料的总和。资本是已经转化为资本的生产资料，这种生产资料本身不是资本，就像金或银本身不是货币一样。"④ 马克思关于资本本质的理论告诉当今的人们，面对资

---

① 马克思．资本论：第1卷 [M]．北京：人民出版社，2004：878．
② 马克思．资本论：第1卷 [M]．北京：人民出版社，2004：215．
③ 马克思．资本论：第2卷 [M]．北京：人民出版社，2004：44-45．
④ 马克思．资本论：第3卷 [M]．北京：人民出版社，2004：922．

本和认识资本，在注重资本的物质属性时不可忽视资本的社会属性，在看到资本的一般属性时不可忘却资本的特殊属性，在观察资本的表面现象时不能忘记资本的内在本质。我们觉得秉持这样的态度，更利于全面而深刻地在社会主义社会科学正确地认识资本和运用资本，发挥资本的积极作用，消除资本的消极作用。

30. 资本主义所有制的本质

【原文】

资本主义所有制是雇佣劳动赖以存在的基础，是资本与雇佣劳动之间剥削与被剥削关系的体现。这就是资本主义所有制的本质。①

【解析】

30.1 所有制和所有权

所有制通常是指生产资料的所有制。生产资料所有制是指人们在生产资料的所有、占有、支配、使用和收益等方面所形成的经济关系。

"生产资料所有制作为经济范畴，其内部结构由人们对生产资料的所有、占有、支配、使用等经济关系组成。所有是一个归属问题。作为所有者，可以按照自己的意志处置归自己所有的生产资料。……相对于所有而言，占有是一种有条件的归属关系，即占有者不能任意处置占有的生产资料（如不能出卖）。……支配是指对生产资料的处置和管理。它由所有和占有决定。……使用是指人的劳动对生产资料的直接作用，是人们运用生产资料进行的生产活动。生产资料的所有、占有、支配、使用等经济关系相互联系、相互作用，构成生产资料所有制关系体系。其中，所有是所有制关系的基础。"②

所有权是所有制的法律形态，是一种排他性的权利。生产资料所有权是生产资料所有关系的法律形态，规定人们对生产资料的权利界限。

所有制是所有权的基础，所有制决定所有权，所有权是所有制的法律形态，是反映着经济关系的意志关系。

"所有制与所有权是两个相互区别的范畴。所有制是一个经济制度范畴。

---

① 《马克思主义基本原理》（2021年版）编写组. 马克思主义基本原理[M]. 北京：高等教育出版社，2021：191.

② 逄锦聚，等，主编. 政治经济学[M]. 5版. 北京：高等教育出版社，2014：20.

而所有权既是一个法律术语，又是一个经济术语。作为法律术语是指对象的排他性，一个人或某个集团垄断地占有某物，从而可以按照自己的意志对该物处理；作为经济术语是指人们占有某物并据此实现的经济利益关系。所有制性质决定一个社会的生产关系的本质特征，而所有权是在一定的所有制关系下产生出来的，且在复杂的社会关系中还涉及和反映着许多派生的权利。当然，所有制和所有权也是相互联系的。所有权是所有制的法律表现形式，所有制的性质和内容决定所有权的性质和内容。"[①]

30.2 资本主义所有制的本质特征

所有制的本质不是体现在所有制的性质上，因为同一性质的所有制存在不同形式。例如，公有制内部存在着原始公社公有制、社会主义公有制和共产主义公有制，私有制存在着奴隶主私有制、封建主私有制和资本家私有制。所有制的本质主要体现在不同所有制条件下劳动者和生产资料的结合方式。例如，在奴隶主私有制下，奴隶主同时占有生产资料和奴隶，奴隶和生产资料以强制劳动的方式相结合，因此，奴隶主私有制的本质是建立在奴隶主占有生产资料和奴隶基础上的强制劳动，是奴隶主以强制劳动的方式对奴隶的剥削。在封建主私有制下，封建主占有生产资料，农民依附于封建主，农民和生产资料以依附劳动的方式相结合，因此，封建主私有制的本质是依附劳动，是封建主以依附劳动的方式对农民的剥削。

在资本主义所有制亦即资本家私有制条件下，资本家是生产资料的占有者，工人是人身自由的劳动力占有者。资本家为赚钱而购买工人的劳动力，工人为生存而将自己的劳动力出卖给资本家，工人与生产资料以雇佣劳动的方式相结合。资本家凭借对生产资料的占有支配生产活动，占有雇佣工人所付出的剩余劳动，剥削雇佣工人所创造的剩余价值。可见，资本主义所有制或生产资料资本家私有制的本质是雇佣劳动，是资本家以雇佣劳动的方式对工人的剥削。

"资本主义所有制具有私有制的一般特征，比如，生产资料归私人占有，劳动者与生产资料相分离，私人所有者控制着生产过程并剥削劳动者的剩余劳动，等等。但是，它又具有与人类历史上其他社会形态中的私有制相区别的特殊规定性。资本主义所有制的本质特征是资本对劳动的雇佣和剥削。在资本主义生产关系中，生产资料和劳动力的结合是通过雇佣劳动关系实现的。

[①] 逄锦聚，等，主编. 政治经济学 [M]. 5版. 北京：高等教育出版社，2014：20.

当资本实现对劳动力的雇佣后,资本主义生产过程随之展开。在资本主义生产中,工人创造的剩余价值被资本家凭借生产资料所有权而无偿占有,这构成了资本主义剥削的本质。"①

30.3 资本主义所有制的主要形式

所有制的性质不同于所有制的形式。所有制的性质在本质上体现的是社会制度的性质,是一种社会制度的基本特征。所谓所有制的性质就是指所有制的公有性质、私有性质或公私混合性质。例如,资本主义所有制的性质是资本主义私有制,社会主义所有制的性质是社会主义公有制,社会主义初级阶段所有制的性质是公有制为主体的公私混合所有制。资本主义社会不会因生产力和生产社会化的发展而改变资本主义私有制性质,只要是资本主义社会,它就必然会以资本主义私有制为基础。社会主义社会不会因生产力水平和生产社会化程度的高低而改变社会主义公有制性质,只要是社会主义社会,就必然坚持社会主义公有制,否则就不是真正的社会主义。目前我国社会主义初级阶段的性质,决定了社会主义初级阶段的所有制,即不同于资本主义所有制,也不同于社会主义所有制,而只能是社会主义初级阶段的所有制,既以公有制为主体的公私混合所有制。可见,传统观点把生产力水平与所有制性质相联系,认为二者之间存在着一一对应的关系,即全民所有制适应高水平的生产力,集体所有制适应中等水平的生产力,私人所有制适应低水平的生产力的理论,现在看来值得商榷。

所有制的形式在实质上体现的是生产力发展水平或生产社会化程度。所谓所有制形式就是不同性质所有制的财产组织形式。一个社会根据自己的社会性质确定了所有制性质之后,还必须根据生产力和生产社会化的发展要求,探索与之相适应的所有制实现形式,才能适应和促进生产力和生产社会化的发展。资本主义所有制性质是资本主义私有制,但资本主义根据生产力和生产社会化的发展要求,适时地改变资本主义私有制的实现形式,适应和促进了资本主义社会生产力和生产社会化的发展。根据生产力和生产社会化发展的不同阶段和不同水平,资本主义私有制的实现形式经历了业主制、合伙制、股份制、私人股份所有制、法人股份所有制、混合资本所有制等不同的财产组织形式。"资本主义所有制的发展是资本主义经济中生产力与生产关系矛盾

---

① 《马克思主义政治经济学概论》编写组.马克思主义政治经济学概论[M].北京:人民出版社,高等教育出版社,2017:91.

运动的产物，体现了生产社会化不断发展的要求，在一定程度上适应了生产力发展。然而，资本主义生产关系的性质并没有因为所有制形式的变化而发生根本改变。"①

---

① 《马克思主义政治经济学概论》编写组. 马克思主义政治经济学概论［M］. 北京：人民出版社，高等教育出版社，2017：95.

31. 资本主义基本经济规律

【原文】

资本主义生产的直接目的和决定性动机，就是无休止地获取尽可能多的剩余价值。这种不以人的意志为转移的客观必然性就是剩余价值规律。[①]

【解析】

31.1 剩余价值规律

马克思明确指出："生产剩余价值或赚钱，是这个生产方式的绝对规律。"[②] 马克思所说的"这个生产方式"显然指的是资本主义生产方式，因此，换句话说，剩余价值规律是资本主义生产方式的绝对规律或基本规律。

所谓剩余价值规律就是资本通过不断扩大和加强对雇佣劳动的剥削以获取尽可能多的剩余价值。无止境地追求尽可能多的剩余价值是资本主义生产的动机和目的，不断地扩大和加强对雇佣劳动的剥削是实现资本主义生产的动机和目的的手段。"剩余价值规律是资本主义的基本经济规律，它的内容是：资本主义的生产目的和动机是追求尽可能多的剩余价值，达到这一目的的手段是不断扩大和加强对雇佣劳动的剥削。"[③]

31.2 剩余价值规律是资本主义基本经济规律

任何一个社会经济形态都存在许多经济规律从而构成经济规律体系，但其中只有一个规律是起决定性作用的基本经济规律。"基本经济规律是决定社会生产发展的一切主要方面和一切主要过程，因而决定某一社会生产本质的规律。它体现着某一社会经济生活中的最本质的特征，决定某一社会经济发

[①] 《马克思主义基本原理》（2021年版）编写组.马克思主义基本原理[M].北京：高等教育出版社，2021：192.

[②] 马克思.资本论：第1卷[M].北京：人民出版社，2004：714.

[③] 卫兴华，顾学荣，主编.政治经济学原理[M].北京：经济科学出版社，1998：60-61.

展的方向。基本经济规律的主要内容包括社会生产的目的和达到这一目的的手段。"①

剩余价值规律"是资本主义的基本经济规律,决定资本主义生产发展的一切主要方面和主要过程,决定资本主义生产的本质"②。

第一,剩余价值规律决定了资本主义生产的实质就是资本价值的不断增殖或获取尽可能多的剩余价值。因此,对于资本主义生产来说,生产什么其实并不重要,重要的是所从事的生产能否实现资本的价值增殖,能否获得尽可能多的剩余价值。

第二,剩余价值规律决定了资本主义的生产、流通、分配和消费的各个过程都是以剩余价值为中心。资本主义的生产过程是剩余价值的创造过程;资本主义的流通过程是剩余价值的实现过程;资本主义的分配过程是剩余价值的瓜分过程;资本家的个人消费是其无偿占有的剩余价值的挥霍;雇佣工人的个人消费实质上是再生产剩余价值所必需的劳动力。

第三,剩余价值规律决定了资本主义生产方式发展的历史趋势。资本对尽可能多的剩余价值的无止境的追求,一方面,促进了生产技术的不断进步和劳动生产力的不断提高,进而推动了资本主义生产社会化程度的不断提高,为社会主义最终取代资本主义提供了物质条件。另一方面,不断扩大和加强对雇佣劳动的剥削,进而壮大了工人阶级的队伍,加深了工人阶级和资产阶级之间的对立,为社会主义最终取代资本主义催生了"掘墓人"。

---

① 许涤新,主编. 简明政治经济学辞典 [Z]. 北京:人民出版社,1983:470.
② 许涤新,主编. 简明政治经济学辞典 [Z]. 北京:人民出版社,1983:518.

32. 资本主义生产过程二重性

【原文】

资本主义生产过程具有二重性，一方面是生产物质资料的劳动过程；另一方面是生产剩余价值的过程，即价值增值过程。资本主义生产过程是劳动过程和价值增值过程的统一。①

【解析】

32.1 劳动二重性决定了商品二因素

商品是用来交换的劳动产品，内含使用价值和价值两个因素，是使用价值和价值的统一体。商品二因素是指使用价值和价值是商品的两个构成要素。劳动二重性是指生产商品的劳动，一方面是具体劳动，一方面是抽象劳动。在商品生产活动中，具体劳动创造商品的使用价值，抽象劳动形成商品的价值。可见，商品之所以具有二因素是因为生产商品的劳动具有二重性，生产商品的劳动二重性决定了商品二因素，即生产商品的具体劳动和抽象劳动的两重属性，决定了商品内在的使用价值和价值的两个因素。

32.2 商品二因素决定了商品生产过程的二重性

商品生产过程，一方面是生产使用价值的劳动过程，一方面是创造价值的价值形成过程。商品作为使用价值和价值的统一，决定了商品生产过程作为劳动过程和价值形成过程的统一。"正如商品本身是使用价值和价值的统一一样，商品生产过程必定是劳动过程和价值形成过程的统一。"② 商品生产过程，一方面是具体劳动创造使用价值的劳动过程，即劳动者利用劳动资料加工劳动对象制造出能够满足人们某种需要的使用价值的过程；一方面是抽象

---

① 《马克思主义基本原理》（2021年版）编写组．马克思主义基本原理［M］．北京：高等教育出版社，2021：192.
② 马克思．资本论：第1卷［M］．北京：人民出版社，2004：218.

劳动形成价值的价值形成过程，即劳动者所耗费的体力、脑力等抽象劳动形成新价值的过程。可见，劳动二重性在决定商品二因素的同时，决定了商品生产过程的二重性。生产商品的具体劳动和抽象劳动的统一性决定了商品的使用价值和价值的统一性，并进一步决定了商品生产过程的劳动过程和价值形成过程的统一性。

32.3 资本主义生产目的决定了资本主义生产过程的二重性

资本主义商品生产的根本目的，既不是使用价值的生产，也不是新价值的形成，而是实现资本的价值增殖，获得剩余价值。因为，"我们的资本家所关心的是下述两点。第一，他要生产具有交换价值的使用价值，要生产用来出售的物品，商品。第二，他要使生产出来的商品的价值，大于生产该商品所需要的各种商品即生产资料和劳动力——为了购买它们，他已在商品市场上预付了宝贵的货币——的价值的总和。他不仅要生产使用价值，而且要生产商品，不仅要生产使用价值，而且要生产价值，不仅要生产价值，而且要生产剩余价值"①。因此，资本主义生产在本质上是剩余价值的生产，资本主义生产过程在本质上是价值增殖过程。

所谓价值增殖过程就是剩余价值生产过程，就是劳动创造的剩余价值使资本价值增殖的价值形成过程。换句话说，价值形成过程可以划分为两部分，再生产劳动力价值的部分称之为价值形成过程；创造剩余价值的部分称之为价值增殖过程。资本价值增殖的秘密就在于"劳动力的价值和劳动力在劳动过程中的价值增殖，是两个不同的量。资本家购买劳动力时，正是看中了这个价值差额"②。因此，"如果我们现在把价值形成过程和价值增殖过程比较一下，就会知道，价值增殖过程不外是超过一定点而延长了的价值形成过程。如果价值形成过程只持续到这样一点，即资本所支付的劳动力价值恰好为新的等价物所补偿，那就是单纯的价值形成过程。如果价值形成过程超过这一点而持续下去，那就成为价值增殖过程。"③

综上所述，资本主义生产过程的二重性，源于资本主义商品生产过程的二重性；资本主义商品生产过程的二重性，源于一般商品生产过程的二重性；一般商品生产过程的二重性，源于商品的二因素；商品的二因素，源于生产商品劳动的二重性。

---

① 马克思.资本论：第1卷 [M].北京：人民出版社，2004：217-218.
② 马克思.资本论：第1卷 [M].北京：人民出版社，2004：225.
③ 马克思.资本论：第1卷 [M].北京：人民出版社，2004：227.

33. 工作日的强制延长

【原文】

在资本主义发展初期，生产技术以手工劳动为基础，资本家增加生产主要靠增加劳动量来实现，因此延长工作日就成为资本家提高剥削程度的基本方法。无产阶级还没有成长为一支自觉的政治力量，难以与资产阶级相抗衡，所以资本家能够凭借经济关系的强制力和国家法律的支持来延长工作日。在英国，从14世纪末到18世纪中叶这段时期，政府就曾经颁布各种劳工法令，强迫延长工作日。在18世纪后期至19世纪上半叶，资本家依然强迫工人每日劳动12、14、16个小时，有的时候甚至达到18个小时以上。[①]

【解析】

33.1 工作日延长的必然性

资本主义生产实质上是剩余价值的生产，生产剩余价值是资本主义生产的唯一动机和根本目的。在资本主义发展的初期，由于社会生产力水平低下，剩余价值生产主要以手工劳动为基础，因此，剩余价值的生产主要是以延长工作日为特征的绝对剩余价值生产。所谓绝对剩余价值生产，就是在必要劳动时间不变的前提下，通过工作日的绝对延长而增加剩余劳动时间来生产剩余价值的方法。由于必要劳动时间不变，绝对剩余价值的多少主要取决于工作日的长度。工作日越长，剩余劳动时间越多，剩余价值越多；反之，则相反。资本对剩余价值的无止境的追求，对剩余劳动的无限度压榨，决定了资本家总是想方设法延长工作日。

33.2 工作日延长的可能性

资本家之所以能够延长工作日，主要是因为工作日具有很大的伸缩性。

[①] 《马克思主义基本原理》（2021年版）编写组. 马克思主义基本原理 [M]. 北京：高等教育出版社，2021：195.

工作日由必要劳动时间和剩余劳动时间两部分组成，工作日的最低界限是必须大于必要劳动时间，"最高界限取决于两点。第一是劳动力的身体界限。一个人在一个24小时的自然日内只能支出一定量的生命力。正像一匹马天天干活，每天也只能干8小时。这种力每天必须有一部分时间休息、睡觉，人还必须有一部分时间满足身体的其他需要，如吃饭、盥洗、穿衣等等。除了这种纯粹身体的界限之外，工作日的延长还取决于道德界限。工人必须有时间满足精神需要和社会需要，这种需要的范围和数量由一般的文化状况决定。因此，工作日是在身体界限和社会界限之内变动的。但是这两个界限都有极大的弹性，有极大的变动余地"①。正是工作日的很大伸缩性，使资本家能够在必要劳动时间以外尽可能地延长工作日。

33.3 工作日延长的强制性

在资本主义发展初期，以手工劳动为基础的落后的生产技术和资本刚刚出世，经济实力不够雄厚，使得资本家不得不依靠国家政权的力量来强制延长工作日。"对照一下英国现行的工厂法和从14世纪起一直到18世纪中叶的劳工法。现代的工厂法强制地缩短工作日，而那些劳工法力图强制地延长工作日。资本在它的萌芽时期，由于刚刚出世，不能单纯依靠经济关系的力量，还要依靠国家政权的帮助才能确保自己吮吸足够数量的剩余劳动的权利。……因此，从14世纪中叶到17世纪末，资本借助国家政权的力量力图迫使成年工人接受的工作日的延长程度，同19世纪下半叶国家在某些地方为了限制儿童血液变成资本而对劳动时间规定的界限大体相一致。"②

马克思在《资本论》第一卷第八章第五节叙述了英国从14世纪中期到17世纪末期施行强制延长工作日的法令。"在资本主义最初产生的幼年时期，资本的力量还不够强大，如果没有国家政权的强力扶助，则不能充分地榨取剩余劳动，因此为资产阶级利益服务的国家政权，便不能不利用它的权力，制定出强制延长工作日的法律，促进资本主义生产的发展。英国自从爱德华三世23年即1349年颁布了第一个劳工法以后，直到17世纪末叶，制定了一系列的强制延长工作日的法律，把工作日的时间，最初延长到14小时，后来改为12小时，强迫工人从事长时间的劳动，为资本家生产较多的绝对剩余价值。"③

---

① 马克思. 资本论：第1卷 [M]. 北京：人民出版社，2004：268-269.
② 马克思. 资本论：第1卷 [M]. 北京：人民出版社，2004：312-313.
③ 漆琪生. 《资本论》大纲 [M]. 北京：人民出版社，1985：354.

33.4 工人阶级争取正常工作日的斗争

马克思在《资本论》第一卷第八章第六节说明了英国工人阶级争取正常工作日的斗争过程。"资本经历了几个世纪，才使工作日延长到正常的最大极限，然后越过这个极限，延长到12小时自然日的界限。此后，自18世纪最后三十多年大工业出现以来，就开始了一个像雪崩一样猛烈的、突破一切界限的冲击。习俗和自然、年龄和性别、昼和夜的界限，统统被摧毁了。"[①] 18世纪60年代产业革命的出现和资本主义机器大工业的发展，女工和童工广泛使用，换班制度普遍推广，以前所规定的12小时工作日的限制又被打破，劳动时间又被延长，过度劳动达到了空前的程度。于是争取限制工作日时间的斗争逐步开展起来了，迫使英国议会从1802年到1833年先后通过了尽管是"一纸空文"的五种劳动法。从1833年以后，英国工人阶级把争取10小时工作日作为斗争的目标。1847年通过的新工厂法正式规定工作日为10小时。但由于种种原因，10小时工作日并未实现。后来经过英国工人阶级不屈不挠的持续斗争，终于在1860年由染布厂和漂白厂开始，正式实行10小时工作日制度，以后逐步扩大到各个主要行业，工人阶级争取工作日的斗争获得初步胜利。

由商品交换的同一原则产生了两种互相对抗的权利，即资本家有权要求尽量延长工作日，工人则有权反对过度延长工作日。资本家购买了一日的劳动力，支付了劳动力一日的价值，取得了劳动力一天的使用权。像任何商品的购买者一样，资本家要竭力从所购买的商品中获取最大的利益。根据商品交换的原则，资本家购买的是一日的劳动力，因此有权尽可能地延长工作日。而工人根据商品交换的原则，同样有权反对延长工作日。因为，工人出卖的劳动力商品是存在于活的健康的人体中的。工人有权要求工作日长度不损害他的健康，并且能得到正常的恢复和持续的出卖。而过长的工作日使劳动力过度地消耗，损害工人的健康、缩短工人的寿命，减少劳动力的出卖年限，实际上是对工人的掠夺。"于是这里出现了二律背反，权利同权利相对抗，而这两种权利都同样是商品交换规律所承认的。在平等的权利之间，力量就起决定作用。所以，在资本主义生产的历史上，工作日的正常化过程表现为规定工作日界限的斗争，这是全体资本家即资本家阶级和全体工人即工人阶级之间的斗争。"[②] 为了维护自己的权利，工人阶级必须团结起来进行斗争，才

---

① 马克思.资本论：第1卷[M].北京：人民出版社，2004：320.
② 马克思.资本论：第1卷[M].北京：人民出版社，2004：271-272.

能把工作日限制在合理的范围之内。"为了'抵御'折磨他们的毒蛇，工人必须把他们的头聚在一起，作为一个阶级来强行争得一项国家法律，一个强有力的社会屏障，使自己不致再通过自愿与资本缔结的契约而把自己和后代卖出去送死和受奴役。"①

---

① 马克思. 资本论：第 1 卷 [M]. 北京：人民出版社, 2004: 349.

34. 相对剩余价值的形成

【原文】

为了在工作日长度既定的条件下提高剥削程度，资本家在调整必要劳动时间和剩余劳动时间的比例上下功夫，通过缩短必要劳动时间、相对延长剩余劳动时间的方法，增加剩余价值的生产。这种生产剩余价值的方法叫作相对剩余价值生产方法。①

【解析】

34.1 相对剩余价值的概念

在资本主义生产方式下，工人的工作时间分为必要劳动时间和剩余劳动时间两部分。必要劳动时间是工人为创造自身的劳动力价值所耗费的劳动时间。剩余劳动时间是工人为创造被资本家占有的剩余价值所耗费的劳动时间。在工作日长度已定的条件下，必要劳动时间越短，剩余劳动时间相对越长，剩余价值相对越多；反之则相反。

相对剩余价值就是在工作日长度不变的条件下，通过缩短必要劳动时间而相对延长剩余劳动时间所生产的剩余价值。

相对剩余价值生产的方法就是通过缩短必要劳动时间而相对延长剩余劳动时间生产剩余价值的方法。

34.2 相对剩余价值的形成

相对剩余价值以缩短必要劳动时间为前提。必要劳动时间是工人创造工人劳动力价值所需要的劳动时间，因此，要缩短必要劳动时间就必须降低工人的劳动力价值。工人的劳动力价值是维持工人及其家庭生活所必需的生活资料的价值，因此，要降低工人的劳动力价值就必须降低维持工人及其家庭

---

① 《马克思主义基本原理》（2021年版）编写组．马克思主义基本原理［M］．北京：高等教育出版社，2021：196.

生活所必需的生活资料的价值。要降低维持工人及其家庭所必需的生活资料的价值，就必须提高生活资料生产部门的劳动生产率。生活资料是使用生产资料生产的，因此，要提高生活资料生产部门的劳动生产率就必须提高生产资料生产部门的劳动生产率。可见，通过缩短必要劳动时间而相对延长剩余劳动时间以生产相对剩余价值，就必须提高全社会的劳动生产率。换句话说，全社会劳动生产率提高→维持工人及其家庭生活所必需的生活资料价值降低→工人的劳动力价值降低→创造工人的劳动力价值的必要劳动时间相对越短→创造资本家的剩余价值的剩余劳动时间相对延长→相对剩余价值逐步形成。

34.3 全社会劳动生产率的提高

全社会劳动生产率的提高是单个资本家追逐超额剩余价值的结果。单个企业或单个资本家由于率先提高劳动生产率，从而使其所生产商品的个别劳动时间低于社会必要劳动时间、个别价值低于社会价值，这时候他们按社会价值出售商品所获得的那部分剩余价值就是超额剩余价值。为获得超额剩余价值，单个资本家率先创新，改进技术和提高劳动生产率；为分享超额剩余价值，多数资本家模仿创新，竞相采用新技术和提高劳动生产率。当先进技术不断扩散乃至普及之后，个别资本家的超额剩余价值逐渐消失，但会导致全社会劳动生产率提高和整个资本家阶级获得相对剩余价值。

35. 超额剩余价值的源泉

【原文】

全社会劳动生产率的提高是资本家追逐超额剩余价值的结果。超额剩余价值是指企业由于提高劳动生产率而使商品的个别价值低于社会价值的差额。[①]

【解析】

35.1 超额剩余价值举例

关于超额剩余价值，马克思举例说："如果一个劳动小时用金量来表示是6便士或1/2先令，一个12小时工作日就会生产出6先令的价值。假定在一定的劳动生产力的条件下，在这12个劳动小时内制造12件商品；每件商品用掉的生产资料、原料等的价值是6便士。在这种情况下，每件商品花费1先令，即6便士是生产资料的价值，6便士是加工时新加进的价值。现在假定有一个资本家使劳动生产力提高一倍，在一个12小时工作日中不是生产12件这种商品，而是生产24件。在生产资料的价值不变的情况下，每件商品的价值就会降低到9便士，即6便士生产资料的价值，3便士是最后的劳动新加进的价值。生产力虽然提高一倍，一个工作日仍然同从前一样只创造6先令新价值，不过这6先令新价值现在分散在增加了一倍的产品上。因此分摊在每件产品上的不是这个总价值的1/12，而只是1/24，不是6便士，而是3便士，也就是说，在生产资料转化为产品时，就每件产品来说，现在加到生产资料上的，不像从前那样是整整一个劳动小时，而是半个劳动小时。现在，这个商品的个别价值低于它的社会价值，就是说，这个商品所花费的劳动时间，少于在社会平均条件下生产的大宗同类商品所花费的劳动时间。每件商

[①] 《马克思主义基本原理》（2021年版）编写组. 马克思主义基本原理 [M]. 北京：高等教育出版社，2021：196.

品平均花费1先令，或者说，代表2小时社会劳动；在生产方式发生变化以后，它只花费9便士，或者说，只包含1.5个劳动小时。但是商品的现实价值不是它的个别价值，而是它的社会价值，就是说，它的现实价值不是用生产者在个别场合生产它所实际花费的劳动时间来计量，而是用生产它所必需的社会劳动时间来计量。因此，如果采用新方法的资本家按1先令这个社会价值出售自己的商品，那么他的商品就是超出它的个别价值3便士出售，这样，他就实现了3便士的超额剩余价值。"①

35.2 超额剩余价值解读

从上述马克思所举的超额剩余价值的例子可以看出，首先，所谓超额剩余价值就是个别资本家或个别企业由于率先改进生产技术和提高劳动生产力，生产商品所耗费的个别劳动时间低于社会必要劳动时间，商品的个别价值低于社会价值，这时候按社会价值出售商品所额外获得的那部分剩余价值。其次，个别资本家的商品的个别价值与劳动生产力成反比。个别资本家生产商品的劳动生产力越高，他在同样劳动时间内所生产的商品数量就越多，他生产的商品所耗费的个别劳动时间就越少，他的商品的个别价值就越低。因为，"生产力虽然提高一倍，一个工作日仍然同从前一样只创造6先令新价值，不过这6先令新价值现在分散在增加了一倍的产品上"。再次，商品的现实价值与劳动生产力成正比。虽然个别资本家生产商品的劳动生产力越高，他所生产的商品的个别价值就越低，但因他在同样的劳动时间内生产的商品数量增多，因此，他按同类商品的社会价值出售商品所获得的商品的现实价值也就越多。因为，"商品的现实价值不是它的个别价值，而是它的社会价值，就是说，它的现实价值不是用生产者在个别场合生产它所实际花费的劳动时间来计量，而是用生产它所必需的社会劳动时间来计量"。最后，超额剩余价值实质上也是相对剩余价值，或者说是相对剩余价值的一种特殊形式。

35.3 超额剩余价值的源泉

既然超额剩余价值是个别资本家率先变革生产设备，改进生产技术，革新生产方法，改良生产方式，提高劳动生产力的结果，那么，这是否意味着超额剩余价值就是来源于特别高的劳动生产力呢？或者说，超额剩余价值的源泉就是特别高的劳动生产力呢？更直白地说，超额剩余价值是否就是由特别高的劳动生产力创造的呢？根据马克思的有关论述，超额剩余价值显然不是由特别高的劳动生产力创造的。因为，价值"只是无差别的人类劳动的单

---

① 马克思.资本论：第1卷[M].北京：人民出版社，2004：368-369.

纯凝结,即不管以哪种形式进行的人类劳动力耗费的单纯凝结"①。而"生产力当然始终是有用的、具体的劳动的生产力,它事实上只决定有目的的生产活动在一定时间内的效率。因此,有用劳动成为较富或较贫的产品的源泉与有用劳动的生产力的提高或降低成正比。相反地,生产力的变化本身丝毫也不会影响表现为价值的劳动。既然生产力属于劳动的具体有用形式,它自然不再能同抽去了具体有用形式的劳动有关。因此,不管生产力发生了什么变化,同一劳动在同样的时间内提供的价值量总是相同的"②。既然价值是无差别的一般人类劳动或抽象劳动的凝结,那么,无论是旧价值还是新价值都只能由劳动决定,而不能由劳动生产力决定。

我们认为超额剩余价值是一个价值创造问题,而不是价值实现问题。马克思说:"生产力特别高的劳动起了自乘的劳动的作用,或者说,在同样的时间内,它所创造的价值比同种社会平均劳动要多——采用改良的生产方式的资本家比同行业的其余资本家,可以在一个工作日中占有更大的部分作为剩余劳动。"③ 可见,劳动生产力高的劳动比劳动生产力低的劳动,在同样的劳动时间内会创造更大的价值和剩余价值,这些价值和剩余价值来自劳动生产力高的企业的"劳动",而不是劳动生产力本身。因此,超额剩余价值是由劳动生产力高的"劳动"创造的,而不是由高的"劳动生产力"创造的。

---

① 马克思. 资本论:第1卷 [M]. 北京:人民出版社,2004:51.
② 马克思. 资本论:第1卷 [M]. 北京:人民出版社,2004:59-60.
③ 马克思. 资本论:第1卷 [M]. 北京:人民出版社,2004:370.

36. 资本主义简单再生产所体现的资本主义新特征

【原文】

资本家瓜分到剩余价值后，如果将其完全用于个人消费，则生产就在原有规模的基础上重复进行，这叫资本主义简单再生产。资本主义简单再生产不仅生产商品，生产剩余价值，而且还生产和再生产资本主义生产关系本身：一方面是资本家，另一方面是雇佣工人。①

【解析】

36.1 资本主义简单再生产和扩大再生产的划分

任何社会的生产过程事实上都是再生产过程。"一个社会不能停止消费，同样，它也就不能停止生产。因此，每一个社会生产过程，从经常的联系和它不断更新来看，同时也就是再生产过程。"②

资本主义的生产过程同样也是再生产过程。根据生产规模是否扩大将资本主义再生产划分为简单再生产和扩大再生产。资本主义简单再生产是指假定资本家将获取的剩余价值全部用于生活消费，在原有的生产规模上进行的再生产。资本主义扩大再生产是指资本家将获取的剩余价值部分用于生活消费、部分用于追加资本，在扩大的生产规模上进行的再生产。

36.2 资本主义简单再生产所体现的资本主义生产关系

资本主义简单再生产作为连续的、重复进行的再生产过程，它体现了资本主义生产过程的某些新特征或消除了作为孤立的资本主义生产过程所呈现的某些虚假特征。"虽然简单再生产只是生产过程在原来规模上的重复，但是

---

① 《马克思主义基本原理》（2021年版）编写组. 马克思主义基本原理［M］. 北京：高等教育出版社，2021：198.

② 马克思. 资本论：第1卷［M］. 北京：人民出版社，2004：653.

110

这种单纯的重复或连续,赋予这个过程以某些新的特征,或者不如说,消除它仅仅作为孤立过程所具有的虚假特征。"①

第一,资本主义简单再生产表明:是工人自己养活自己,而不是资本家养活工人。因为资本家购买工人劳动力的可变资本,其实并不是由资本家的私人基金预付的,而是由工人自己的劳动所创造的。"当工人把一部分生产资料转化为产品的时候,他以前的一部分产品就再转化为货币。工人今天的劳动或下半年的劳动是用他上星期的劳动或上半年的劳动来支付的。……资本家把工人自己的对象化劳动预付给工人。"②

第二,资本主义简单再生产表明:工人不仅养活自己,还养活了资本家。不管资本家起初的资本如何而来,也不管资本家起初的资本有多少,"经过若干年或者说经过若干个再生产期间,原预付资本就会被资本家消费掉,因而消失了。"③ 而资本家现有的资本其实都是由工人所创造的剩余价值转化而来的。

第三,资本主义简单再生产表明:工人的个人消费隶属于资本,生产和再生产资本所必需的劳动力。"甚至工人阶级的个人消费,在一定限度内,也不过是资本再生产过程的一个要素。……个人消费一方面保证他们维持自己和再生产自己,另一方面通过生活资料的耗费来保证他们不断重新出现在劳动市场上。"④

第四,资本主义简单再生产表明:资本主义生产过程是劳动和劳动条件分离的再生产,是雇佣劳动隶属于资本的再生产。"资本主义生产过程,在联系中加以考察,或作为再生产过程加以考察时,不仅生产商品,不仅生产剩余价值,而且还生产和再生产资本关系本身:一方面是资本家,另一方面是雇佣工人。"⑤

---

① 马克思.资本论:第1卷[M].北京:人民出版社,2004:654.
② 马克思.资本论:第1卷[M].北京:人民出版社,2004:655.
③ 马克思.资本论:第1卷[M].北京:人民出版社,2004:657.
④ 马克思.资本论:第1卷[M].北京:人民出版社,2004:661-662.
⑤ 马克思.资本论:第1卷[M].北京:人民出版社,2004:666-667.

111

37. 相对过剩人口的三种形式

【原文】
在资本主义发展过程中，相对过剩人口基本上有三种形式：第一种是流动的过剩人口，第二种是潜在的过剩人口，第三种是停滞的过剩人口。①

【解析】
37.1 相对过剩人口

相对过剩人口是指相对于资本增殖的需要而言的过剩的工人人口。伴随着资本积累的扩大和资本有机构成的提高，总资本中不变资本部分所占比重越来越大，可变资本部分所占比重越来越小，从而对劳动力的需求相对减少。例如，有些部门由于资本集中，资本绝对量没有增加但资本有机构成却提高了，对劳动力需求绝对减少；有些部门资本的增长同可变资本绝对减少结合在一起，对劳动力需求绝对减少；有些部门资本的增长对劳动力需求有时增加，有时减少。因此，在资本积累过程中，伴随技术进步和资本有机构成的提高，伴随资本主义大工业发展的周期波动和经济结构的变化，必然产生相对过剩人口。"资本主义积累不断地并且同它的能力和规模成比例地生产出相对的，即超过资本增殖的平均需要的，因而是过剩的或追加的工人人口。"②

37.2 相对过剩人口的三种形式

"相对过剩人口是形形色色的。每个工人在半失业或全失业的时期，都属于相对过剩人口。工业周期阶段的更替使相对过剩人口具有显著的、周期反复的形式，因此，相对过剩人口时而在危机时期急剧地表现出来，时而在营业呆滞时期缓慢地表现出来。如果撇开这些形式不说，那么，过剩人口经常

---

① 《马克思主义基本原理》（2021年版）编写组. 马克思主义基本原理［M］. 北京：高等教育出版社，2021：200.
② 马克思. 资本论：第1卷［M］. 北京：人民出版社，2004：726.

具有三种形式：流动的形式、潜在的形式和停滞的形式。"①

流动形式的过剩人口主要存在于现代工业的中心。随着生产规模的扩大和缩小，这里的工人时而被吸收到生产中去，时而又被解雇加入失业队伍中来，经常处于就业和失业彼此交替的流动状态。这种流动形式过剩人口的形成，一是由于现代机器大工业大量使用童工和女工，使得许多成年男工失业；二是由于固有的分工使工人被束缚在一定的特殊生产部门，一旦失业就难以快速转业找到新的工作；三是由于劳动力被资本过度使用，使得工人未老先衰，难以重新就业。

潜在形式的过剩人口主要存在于农业领域。随着资本主义生产方式在农业领域的发展，随着资本积累的增长和资本有机构成的提高，对于农业工人人口的需求就会日益减少，从而在农业领域形成大量的潜在的过剩人口。他们通常还有少量的生产资料以及少量的土地，因而表面上他们并没有失业，但仅仅依靠这些他们很难维持生活，因此随时准备寻找机会加入城市工人的队伍。

停滞形式的过剩人口主要是指那些没有固定社会职业，只是临时被雇佣打零工的工人人口。他们的特点是劳动时间最长但工资却最低，从而生活状况往往在工人阶级的平均正常水平之下。这种过剩人口主要来源于大工业和农业的过剩劳动者以及受大资本排挤的小生产者。

除了上述三种形式的过剩人口，"相对过剩人口的最底层陷于需要救济的赤贫的境地。撇开流浪者、罪犯和妓女，一句话，撇开真正的流氓无产阶级不说，这个社会阶层由三类人组成。第一类是有劳动能力的人。……他们的人数每当危机发生时就增大，每当营业复苏时就减少。第二类是孤儿和需要救济的贫民的子女。……第三类是衰败的、流落街头的、没有劳动能力的人"②。

---

① 马克思.资本论：第1卷[M].北京：人民出版社，2004：738.
② 马克思.资本论：第1卷[M].北京：人民出版社，2004：741.

38. 产业资本循环保持连续性的条件

【原文】

产业资本的运动，必须具备两个基本前提条件：一是产业资本的三种职能形式必须在空间上并存，也就是说，产业资本必须按照一定比例同时存在于货币资本、生产资本和商品资本三种形式中。二是产业资本的三种职能形式必须在时间上继起，也就是说，产业资本循环的三种职能形式的转化必须保持时间上的依次连续性。货币资本、生产资本、商品资本三种职能形式在空间上的并存性与时间上的继起性表明，产业资本的连续循环是流通过程和生产过程的统一，也是它的三种职能形式循环，即货币资本循环、生产资本循环和商品资本循环的统一。[①]

【解析】

38.1 产业资本

产业资本是指投在工业、农业、采掘业、建筑业和交通运输业等物质生产部门的资本。由于只有产业资本才生产剩余价值，因此，研究资本如何实现价值增值或带来剩余价值就要以产业资本为对象，通过研究产业资本循环揭示资本如何实现价值增值或生产剩余价值。与产业资本生产剩余价值不同，商业资本实现剩余价值，生息资本分享剩余价值。

38.2 产业资本循环

产业资本循环是指产业资本依次经过购买、生产和销售三个阶段，相应地采取货币资本、生产资本和商品资本三种职能形式，连续通过货币资本循环、生产资本循环和商品资本循环三种循环形式，使价值得到增殖并回到原来出发点的过程。

---

① 《马克思主义基本原理》（2021年版）编写组. 马克思主义基本原理 [M]. 北京：高等教育出版社，2021：201-202.

38.3 产业资本循环的三个阶段

产业资本循环依次经过购买、生产和销售三个阶段。在购买阶段，产业资本家用货币资本购买资本主义商品生产的两个基本要素即生产资料和劳动力，为剩余价值生产准备条件。在生产阶段，产业资本家在生产过程中使生产资料和劳动力相结合，生产出包含剩余价值的商品。在销售阶段，产业资本家把由生产阶段生产出来的包含剩余价值的商品销售出去，实现凝结在商品中的价值和剩余价值。

38.4 产业资本循环的三种职能形式

产业资本在购买、生产和销售的三个阶段，相应地采取货币资本、生产资本和商品资本三种职能形式。在购买阶段，产业资本以货币资本的职能形式存在，执行为生产剩余价值准备条件的职能。在生产阶段，产业资本以生产资本的职能形式存在，执行生产剩余价值的职能。在销售阶段，产业资本以商品资本的职能形式存在，执行实现价值和剩余价值的职能。

38.5 产业资本循环的三种循环形式

产业资本家对剩余价值无止境的追求，决定了产业资本循环是一个永无止境的连续运动过程。这种连续运动过程可用下列公式表示：

$$G-W\cdots P\cdots W'-G'\cdot G-W\cdots P\cdots W'-G'\cdot G-W\cdots\cdots$$

产业资本连续不断的循环过程表明，产业资本的三种职能形式亦即货币资本、生产资本和商品资本，各自都要经过三个阶段的循环并回到其原来的出发点。因此，产业资本循环包含货币资本循环 $G-W\cdots P\cdots W'-G'$、生产资本循环 $P\cdots W'-G'\cdot G-W\cdots P$ 和商品资本循环 $W'-G'\cdot G-W\cdots P\cdots W'$ 三种循环形式，产业资本循环是货币资本循环、生产资本循环和商品资本循环三种循环形式的统一。

38.6 产业资本循环保持连续性的条件

资本的本性是增殖，但资本只有处于连续的运动中才能实现增殖，因此，产业资本循环的核心问题是如何保持产业资本运动的连续性。而要保持产业资本运动或产业资本循环的连续性，则必须具备以下两个基本条件：一是保持产业资本三种职能形式在空间上的并存，也就是必须保持产业资本按照一定比例并列存在于货币资本、生产资本和商品资本三种职能形式上，而不能全部同时存在于货币资本、生产资本和商品资本的某一种或某两种职能形式上。二是保持产业资本三种循环形式在时间上的继起，也就是必须保持货币资本循环、生产资本循环和商品资本循环各自循环的衔接转化，具体来说，货币资本循环必须保持"货币资本—生产资本—商品资本"在时间上的转化衔接，生产资本循环必须保持"生产资本—商品资本—货币资本"在时间上的转化衔接，商品资本循环必须保持"商品资本—货币资本—生产资本"在时间上的转化衔接。

产业资本的三种职能形式在空间上的并存和三种循环形式在时间上的继起互为条件、相互制约。并存是继起的前提，没有货币资本、生产资本和商品资本三种职能形式上的并存，就没有货币资本循环、生产资本循环和商品资本循环各自职能形式的转化衔接。继起是并存的保证，没有货币资本循环、生产资本循环和商品资本循环各自职能形式的依次转化衔接，货币资本、生产资本和商品资本三种职能形式的空间并存就难以为继。

由于产业资本只有并列处于货币资本、生产资本和商品资本三种职能形式上，又相继处在货币资本循环、生产资本循环和商品资本循环的三种循环形式中，才能保持产业资本循环过程的连续性。因此，"产业资本的连续进行的现实循环，不仅是流通过程和生产过程的统一，而且是它的所有三个循环的统一。但是，它之所以能够成为这种统一，只是由于资本的每个不同部分能够依次经过相继进行的各个循环阶段，从一个阶段转到另一个阶段，从一种职能形式转到另一种职能形式，因而，只是由于产业资本作为这些部分的整体同时处在各个不同的阶段和职能中，从而同时经过所有这三个循环。在这里，每一部分的相继进行，是由各部分的并列存在即资本的分割所决定的"[1]。

---

[1] 马克思. 资本论：第2卷[M]. 北京：人民出版社，2004：119.

39. 资本周转及其影响因素

【原文】

资本是在运动中增殖的，资本必须不断地、周而复始地循环，才能不断地带来剩余价值。这种周而复始、不断反复着的资本循环，就叫作资本的周转。如果每次资本周转带来的剩余价值一定，则资本周转越快，在一定时期内带来的剩余价值就越多。影响资本周转快慢的因素有许多，关键的因素有两个：一是资本周转的时间，二是生产资本的固定资本和流动资本的构成。①

【解析】

39.1 资本周转

"资本的循环，不是当作孤立的过程，而是当作周期性的过程时，叫作资本的周转。"② 所谓资本周转就是连续不断、周而复始的资本循环。

39.2 资本循环和资本周转的联系和区别

资本循环和资本周转的联系表现在：（1）资本循环是资本周转的起点和基础，没有资本循环就不可能有资本周转，资本周转则是资本循环的继续。（2）同资本循环一样，资本周转一次的时间，也是从预付一定量的资本起到这个资本得到增殖并以同样形式回到资本家手中为止，包括资本处在生产领域的时间和流通领域的时间。

资本循环和资本周转的区别表现在：（1）资本循环是指资本从出发点又回到出发点的一次运动，资本周转则是资本循环的反复运动，是不断从出发点复归到出发点的运动。（2）资本的循环，主要是考察资本在一次运动过程中经历了哪些阶段，采取了什么不同的形态以及所执行的不同职能。资本周

---

① 《马克思主义基本原理》（2021年版）编写组. 马克思主义基本原理[M]. 北京：高等教育出版社，2021：202.

② 马克思. 资本论：第2卷[M]. 北京：人民出版社，2004：174.

转,则主要是考察资本在不断重复的周期性的运动中所需要的时间、运动的速度以及它们对剩余价值生产的影响。

39.3 资本周转速度

资本周转速度可用资本周转时间和资本周转次数来表示。资本的周转时间是指资本停留在生产领域和流通领域的时间总和。资本周转速度与资本周转时间成反比：资本周转时间越长,资本周转速度越慢；资本周转时间越短,资本周转速度越快。

资本周转次数是指一定时期内（通常为一年）资本价值周转的次数。资本周转一次的时间通常以月来表示。因此,资本周转次数就等于12个月除以资本周转一次的月数。如果用 U 表示 1 年的 12 个月,用 u 表示资本周转一次的月数,用 n 表示资本周转的次数,那么,资本周转次数的公式就是：$n = U/u$。资本周转速度与资本周转次数成正比。

39.4 生产资本的构成即固定资本和流动资本的比重

生产资本的各个部分按其价值周转方式的不同,划分为固定资本和流动资本两部分。生产资本中固定资本和流动资本所占的比重大小直接影响资本的周转速度。一般来说,在生产资本的构成中,固定资本所占比重大,资本周转速度慢；流动资本所占比重大,资本周转速度快。反之相反。

固定资本是指投在厂房、机器等劳动资料上的那部分生产资本。这部分资本价值运动的特点是,资本价值一次投入生产过程却只是逐次转移到新产品中,并随着新产品的出售而逐次收回。流动资本是指投在原材料和劳动力上的那部分生产资本。这部分资本的价值运动的特点是资本价值一次投入生产过程,一次转移或加入新产品中,并随着新产品的出售一次收回。

固定资本和流动资本之间的区别可以概括为以下几点：一是价值周转方式不同。固定资本价值逐次完成周转,流动资本价值一次完成周转。二是周转时间不同。固定资本周转时间长,流动资本周转时间短。三是价值预付和收回方式不同。固定资本价值是一次预付逐次收回,流动资本价值是一次预付一次收回。四是物质要素更新不同。固定资本的物质要素一次投入长期使用,直至报废才需更新；流动资本的物质要素一次投入一次消耗,需要不断地在实物形态上更新。

39.5 固定资本和流动资本划分与不变资本和可变资本划分的区别

马克思在《资本论》第一卷第六章中把生产资本划分为不变资本和可变资本,在《资本论》第二卷第八章中把生产资本划分为固定资本和流动资本。在第二卷第十一章中多次指出李嘉图错误地把固定资本和流动资本的对立等同于不变资本和可变资本的对立。马克思对生产资本的两种划分是不同的，二者的区别主要表现在：

（1）两种划分的依据不同。将资本划分为固定资本和流动资本，同把资本划分为不变资本和可变资本，是对生产资本进行的两种不同性质的划分。不变资本和可变资本是根据生产资本的各个部分在生产剩余价值过程中所起的作用而划分的；固定资本和流动资本是根据生产资本的各个部分的价值周转方式来划分的。

（2）两种划分的目的不同。不变资本和可变资本划分的目的在于揭示只有可变资本才是剩余价值的真正源泉，从而揭露资本主义的剥削实质。而固定资本和流动资本的划分，目的在于分析影响资本周转速度的因素以及资本周转速度对剩余价值生产的影响。

（3）两种划分的内容不同。固定资本仅仅包括不变资本中机器、厂房和设备等这部分生产资料，不变资本中的原料、燃料和辅助材料等生产资料和以劳动力形式存在的可变资本，则属于流动资本。

40. 社会资本再生产和流通的规律性

【原文】

在对个别资本的再生产和流通的规律性进行分析的基础上，马克思对社会总资本的再生产和流通也进行了深入分析，阐明了社会总资本再生产和流通的规律性，进一步揭露了资本主义经济所包含的对抗性矛盾。①

【解析】

《资本论》二卷第一篇和第二篇以单个资本为研究对象，分别研究了单个资本的循环和周转，是微观分析。第三篇以社会资本为研究对象，研究社会资本再生产和流通顺利进行的条件，是宏观分析。马克思确立了研究社会资本再生产和流通的两个基本前提，分析了社会资本简单再生产和流通的实现条件，社会资本扩大再生产和流通的前提条件和实现条件，建立了马克思的社会资本再生产和流通的理论，阐明了社会资本再生产和流通的规律性。根据习惯，以下文中将社会资本再生产和流通简称为社会资本再生产。

40.1 社会资本再生产的研究对象

马克思在《资本论》第二卷的第一篇和第二篇分别考察了单个资本的循环和周转之后，转入对社会资本运动的研究。社会资本是互相联系的所有单个资本的总和。"正如每一单个资本家是资本家阶级的一个分子一样，每一单个资本是社会总资本中一个独立的、可以说赋有个体生命的部分。社会资本的运动，由社会资本的各个独立部分的运动的总和，即各个单个资本的周转的总和构成。"② 因此，与单个资本运动不同，社会资本运动既包括生产消费，也包括个人消费；既包括资本流通，也包括一般的商品流通；不仅包括

---

① 《马克思主义基本原理》（2021 年版）编写组. 马克思主义基本原理 [M]. 北京：高等教育出版社，2021：202.
② 马克思. 资本论：第 2 卷 [M]. 北京：人民出版社，2004：390.

资本流通，而且包括剩余价值的流通。"在第一篇和第二篇，我们考察的，始终只是单个资本，只是社会资本中一个独立部分的运动。但是，各个单个资本的循环是互相交错的，是互为前提、互为条件的，而且正是在这种交错中形成社会总资本的运动。……现在，我们就要考察作为社会总资本的组成部分的各个单个资本的流通过程（这个过程的总体就是再生产过程的形式），也就是考察这个社会总资本的流通过程。"①

40.2 社会资本再生产的核心问题

社会资本再生产要顺利进行，社会总产品就必须全部实现。社会总产品的实现包括价值补偿和物质补偿两个方面。"产品价值的一部分再转化资本，另一部分进入资本家阶级和工人阶级的个人消费，这在表现为总资本的结果的产品价值本身内形成一个运动。这个运动不仅是价值补偿，而且是物质补偿，因而既要受社会产品的价值组成部分相互之间的比例的制约，又要受它们的使用价值，它们的物质形态的制约。"② 价值补偿是指当年社会生产的全部产品都能按照它的价值全部卖掉，价值由商品形式转化为货币形式。物质补偿是指社会来年生产所需要的全部生产资料和消费资料都能按照它们的价值买到，以替换上年社会生产所消耗的生产资料和消费资料，价值由货币形式转化为商品形式。而社会总产品能否最终全部实现，能否全部得到价值补偿和实物补偿，关键取决于社会总产品各个组成部分之间是否保持合理的比例。只有社会总产品各个组成部分之间保持合理的比例，社会总产品才能全部实现价值补偿和实物补偿，社会资本再生产才能顺利进行，才能避免整个社会经济的失调和经济危机。因此，社会资本再生产的核心问题是社会总产品各个组成部分之间的按比例发展，是社会总产品各个组成部分之间如何保持合理比例。

40.3 社会资本再生产理论的两个基本前提

马克思社会资本再生产理论依据的两个基本前提是：（1）将社会总产品在物质形态上划分为生产资料和消费资料两大类，与此相适应的是，把社会生产分为两大部类，即生产生产资料的第Ⅰ部类和生产消费资料的第Ⅱ部类。"在这两个部类中，每一部类拥有的所有不同生产部门，总和起来都形成一个单一的大的生产部门：一个是生产资料的生产部门，另一个是消费资料的生产部门。两个生产部门各自使用的全部资本，都形成社会资本的一个特殊的

---

① 马克思. 资本论：第2卷 [M]. 北京：人民出版社，2004：392.
② 马克思. 资本论：第2卷 [M]. 北京：人民出版社，2004：437-438.

大部类。"[①]（2）将社会总产品在价值上划分为三个组成部分：一部分是转移到产品中去的生产资料价值，用于补偿不变资本的部分，即 c；一部分是工人新创造的劳动力价值，用于补偿预付可变资本的部分，即 v；一部分是工人新创造的剩余价值部分，即 m。因此，不管是从社会总产品来考察，还是从个别商品来考察，商品价值都是由 c+v+m 构成。每一部类的全部产品的价值，和每个个别商品的价值一样，也分成 c+v+m。正是在这两个前提的基础上，马克思解决了前人不曾解决的极其复杂的社会资本再生产问题，发现了社会总产品实现的规律。

40.4 社会资本简单再生产的基本实现条件

马克思把社会资本再生产分为社会资本简单再生产和社会资本扩大再生产。由于社会资本简单再生产是社会资本扩大再生产的基础和前提，因此，马克思首先研究了社会资本简单再生产，研究了社会资本简单再生产过程中的各种比例关系，揭示了社会资本简单再生产的实现条件。通过对社会总产品交换中三个基本交换关系的分析，马克思指出社会总产品实现的困难主要不在于两大部类内部的交换，而在于两大部类之间的交换，由此揭示出社会资本简单再生产的基本实现条件是 Ⅰ（v+m）= Ⅱc，即第 Ⅰ 部类的可变资本加剩余价值，应该等于第 Ⅱ 部类的不变资本。其经济含义是第 Ⅰ 部类必须提供在价值上恰好等于第 Ⅱ 部类需要补偿的不变资本的生产资料，第 Ⅱ 部类必须提供在价值上恰好等于第 Ⅰ 部类工人和资本家所需要的消费资料。社会资本简单再生产顺利进行的这一基本条件，表明了社会生产两大部类之间互为条件、相互制约的内在关系，也表明了两大部类互为需求、互为市场的密切联系。只有当这个基本条件得到满足时，社会总产品才能够全部得到价值补偿和物质补偿，全部得到实现，社会资本简单再生产才能够顺利进行。

从这个基本条件出发，还可以引申出另外两个条件：

（1）Ⅰ（c+v+m）= Ⅰc+Ⅱc。它表明第 Ⅰ 部类的生产同两大部类对生产资料的需求之间的关系。第 Ⅰ 部类每年生产的生产资料，要能够补偿当年全社会生产已消耗的生产资料，它们在价值量上要相等，在物质形态上要相适应。

（2）Ⅱ（c+v+m）= Ⅰ（v+m）+Ⅱ（v+m）。它表明第 Ⅱ 部类的生产同两大部类的工人和资本家对消费资料的需求之间的关系。也就是说，第 Ⅱ 部类每年生产的消费资料，必须能够补偿两大部类工人和资本家所消费的消费

[①] 马克思．资本论：第 2 卷 [M]．北京：人民出版社，2004：439.

资料，它们在价值量上要相等，在物质形态上必须相适应。

上述三个实现条件本质上是一致的，从不同角度说明了社会资本简单再生产过程中社会生产和社会消费之间的内在联系，表明了生产资料的生产和消费资料的生产之间必须保持一定的比例关系，体现了社会资本简单再生产条件下经济运行的客观规律性。

40.5 社会资本扩大再生产的前提条件

在资本主义生产方式中，规模不变的简单再生产只是一种假定或抽象概念，资本主义再生产的特征是扩大再生产。一般来说，剩余价值是积累的主要源泉，积累是扩大再生产的主要源泉。虽然"一定量的资本，没有积累，还是能够在一定界限之内扩大它的生产规模。但是，这里要讲的是特定意义上的资本积累，因此，生产的扩大以剩余价值转化为追加资本作为条件，也就是以扩大作为生产基础的资本为条件"①。这样，要进行社会资本扩大再生产，第一，资本家就不能把占有的剩余价值全部用于个人消费，而必须把其中的一部分积累起来作为追加资本，用来购买追加的生产资料和工人。第二，为了满足社会资本扩大再生产的需要，首先，第Ⅰ部类生产的全部产品在满足两大部类补偿消耗掉的生产资料之后还必须有剩余，还能为两大部类扩大再生产提供追加的生产资料。用公式表示即Ⅰ（v+m）>Ⅱc。其次，第Ⅱ部类生产的全部产品在满足两大部类原有工人的消费和资本家进行积累后的个人消费外还必须有剩余，以便为两大部类扩大再生产提供追加的消费资料。如以 m/x 代表资本家个人消费的部分，那么，用公式表示即Ⅱ（c+m-m/x）>Ⅰ（v+m/x）。

40.6 社会资本扩大再生产的实现条件

在社会资本扩大再生产条件下，社会总产品的实现同在简单再生产条件下一样，也需要进行三方面的交换：（1）Ⅰc 在第Ⅰ部类内部交换；（2）Ⅱ（v+m）在第Ⅱ部类内部交换；（3）两大部类之间的相互交换。只有两大部类之间的相互交换保持平衡，才能使社会总产品全部得到实现，社会资本再生产才能得以顺利进行。

社会资本扩大再生产实现的基本条件是两大部类之间的交换必须符合下列等式：Ⅰ（v+Δv+m/x）=Ⅱ（c+Δc）。公式中 Δv 代表追加的可变资本，m/x 代表用于资本家个人消费的部分，Δc 代表用于追加的不变资本。公式中，等号的左端是第Ⅰ部类在社会资本扩大再生产条件下需要以生产资料向第Ⅱ

---

① 马克思. 资本论：第2卷[M]. 北京：人民出版社，2004：564.

部类换取生活资料的部分；等号的右端是第Ⅱ部类在社会资本扩大再生产条件下，需要以生活资料向第Ⅰ部类换取生产资料的部分。二者必须相等，否则社会上就会有一部分产品卖不出去，在价值上不能实现，在物质上不能替换。还必须注意，要进行积累实现扩大再生产，不仅要求第Ⅰ部类能够为社会提供追加的生产资料，而且还要求第Ⅱ部类能够为全社会提供追加的生活资料。因此，两大部类之间还必须符合下列等式：Ⅱ（c+m-m/x）＞Ⅰ（v+Δv+m/x）+Ⅱ（v+Δv+m/x）。这一公式表明，第Ⅱ部类原有的不变资本、剩余价值中减掉资本家用于个人消费的部分加起来，必须等于第Ⅰ部类原有的可变资本和两大部类资本家用于消费的剩余价值，以及两大部类追加的可变资本之和。或者说，第Ⅱ部类生产的消费资料，不但要能够满足第Ⅰ部类原有工人和资本家的消费需要，而且还要能满足两大部类追加的工人所需的消费资料。否则，也无法实现扩大再生产。

从社会资本扩大再生产的基本实现条件中还可引申出两个派生条件的公式：

（1）Ⅰ（c+v+m）=Ⅰ（c+△c）+Ⅱ（c+△c）

（2）Ⅱ（c+v+m）=Ⅰ（v+△v+m/x）+Ⅱ（v+△v+m/x）

第一个公式表示第Ⅰ部类所生产的全部生产资料必须满足两大部类的生产资料补偿和生产资料追加的需求，反映了社会资本扩大再生产条件下，第Ⅰ部类的生产与两大部类的不变资本补偿和追加之间的相互依存关系。第二个公式表示第Ⅱ部类所生产的全部消费资料必须满足两大部类所有工人和资本家对生活资料的需求，反映了社会资本扩大再生产条件下，第Ⅱ部类的生产与两大部类的工人和资本家个人消费之间的关系。社会资本扩大再生产实现条件的三个公式从不同的角度反映了两大部类之间相互依存的比例关系。

41. 资本主义经济危机及其实质

【原文】

经济危机实际上是资本主义条件下以强制的方式解决社会再生产的实现问题的途径，这种解决方式虽然最终能够使社会再生产由失衡慢慢转变为平衡，却是以社会经济生活的严重混乱甚至瘫痪以及社会资源和财富的极大浪费为代价的。[①]

【解析】

41.1 资本主义经济危机的萌芽

资本主义经济危机最初萌芽于简单商品流通中货币的流通手段职能和支付手段职能。货币的流通手段职能使直接的物物交换 W—W 转化为间接的商品流通 W—G—W，从而使买和卖在时间上和空间上分成两个独立的行为。这样，当某些商品生产者在一时卖而却不在当时买或在一地卖而却不在当地买时，就会导致另一些商品生产者的商品在某时或某地卖不出去而出现危机的可能性。货币的支付手段职能使众多的商品生产者之间发生连锁的、交错的债权债务关系或信用关系。一旦有债务人不能及时卖掉商品从而按期还债，就会引起连锁的支付危机和信用关系的破坏，从而可能强化危机。不过，"这种可能性要发展为现实，必须有整整一系列的关系，从简单商品流通的观点来看，这些关系还根本不存在"[②]。

41.2 资本主义经济危机的实质

马克思的社会资本再生产和流通理论表明，无论是在社会资本简单再生产还是社会资本扩大再生产条件下，社会生产的两大部类之间以及两大部类

[①] 《马克思主义基本原理》（2021 年版）编写组．马克思主义基本原理［M］．北京：高等教育出版社，2021：204．

[②] 马克思．资本论：第 1 卷［M］．北京：人民出版社，2004：135-136．

内部的各个部门之间，彼此都必须保持一定的比例关系，才能确保社会资本再生产的顺利进行。但资本主义所固有的自身难以克服的种种矛盾，使得社会资本再生产所必需的比例关系经常遭到破坏，从而周期性地爆发经济危机。

资本主义经济危机是指由资本主义经济制度因素所引起的周期性的生产相对过剩，即相对于资本价值增值需要而言的生产过剩。换句话说，并非所生产的生活资料绝对地超过了人们的消费需要，所生产的生产资料绝对地超过了人们的就业需要，而仅仅只是相对地超出了有支付能力的需要和资本价值增值的需要。所以，资本主义经济危机的实质是生产相对过剩。

41.3 资本主义经济危机的表现

从1825年第一次经济危机爆发开始，在主要资本主义国家或整个资本主义世界，每隔若干年就爆发一次经济危机。危机爆发时，市场商品滞销，仓库商品积压，企业限产停产，工人下岗失业，信用关系破坏，利息率上升，证券价格暴跌，劳动人民生活水平大幅下降，整个社会经济生活混乱不堪。这种种乱象都是社会资本再生产和流通比例关系遭到破坏的不同表现，也是生产相对过剩在经济生活方面的种种表现。

41.4 资本主义经济危机的根源

资本主义经济危机根源于资本主义基本矛盾，爆发于资本主义基本矛盾所表现出的两个具体矛盾。资本主义基本矛盾是指生产社会化和生产资料资本主义私人占有之间的矛盾。资本主义基本矛盾所表现出的两个具体矛盾：一是指资本主义生产的无限扩大的趋势和劳动人民有支付能力的需求相对缩小之间的矛盾；二是指资本主义个别企业内部生产的有组织性和整个社会生产的无政府状态之间的矛盾。就前一个矛盾而言，资本主义各个企业为获得尽可能多的剩余价值并在竞争中获胜，其生产活动具有高度的计划性和组织性。但由这些各为其利竞争激烈的资本主义企业所形成的资本主义整体，其整个社会生产活动却是无计划性和组织性的无政府状态。就后一个矛盾来说，追求剩余价值的内在动力和外在压力，促使各个企业扩大生产规模和提高剥削程度，从而使劳动人民有支付能力的需求，相对于社会生产的无限扩大，呈现出相对缩小的趋势，造成社会生产与社会消费的矛盾，导致经济危机的爆发。

41.5 资本主义经济危机的周期性

资本主义经济危机每隔一段时间会周期性地爆发，从一次危机的开始到下一次危机的开始视为一个经济周期。典型的一个经济周期包括危机、萧条、复苏和高涨四个阶段。由于危机既是上一个经济周期的终点，又是下一个经济周期的起点，因此，危机是经济周期的决定性阶段。

危机阶段的主要表现是生产过剩，商品滞销，价格骤降，利率上升，支付手段奇缺，信用关系破坏，证券行情暴跌，工人大量失业，工资普遍下降，生产急剧缩小。

萧条阶段的主要表现是危机阶段的主要表现已逐步止住，但社会购买力仍然很低，商品销售依然困难，游资充斥，利率低下，信贷停滞，生产停滞不前。

复苏阶段的主要表现是销售开始增长，价格开始回升，就业逐渐增加，购买力逐步提高，企业利润开始增长，信贷活动逐渐活跃，生产逐步扩大。

高涨阶段的主要表现是消费日益旺盛，市场容量猛增，新建企业增多，就业人数增加，工资收入增长，价格快速回升，企业利润增长，信用关系膨胀，证券市场活跃，生产繁荣高涨。

41.6 资本主义经济危机周期性的物质基础

资本主义经济危机周期性的物质基础是固定资本的大规模更新。第一，固定资本的大规模更新为暂时摆脱危机、促进复苏和高涨阶段的到来准备了物质条件。萧条阶段固定资本的大规模更新，一方面使生产摆脱危机，走向复苏和高涨，另一方面又孕育了下一次危机的到来。第二，固定资本的大规模更新提高了资本的有机构成，相对减少了对劳动力的需求，推动了相对过剩人口的增加，相对减少了有支付能力的需求，促使生产和消费的矛盾发展，孕育下一次危机的到来。

关于资本主义经济危机周期性的物质基础，马克思指出："由一些互相连接的周转组成的长达若干年的周期（资本被它的固定组成部分束缚在这种周期之内），为周期性的危机造成了物质基础。在周期性的危机中，营业要依次通过松弛、中等活跃、急剧上升和危机这几个时期。虽然资本投入的那段期间是极不相同和极不一致的，但危机总是大规模新投资的起点。因此，就整个社会考察，危机又或多或少的是下一个周转周期的新的物质基础。"[①]

---

① 马克思．资本论：第 2 卷 [M]．北京：人民出版社，2004：207.

42. 资本主义工资的现象、本质、形式

【原文】

在资本主义制度下，工人的工资是劳动力的价值或价格，这是资本主义工资的本质。在这种制度下，资本家购买工人的劳动力是以货币工资形式支付的，工人为资本家劳动，资本家付给工人工资，工资表现为"劳动的价格"或工人全部劳动的报酬，这就模糊了工人必要劳动和剩余劳动的界限，掩盖了资本主义的剥削关系。①

【解析】

42.1 资本主义工资在现象上表现为劳动的价值或价格

在资本主义社会中，工人为资本家劳动，资本家付给工人工资，而且工资随着劳动时间的长度和劳动熟练的程度而产生相应变化，劳动时间越长工资越多，劳动熟练程度越高工资越高。由此产生一种假象：似乎工人出卖给资本家的是劳动，资本家付给工人的工资是工人"劳动的报酬"，是工人"劳动的价值或价格"。"工资的实际运动显示出一些现象，似乎证明被支付的不是劳动力的价值，而是它的职能即劳动本身的价值。"②

工资实际运动所表现出来的似乎是劳动的价值或价格，只是一种表面现象。因为劳动不是商品，没有价值和价格，不能被工人出卖。如果说劳动是商品、有价值，就是说劳动的价值由劳动决定，显然是无谓的同义反复。如果说劳动是商品，它就应在出卖之前独立存在，但此时工人所拥有的只是自己的劳动力，而不是属于自己的劳动。如果把工资看成劳动的价值或价格，那就意味着雇佣工人的全部劳动都是有酬劳动，这就会造成价值规律和剩余

---

① 《马克思主义基本原理》（2021年版）编写组. 马克思主义基本原理［M］. 北京：高等教育出版社，2021：204.
② 马克思. 资本论：第1卷［M］. 北京：人民出版社，2004：621.

价值规律之间的矛盾，承认价值规律就要放弃剩余价值规律，反之，肯定剩余价值规律就要否定价值规律。事实上，价值规律和剩余价值规律都是客观存在而不能否定的。可见，资本主义工资在事实上、在本质上不可能是劳动的价值或价格。

42.2 资本主义工资在本质上是劳动力的价值或价格

事实上，在劳动力市场上直接面对资本家的不是工人的劳动，而是工人的劳动力。工人出卖给资本家的不是他的劳动，而是他的劳动力。因为此时属于工人自己的仅仅只有他的劳动力。劳动力的使用就是劳动，劳动是价值和剩余价值的源泉。但此时的劳动已不属于工人而归资本家所有。"实际上，在商品市场上同货币占有者直接对立的不是劳动，而是工人。工人出卖的是他的劳动力。当工人的劳动实际上开始了的时候，它就不再属于工人了，因而也就不再能被工人出卖了，劳动是价值的实体和内在尺度，但是它本身没有价值。"①

马克思通过对雇佣工人的劳动和劳动力的科学区分，明确指出工人当作商品出卖给资本家的是他的劳动力，而不是他的劳动；工资不是劳动的价值或价格，而是劳动力的价值或价格。劳动力的价值与劳动所创造的价值是两个不同的量，前者小于后者，二者的差额形成剩余价值，从而揭示了工资的本质以及剩余价值生产的秘密和源泉，使科学的剩余价值理论最终得以完成。

42.3 资本主义工资的形式

在资本主义的现实经济生活中，工资本身采取了各种各样的形式，马克思主要说明了计时工资和计件工资这"两种占统治地位的基本形式"②。

计时工资是按照一定的时间单位来支付的工资，如月工资、周工资、日工资和小时工资等。在考察计时工资时，必须把计时工资总额与"劳动价格"区分开来。劳动价格＝日工资总额/工作日小时数。由于工作日长短不同，同样的"劳动价格"可以表现为不等的日工资总额，反之亦然。因此，只有把工资总额换算为"劳动价格"，才能正确反映计时工资的高低。资本家通常利用计时工资加强对工人的剥削，如实行小时工资使工人得不到他应得的劳动力的日价值；刺激工人延长工作日，提供额外劳动等。

计件工资是按照工人所生产的产品件数或完成的作业量来支付工资。计件工资的单价以工人的日工资除以工作日内完成的产品件数而得出，因此，

---

① 马克思. 资本论：第1卷 [M]. 北京：人民出版社，2004：615.
② 马克思. 资本论：第1卷 [M]. 北京：人民出版社，2004：623.

"计件工资无非是计时工资的转化形式。正如计时工资是劳动力的价值或价格的转化形式一样"①。采用计件工资形式，劳动的质量由产品本身来控制，产品必须具有平均的质量，计件价格才能得到完全的支付，否则工资就会被克扣；作为支付报酬标准的计件产品的社会必要劳动时间被预先确定，只有社会必要劳动时间以内的产品才支付全部计件价格，否则生产产品所耗费的劳动不能得到全部补偿；计件工资使劳动的质量和强度由产品本身来控制，因此，对劳动的大部分监督就成为多余的了，节省了监督劳动；实行计件工资，工人对个人利益的追求就会自觉地提高劳动强度和延长工作日；计件工资在促进工人个性发展的同时，也促进工人之间的相互竞争，从而使个别工资提高到平均水平以上的同时，把平均工资水平本身降低。由此可见，"计件工资是最适合资本主义生产方式的工资形式"②。

无论是计时工资还是计件工资，二者在本质上都是劳动力价值或价格的转化形式。不同的是，计时工资是劳动力的价值或价格的直接转化形式，而计件工资又是计时工资的转化形式。计时工资是计件工资的基础，计件工资是计时工资的转化形式。计时工资使工资与劳动时间的长短相联系，计件工资使工资与产品的数量相联系，两者都使工资越来越被歪曲成为劳动的价值或价格，从而都掩盖了资本主义工资的本质。

42.4 工资理论是《资本论》的三个崭新因素之一

马克思在写给恩格斯的信中曾说，评论《资本论》这部书的杜林，竟然没有觉察到这部书中的三个崭新的因素。马克思所说的三个崭新的因素：

一是揭示了剩余价值的一般形式。马克思之前的所有经济学家乃至富有成就的资产阶级经济学家，从没有研究过剩余价值的一般形式，而主要研究的是剩余价值的具体形式，如地租、利润、利息等。马克思在《资本论》第一卷中第一次在政治经济学史上研究了剩余价值的一般形式，揭示了剩余价值的起源和本质，指明了无产阶级和资产阶级之间阶级对抗的经济根源。正如恩格斯所说："在剩余价值理论方面，马克思与他的前人的关系，正如拉瓦锡与普利斯特列和舍勒的关系一样。在马克思以前很久，人们就已经确定我们现在称为剩余价值的那部分产品价值的存在；同样也有人已经多少明确地说过，这部分价值是由什么构成的，也就是说，是由占有者不付等价物的那种劳动的产品构成的。但是到这里人们就止步不前了。其中有些人，即资产

---

① 马克思．资本论：第1卷[M]．北京：人民出版社，2004：633.
② 马克思．资本论：第1卷[M]．北京：人民出版社，2004：640.

阶级古典经济学家,至多只研究了劳动产品在工人和生产资料所有者之间分配的数量比例。另一些人,即社会主义者,则发现这种分配不公平,并寻求乌托邦的手段来消除这种不公平现象。这两种人都为既有的经济范畴所束缚。"①

二是提出了劳动二重性学说。资产阶级经济学家包括最杰出的代表斯密和李嘉图等,他们虽然发现了劳动价值论,但由于没有劳动二重性学说,因此使得他们无法对劳动价值理论的一系列问题做出科学的解释。马克思从商品二因素出发,提出了科学的劳动二重性学说。"起初我们看到,商品是一个二重的东西,即使用价值和交换价值。后来表明,劳动就它表现为价值而论,也不再具有它作为使用价值的创造者所具有的那些特征。商品中包含的劳动的这种二重性,是首先由我批判地证明的。这一点是理解政治经济学的枢纽。"②"马克思研究了劳动形成价值的特性,第一次确定了什么样的劳动形成价值,为什么形成价值以及怎样形成价值,并确定了价值不外就是这种劳动的凝固。"③ 马克思的劳动二重性学说为科学地论证劳动价值论、剩余价值论、资本有机构成学说等奠定了基础。

三是揭示了资本主义工资的本质。资产阶级经济学家从未区别劳动和劳动力这两个截然不同的概念,错误地把工资说成是"劳动的价值或价格",似乎工资是工人劳动的全部报酬,是工人劳动创造的全部价值,从而掩盖了工资的本质,掩盖了资本对劳动的剥削。马克思第一次科学地论证了工资不是劳动的价值或价格,而是劳动力的价值或价格的转化形式,说明了在雇佣劳动制度的基础上,工资必然被歪曲表现为劳动的价值或价格这种不合理的形式。马克思通过对工资的本质及其形式的分析,证明了工资是劳动力价值或价格的转化形式,创立了科学的工资理论,从而使剩余价值理论建立在牢固的理论基础之上。

---

① 马克思. 资本论:第2卷[M]. 北京:人民出版社,2004:21.
② 马克思. 资本论:第1卷[M]. 北京:人民出版社,2004:54-55.
③ 马克思. 资本论:第2卷[M]. 北京:人民出版社,2004:21.

43. 血汗工资制度

【原文】

资本主义工资的形式主要有两种，即计时工资和计件工资。除此之外，资本家还建立了各种形式的血汗工资制度，其特点是利用"科学的劳动组织"，最大限度提高工人的劳动强度，从他们的身上榨取更多的血汗。这种工资制度的典型形式，就是19世纪末20世纪初流行的"泰罗制"和"福特制"。[①]

【解析】

43.1 血汗制度

血汗制度最先出现于19世纪的英国。这种制度当时指的是建立在计件工资基础上的、充当资本家和雇佣工人之间的中间人进行中间盘剥的包工制。在这种血汗制度下，中间人与资本家签订合同，先由资本家支付给中间人标准计件工资，然后再由中间人以低于资本家支付的标准计件工资支付给工人所得到的实际计件工资。工人为了养家糊口增加收入，不得不通过延长劳动时间或提高劳动强度而付出最大的劳动量。

43.2 血汗工资制度

血汗工资制度是资本主义企业利用现代科学技术，通过对生产过程进行所谓的"科学管理"或"合理化的劳动组织"，最大限度提高劳动强度来残酷剥削雇佣工人的各种工资制度。19世纪末20世纪初流行最广、最具典型的血汗工资制度是"泰罗制"和"福特制"。

43.3 泰罗制

泰罗制是资本主义企业中通过所谓"科学"的劳动组织来提高劳动强度

[①] 《马克思主义基本原理》(2021年版)编写组. 马克思主义基本原理[M]. 北京：高等教育出版社，2021：204.

而残酷榨取工人血汗的一种工资制度。因由美国工程师弗雷德里克·泰罗（Frederick Winslow Taylor，1856—1915）首创而得名。泰罗制是19世纪末20世纪初广为流行的最具代表性的一种血汗工资制度。它的基本内容和做法是：从企业中挑选体格最强、技术最好的工人，迫使他们进行最紧张的劳动，用特殊的计时器，以秒和几分之一秒为单位，记录下完成每一道工序、每一个动作的时间，并把技术最好的工人的整个操作过程拍摄下来，然后研究出最经济且生产效率最高的所谓"标准操作方法"。然后以这种所谓"标准操作方法"为依据，定出操作规程和劳动定额，按完成定额的多少，规定等级不同的工资单价，即所谓"分级工资制"。对于完成和超额完成定额的工人，按较高的工资单价支付工资，并给予一定数量的奖金。对于不能完成定额的工人，则按压低的工资单价支付工资。泰罗制使资本家"在同样的9—10小时的工作中，他们就能从工人身上榨取比原先多两倍的劳动，无情地耗尽他的全部力量，以三倍于原先的速度把雇佣奴隶的神经和肌肉的点滴能力都榨取干净。……在资本主义社会里，技术和科学的进步意味着榨取血汗的艺术的进步"[①]。

43.4 福特制

福特制是由美国汽车大王亨利·福特（Henry Ford，1863—1947）首创的一种残酷剥削工人的血汗工资制度，并于1913年在福特汽车公司首先采用。福特制的主要内容是在实行生产自动化和产品标准化的基础上，利用高速传送装置，把生产过程组成流水作业线，连续不停地运转，强制工人进行快速操作。实行这种制度，可以最大限度提高工人的劳动强度，大大提高劳动生产率，迅速增加产品的数量和降低产品的成本。这种通过劳动组织形式和生产管理方法的改进来提高劳动生产率的成就，却成为资本家榨取工人血汗、攫取更多利润的手段。实行这种制度，由于简化了操作方法，降低了对劳动者的技术要求，资本家就有可能广泛地雇佣工资低廉的非熟练工人，降低商品生产成本，攫取更多的利润。因此，福特制成为现代资本主义企业广泛采用的一种血汗工资制度。

---

① 列宁. 列宁全集：第23卷［M］. 北京：人民出版社，1990：18-19.

44. 剩余价值转化为利润

【原文】

在现实的资本主义经济生活中，资本家并不是把剩余价值看作可变资本的产物，而是把它看作全部预付资本的产物或增加额，剩余价值便取得了利润的形态。[1]

【解析】

44.1 不变资本和可变资本转化为成本价格

按资本主义生产方式生产的商品，其价值由三部分组成：不变资本价值、可变资本价值和剩余价值，用公式表示就是 $W=c+v+m$。其中 $c+v$ 是补偿生产中所耗费的生产要素的价格部分。"商品价值的这个部分，即补偿所消耗的生产资料价格和所使用的劳动力价格的部分，只是补偿商品使资本家自身耗费的东西，所以对资本家来说，这就是商品的成本价格。"[2] 可见，所谓成本价格就是生产商品所耗费的不变资本和可变资本的价值之和，或者说，成本价格是商品价值中必须用来补偿生产该商品所耗费的不变资本和可变资本的部分。因此，成本价格是一个补偿价值，以字母 k 来表示。

不变资本和可变资本转化为成本价格抹杀了不变资本和可变资本的区别，抹杀了不变资本和可变资本在价值增值过程中所起的不同作用，似乎剩余价值不是由可变资本带来的，而是由不变资本和可变资本共同带来的，从而掩盖了剩余价值的真正来源，掩盖了资本价值增值的秘密。

44.2 剩余价值转化为利润

"虽然剩余价值 m 只是产生于可变资本 v 的价值变动，因而本来只是可变

---

[1] 《马克思主义基本原理》（2021年版）编写组. 马克思主义基本原理 [M]. 北京：高等教育出版社，2021：205.

[2] 马克思. 资本论：第3卷 [M]. 北京：人民出版社，2004：30.

资本的一个增值额，但在生产过程结束以后，它同样也成为所耗费的总资本 c+v 的一个价值增加额。……剩余价值不仅对进入价值增值过程的预付资本部分来说是一个增加额，而且对不进入价值增值过程的预付资本部分来说也是一个增加额；因而，不仅对用商品的成本价格来补偿的所耗费的资本来说是一个价值增加额，而且对生产中所使用的全部资本来说也是一个价值增加额。"① 随着剩余价值在观念上不是看作可变资本带来的，而是看作全部预付资本的产物时，剩余价值就转化为利润。"剩余价值，作为全部预付资本的这样一种观念上的产物，取得了利润这个转化形式。"②

其实，利润和剩余价值本来是同一个东西，所不同的是，剩余价值是相对于可变资本而言的，利润是相对于全部预付资本而言的。当剩余价值不是被看作可变资本的产物而是被看作全部预付资本的产物时，剩余价值转化为利润。可见，剩余价值是利润的本质，利润是剩余价值的转化形式。但随着剩余价值转化为利润，剩余价值就表现为资本本身生产出来的，表现为全部预付资本的产物，从而就掩盖了剩余价值的真正来源，掩盖了资本家对工人的剥削关系。

44.3 剩余价值率转化为利润率

随着剩余价值转化为利润，剩余价值率随之转化为利润率。"用可变资本来计算的剩余价值的比率，叫作剩余价值率；用总资本来计算的剩余价值的比率，叫作利润率。这是同一个量的两种不同的计算方法，由于计算的标准不同，它们表示同一个量的不同的比率或关系。"③ 利润率就是剩余价值与全部预付资本的比率。用公式表示，即 $P'=m/C$。剩余价值率反映的是资本家对雇佣工人的剥削程度，而利润率所表示的只是预付总资本的自身的增殖性和增殖程度。分子相同，分母不同，C 绝对地大于 v，毫无疑问，利润率在数量上总是大大低于剩余价值率。这样，随着剩余价值率转化为利润率，自然地就掩盖了剩余价值的真正来源，尤其是资本家对工人的剥削程度。

---

① 马克思. 资本论：第 3 卷 [M]. 北京：人民出版社，2004：41-42.
② 马克思. 资本论：第 3 卷 [M]. 北京：人民出版社，2004：42-43.
③ 马克思. 资本论：第 3 卷 [M]. 北京：人民出版社，2004：51.

45. 利润转化为平均利润

【原文】

为了得到尽可能高的利润率和尽可能多的利润，不同生产部门的资本家之间必然展开激烈的竞争，大量资本必然从利润率低的部门转投到利润率高的部门，从而导致利润率平均化。[①]

【解析】

45.1 利润率转化为平均利润率

不同生产部门由于资本有机构成和资本周转速度不同而导致利润率高低不同，资本主义生产的动机和目的决定了不同部门的资本都力求获得尽可能高的利润率。对高利润率的追求和有利投资场所的追逐必然引起以资本转移为特征的部门之间的竞争，资本不断地从利润率低的部门转移到利润率高的部门。资本在不同生产部门的转移必然引起不同生产部门生产规模和供求关系的变化，价格的涨落和利润率的升降，最终形成平均利润率。平均利润率是社会剩余价值总额与社会预付总资本的比率。

45.2 利润转化为平均利润

随着利润率转化为平均利润率，利润随之转化为平均利润。平均利润是一定量资本根据平均利润率计算而获得的利润。换句话说，也就是在平均利润率形成之后，不同生产部门的资本将按照平均利润率取得利润，等量资本获取等量利润。"不同生产部门中占统治地位的利润率，本来是极不相同的。这些不同的利润率，通过竞争而平均化为一般利润率，而一般利润率就是所有这些不同利润率的平均数。按照这个一般利润率归于一定量资本（不管它

[①]《马克思主义基本原理》（2021年版）编写组. 马克思主义基本原理[M]. 北京：高等教育出版社，2021：205.

的有机构成如何）的利润，就是平均利润。"①

平均利润形成后，"虽然不同生产部门的资本家在出售自己的商品时收回了生产这些商品所用掉的资本价值，但是他们不是得到了本部门生产这些商品时所生产的剩余价值从而利润，而只是得到了社会总资本在所有生产部门在一定时间内生产的总剩余价值或总利润均衡分配时归于总资本的每个相应部分的剩余价值从而利润。"② 一般来说，资本有机构成高的部门所获得的平均利润高于本部门所生产的剩余价值，资本有机构成低的部门所得到的平均利润低于该部门所生产的剩余价值，只有资本有机构成平均的部门所占有的平均利润才接近于本部门所生产的剩余价值。

---

① 马克思. 资本论：第3卷 [M]. 北京：人民出版社，2004：177.
② 马克思. 资本论：第3卷 [M]. 北京：人民出版社，2004：177.

46. 价值转化为生产价格

【原文】

利润转化为平均利润，价值也就转化为生产价格。①

【解析】

46.1 价值转化为生产价格

随着利润转化为平均利润，商品的价值随之转化为生产价格。因此，生产价格是价值的转化形式，生产价格等于商品的成本价格加平均利润。"商品的生产价格，等于商品的成本价格加上依照一般利润率按百分比计算应加到这个成本价格上的利润，或者说，等于商品的成本价格加上平均利润。"②

尽管价值是生产价格的基础，生产价格是价值的转化形式，但生产价格和价值之间既有质的差别也有量的差别。在质的方面，生产价格只是同资本有联系，而同活劳动没有直接联系。因为从生产价格的构成来看，生产成本是耗费的资本，平均利润是按预付资本的比例计算分得的利润，可见，生产价格只同耗费资本和预付资本相联系。在量的方面，生产价格和价值经常不相一致。资本有机构成高的部门，其产品的生产价格高于价值；资本有机构成低的部门，其产品的生产价格低于价值；只有资本有机构成相当于社会平均资本有机构成的部门，其产品的生产价格才和价值大体相近。

46.2 生产价格偏离价值但并未脱离价值

生产价格的形成使有些生产部门的剩余价值与平均利润、生产价格与价值之间发生偏离，造成这个部门的平均利润和剩余价值、生产价格与价值不一致的表象。但生产价格偏离价值却并未脱离价值。因为，第一，价值是生

---

① 《马克思主义基本原理》（2021年版）编写组. 马克思主义基本原理 [M]. 北京：高等教育出版社，2021：205.

② 马克思. 资本论：第3卷 [M]. 北京：人民出版社，2004：177.

产价格的基础，生产价格是价值的转化形式。生产价格由生产成本和平均利润构成，其各个构成部分最终都归结为价值。生产成本无非是生产商品时所耗费的不变资本的价值和可变资本的价值，最终归结为物化劳动转移的旧价值和活劳动创造的新价值。平均利润不过是剩余价值在各个部门之间重新分配的结果，最终归结为工人的剩余劳动所创造的剩余价值。第二，从全社会来考察，剩余价值总量等于平均利润总量，生产价格总和等于价值总和，因此，价值仍然是生产价格的基础，生产价格只是价值的转化形式。第三，生产价格的变动归根结底是由价值的变动引起的，归根结底是由生产商品所耗费的社会必要劳动时间的变化而引起的。可见，价值转化为生产价格，商品按照生产价格而不是按照价值来出售并不违背价值规律，只是价值规律实现形式所发生的变化。

46.3 平均利润和生产价格的形成进一步掩盖了资本主义剥削

剩余价值本来是可变资本带来的，剩余价值率是剩余价值与可变资本的比率，准确地反映了资本对雇佣劳动的剥削程度。随着剩余价值率转化为利润率，剩余价值转化为利润，由于剩余价值不再表现为可变资本的产物，而表现为全部预付资本的产物，剩余价值不再与可变资本相比，而与全部预付资本相比，因此掩盖了剩余价值的真正来源和资本对雇佣劳动的剥削程度。但尽管如此，毕竟利润和剩余价值在数量上还是相等的。

随着利润转化为平均利润和价值转化为生产价格，等量资本获取等量利润，生产价格等于成本价格加上平均利润，一个部门所生产的剩余价值量和所得到的平均利润量、商品的价值量和生产价格量都发生背离，导致平均利润不仅在性质上而且在数量上都与剩余价值相背离，从而进一步掩盖了剩余价值的真正来源和资本主义的剥削关系。

47. 马克思剩余价值理论内容要点

【原文】
马克思通过分析剩余价值的生产、积累、流通以及分配过程，揭示了剩余价值的运动规律及其作用，创立了剩余价值理论。①

【解析】
47.1 马克思剩余价值论内容要点
"马克思的剩余价值理论，从狭义方面说，其主要内容有：（一）剩余价值作为一个独立的经济范畴的确立；（二）剩余价值产生的根本条件是劳动力成为商品；（三）剩余价值的生产过程（劳动过程与价值增值过程的统一）和本质；（四）不变资本和可变资本的划分（剩余价值是由可变资本带来的）；（五）剩余价值生产的两种基本方法（绝对剩余价值生产和相对剩余价值生产）及其相互关系；（六）工资理论的建立是狭义剩余价值理论的完成和补充。从广义方面说，其主要内容还包括：（七）资本积累理论；（八）剩余价值的流通或实现即再生产理论；（九）剩余价值的转化或分割理论。"②

"从狭义的角度上说，马克思剩余价值理论的基本内容主要包括以下几个方面：（一）资本产生的条件和资本的本质：资本的总公式、总公式的矛盾、劳动力的买和卖；（二）剩余价值的源泉：资本主义生产过程是劳动过程和价值增值过程的统一、不变资本和可变资本、剩余价值率；（三）剩余价值的生产方法：绝对剩余价值的生产、相对剩余价值的生产、绝对剩余价值和相对剩余价值的生产；（四）剩余价值生产理论的完成：资本主义工资的本质、资本主义工资的形式。"③

---

① 《马克思主义基本原理》（2021年版）编写组. 马克思主义基本原理 [M]. 北京：高等教育出版社，2021：206.
② 周成启.《资本论》问题解析 [M]. 重庆：西南师范大学出版社，1986：96.
③ 陈信.《资本论》学习与研究 [M]. 大连：东北财经大学出版社，2004：79-89.

47.2 马克思剩余价值论的意义

剩余价值理论是马克思一生科学研究的第二个伟大发现，是马克思经济理论的基石。

"第一，剩余价值理论阐明了资本主义雇佣劳动制度的本质。雇佣工人的剩余劳动创造了剩余价值。资本主义生产实质上就是榨取雇佣工人劳动生产的剩余价值。……剩余价值理论揭穿了交换公平外衣隐蔽下的剥削，使资产阶级宣扬的资本主义社会公平、正义、人人平等等粉饰太平的虚伪说教，失去了最后的根据。资本主义社会与奴隶社会、封建社会一样，都是少数人剥削绝大多数人的社会制度。

第二，剩余价值理论揭示了资本主义生产方式产生、发展和灭亡的规律。资本主义生产的唯一目的就是追求剩余价值，为了达到这一目的，资本家不惜采取一切手段剥削工人，从最开始的延长工作日到后来的不断改进技术，提高劳动生产率。这使生产社会化和生产资料私人占有制之间的矛盾越来越深，最终导致资本主义必将走向灭亡，被以生产资料公有制为基础的共产主义社会所代替。

第三，剩余价值理论阐明了无产阶级在资本主义制度中的地位和历史使命。资本家为追求剩余价值，一方面会无限扩大生产，另一方面会加紧对工人的剥削。随着资产阶级对无产阶级剥削的加强，无产阶级的反抗力量也必然不断增长。无产阶级必将成为资本主义制度的掘墓人，成为社会主义社会的建设者。"①

---

① 《马克思主义经济学说史》编写组．马克思主义经济学说史［M］．北京：高等教育出版社，人民出版社，2012：81-82．

48. 金融危机和社会危机

【原文】

第二次世界大战后，资本主义经历了一个繁荣发展的时期。近些年来，资本主义世界又发生了以金融危机为标志的经济和社会性危机。①

【解析】

48.1 金融危机

"金融危机是指全部或大部分金融指标——短期利率、资产（证券、房地产、土地）价格、商业机构破产数和金融机构倒闭数——的急剧、短暂和超周期的恶化。金融危机使整个金融体系陷入混乱，从而丧失其为经济活动分配资本的功能，这将进一步导致整个经济体系的震动，并可能引发经济危机。当金融危机在多个国家和地区同时发生时，就爆发了国际金融危机或世界金融危机。国际金融危机具有影响范围广、破坏程度大的特点，20世纪80年代后爆发的几次金融危机最后都演变为国际金融危机。世界经济的发展一直伴随着金融危机的爆发。历史上比较有名的金融危机包括17世纪30年代荷兰'郁金香泡沫'事件、18世纪20年代英国的'南海泡沫'事件与法国的'密西西比泡沫'事件、20世纪30年代的世界经济危机等，这期间发生的大小金融危机不计其数。二战后金融危机并未停止，20世纪60年代发生了英镑与法国法郎危机，70年代初期布雷顿森林体系崩溃后，金融危机的爆发更加频繁，危机的传染性和破坏力也越来越大。"②

48.2 社会危机

社会危机是指："由于某项自然或社会问题的突然出现，打乱了正常的社

---

① 《马克思主义基本原理》（2021年版）编写组. 马克思主义基本原理 [M]. 北京：高等教育出版社，2021：219.
② 《世界经济概论》编写组. 世界经济概论 [M]. 北京：高等教育出版社，人民出版社，2011：226-227.

会秩序，对民众的基本生存状态造成或即将造成较为严重的不利影响，从而使社会的安全运行和健康发展难以为继的状况。"① 在论文作者看来，社会危机具有以下几个特征：第一，涉及多个领域。社会危机的范围往往以社会领域和政治领域为主并涉及多个领域。第二，态度不同。不同的社会群体可能会有着不同的认知，形成不同的目标取向。第三，化解难度大。许多社会危机是源于社会结构、利益结构、社会价值观念等社会深层次方面的问题。因此，化解这些问题的难度相对较大。第四，持续时间长。社会危机的形成及发生作用的过程都会持续一个相对较长的时间。他认为，对于社会危机的形成来说，社会危机的"诱因变量"和"本因变量"至关重要。前者主要是指来自社会经济常态运行当中的风险因素，如经济波动、物价上涨、失业率居高不下、金融风险以及生态环境破坏等等；后者主要是指来自社会本体特别是社会结构层面上的风险因素，如贫富差距过大、社会保障滞后、三农问题、劳资纠纷和冲突、腐败问题、中央政策的效率或权威受到削弱；等等。②

据新加坡《联合早报》报道，联合国一项最新研究报告指出，世界正面临一场"全球性社会危机"。该报告指出，这场全球性社会危机源自2008—2009年经济衰退带来的广泛失业、粮食和燃料价格高涨和其他种种冲击。联合国主管经济发展的助理秘书长孙德兰表示，2010年全球有多达2.1亿人失业，也有许多人因为粮价高涨而挨饿，他批评各国政府没有做出足够的努力来协助这些人。他指出，全球金融危机爆发后，粮价和油价随即暴涨，导致2009年的全球挨饿人口突破10亿，创下历来挨饿人口的新高。③

---

① 吴忠民. 中国中期社会危机的可能趋势分析 [J]. 东岳论丛, 2008 (3)：1-23.
② 吴忠民. 中国中期社会危机的可能趋势分析 [J]. 东岳论丛, 2008 (3)：1-23.
③ 张洋. 联合国报告：世界面临一场"全球性社会危机" [EB/OL]. http：//news. cntv. cn/world/20110623/104863. shtml，2011. 6. 23/2023. 5. 12.

143

49. 资本主义发展所经历的阶段

【原文】
资本主义的发展经历了两个阶段：自由竞争资本主义和垄断资本主义。①

【解析】
49.1 资本主义发展阶段的划分
"从所有制形式的角度看，资本主义经济制度的历史演变经历了业主制、私人股份制、法人股份制和国家资本等不同形式。如果从经济运行特征的角度看，即从国家、企业和市场关系的角度看，则大体可以分为三个阶段：自由竞争资本主义、垄断资本主义和国家垄断资本主义。"②

49.2 自由竞争资本主义
"从资本主义制度确立到 19 世纪 70 年代，是资本主义发展的自由竞争阶段。这一阶段，资本主义经济以分散的业主制企业为主体，不同生产者之间为争夺有利的生产和销售条件而进行无限制的竞争。除了土地私有权之外，没有人为的或自然的垄断障碍。竞争的主要手段是改进生产技术和扩大生产规模，以提高劳动生产率和降低商品成本。国家通过法律等手段维护资本主义经济秩序，为资本主义经济的发展提供社会条件，而一般不干预经济的运行过程。"③

49.3 垄断资本主义
"19 世纪六七十年代，自由竞争资本主义发展到顶峰，开始向垄断资本

---

① 《马克思主义基本原理》（2021 年版）编写组. 马克思主义基本原理［M］. 北京：高等教育出版社，2021：220.
② 《马克思主义政治经济学概论》编写组. 马克思主义政治经济学概论［M］. 北京：人民出版社，高等教育出版社，2017：95.
③ 《马克思主义政治经济学概论》编写组. 马克思主义政治经济学概论［M］. 北京：人民出版社，高等教育出版社，2017：96.

主义过渡。19世纪最后30年，主要资本主义国家发生第二次工业革命，电力、化学、钢铁、化工等新兴工业迅速发展，推动生产规模进一步扩大和生产社会化程度进一步提高，成为生产和资本集中的物质基础。与此同时，资本主义经济危机频频爆发，造成大批中小企业破产，或被大企业吞并。而大企业为了保持竞争优势，纷纷联合和合并，这就加剧了生产和资本的集中。……生产集中和资本集中的发展导致了垄断的出现。……1873年爆发的经济危机，标志着自由竞争资本主义的结束和垄断资本主义的开始。……到19世纪末20世纪初，垄断已成为资本主义经济生活的基础，自由竞争资本主义发展到垄断资本主义。"[1]

49.4 国家垄断资本主义

"直到20世纪三四十年代以前，政府在资本主义社会中都是作为社会的'守夜人'和市场经济的'局外人'出现的，除保护社会安全的基本职能外，一般不干预经济活动，而任由市场自发调节，奉行自由放任主义。1929—1933年席卷世界的资本主义经济大危机沉重打击了资本主义的经济，对人民的生活造成了极大的危害。严重的经济危机使人们认识到，自由放任的政策已经不能完全适应经济发展的要求，国家对经济的干预应运而生。在理论上，英国经济学家凯恩斯提出资本主义经济危机的原因在于有效需求不足，主张通过政府干预来加以解决。在实践上，美国政府率先通过大规模投入资金来挽救金融体系，恢复工商业和农业，救济贫民和失业者。大危机标志着资本主义自由市场经济的终结和国家垄断资本主义的产生。国家垄断资本主义就是资本主义国家和私人垄断资本相结合而形成的一种垄断资本主义。"[2]

---

[1] 《马克思主义政治经济学概论》编写组. 马克思主义政治经济学概论［M］. 北京：人民出版社，高等教育出版社，2017：96-97.
[2] 《马克思主义政治经济学概论》编写组. 马克思主义政治经济学概论［M］. 北京：人民出版社，高等教育出版社，2017：102-103.

50. 银行信用加速资本集中

【原文】

一般来说，在竞争中总是大企业战胜中小企业，使生产和资本进一步集中。在这个过程中，银行信用的发展加速了生产和资本的集中。①

【解析】

50.1 竞争和信用是资本集中的两个强有力的杠杆

资本集中是指个别资本运用竞争和信用两个杠杆，把原来分散的众多中小资本合并成为少数大资本。"随着资本主义生产和积累的发展，竞争和信用——集中的两个最强有力的杠杆，也以同样的程度发展起来。"②

50.2 竞争引起资本集中

竞争是商品经济的本性，优胜劣汰是竞争的法则。因为，任何商品生产者从事商品生产的目的都不是获得商品的使用价值，而是实现尽可能多的商品价值。在商品价值不是由生产商品的个别劳动时间决定，而是由生产商品的社会必要劳动时间决定的条件下，任何商品生产者要实现更多的商品价值，在竞争中获胜，就必须降低生产商品所耗费的社会必要劳动时间，提高生产商品的劳动生产率，改进商品的生产技术和扩大商品的生产规模。

资本的本性是价值增殖，是获取尽可能多的剩余价值。"作为资本家，他只是人格化的资本。他的灵魂就是资本的灵魂。而资本只有一种生活本能，这就是增殖自身，创造剩余价值，用自己的不变部分即生产资料吮吸尽可能多的剩余劳动。"③ 资本家为获取尽可能多的剩余价值，彼此之间必然展开激烈的竞争。"竞争斗争是通过使商品便宜来进行的。在其他条件不变时，商品

---

① 《马克思主义基本原理》（2021年版）编写组．马克思主义基本原理［M］．北京：高等教育出版社，2021：220-221．

② 马克思．资本论：第1卷［M］．北京：人民出版社，2004：722．

③ 马克思．资本论：第1卷［M］．北京：人民出版社，2004：269．

的便宜取决于劳动生产率，而劳动生产率又取决于生产规模。因此，较大的资本战胜较小的资本。……竞争的结果总是许多较小的资本家垮台，他们的资本一部分转入胜利者手中，一部分归于消灭。"① 由于个别资本通过竞争杠杆来实现资本集中，也就是通过改进生产技术，扩大生产规模，提高劳动生产率，降低商品价格来战胜中小资本来实现资本集中，并且受到个别资本自身实力的限制以及竞争对手反竞争的抵抗，因此，资本集中的速度通常是比较缓慢的。

50.3 信用加速资本集中

信用是以偿还（即还本付息）为条件的借贷活动的总称。在商品货币经济条件下，信用表现为债权人贷出货币或赊销商品亦即延期付款，债务人按约定偿还借款或贷款并支付利息。可见，信用是从属于商品交换和货币流通的一种经济关系。当商品通过赊销而让渡、货币执行支付手段的职能时，信用随之产生。"在经济学中，信用是与商品经济相联系的范畴，指的是一种借贷行为，如赊销商品、贷出货币，买方或借方按约定日期偿还货款或借款并支付利息。信用与商品买卖不同：商品买卖是商品价值与货币价值双向等量转让运动；信用是定期的单方面转让有价值物，到期再偿还。所以，信用是定期的以偿还为条件的单方面价值转让运动。"②

按主体不同，信用可分为商业信用、银行信用、国家信用、企业信用、和消费信用等多种方式，其中，商业信用和银行信用是信用的两种基本方式。

商业信用是职能资本家亦即产业资本家或商业资本家彼此之间，以商品形态、赊账方式出售商品或提供服务时相互提供的信用。以这种方式买卖商品，在商品转手时，买方不立即支付现金，而是承诺在一定时期后再支付。这样双方形成一种债权债务关系，卖方是债权人，买方是债务人。买方所提供的商业信用，相当于把一笔资本贷给对方，因而买方要支付利息。商业信用的局限性主要在于商业信用的规模和期限，受单个资本家拥有的资本数量和资本周转状况、商品使用价值流转方向以及再生产周期阶段等限制。

银行信用是为克服商业信用的缺陷而在商业信用基础上发展起来的一种信用形式。银行信用是银行以货币形态向职能资本家提供贷款所发生的借贷关系。银行先把大量闲置的货币资本集中起来，然后再贷给职能资本家使用。在货币资本的借贷关系中，银行一方面替所有货币资本借入者借款，另一方

---

① 马克思. 资本论：第1卷 [M]. 北京：人民出版社，2004：722.
② 逢锦聚，等，主编. 政治经济学 [M] .5版. 北京：高等教育出版社，2014：92.

面又替所有货币贷出者放款，由此成为二者的中介人。与商业信用相比，银行信用的特点主要在于：首先，银行能把社会上各种闲置资金集中起来，形成巨额的借贷资本，使得银行信用不受个人资本数量的限制。其次，银行信用的对象是货币资本而非商品资本，因而银行信用不受个人商品用途流转方向的限制。正是因为银行信用克服了商业信用的诸多局限性，因而银行信用得以迅速发展。

与竞争杠杆不同，银行信用则能够使个别资本通过信用杠杆快速取得对社会资本的支配权，从而加速资本集中。"信用事业，随同资本主义的生产而形成起来。起初，它作为积累的小小的助手不声不响地挤了进来，通过一根根无形的线把那些分散在社会表面上的大大小小的货币资金吸引到单个的或联合的资本家手中；但是很快它就成了竞争斗争中的一个新的可怕的武器；最后，它变成一个实现资本集中的庞大的社会机构。"① 因此，银行信用的特点及其发展"加速"了生产和资本的集中。

---

① 马克思. 资本论：第1卷[M]. 北京：人民出版社，2004：722.

51. 垄断组织的主要形式

【原文】

垄断是通过一定的垄断组织形式实现的。垄断组织是指一个或几个经济部门中，占据垄断地位的大企业联合。垄断组织的形式多种多样，而且在各个国家、各个时期也不相同。[①]

【解析】

垄断组织的形式，在第二次世界大战之前，除了最初的短期价格协定以外，主要有卡特尔、辛迪加、托拉斯、康采恩四种形式；战后主要是混合联合公司或混合联合企业。

51.1 卡特尔

卡特尔是生产同类产品的企业，为了控制市场、获得高额利润，在产品产量、销售市场和销售价格方面达成某种协定而形成的垄断组织。加入卡特尔的企业都是法律上独立的企业，它们只是按照协定所规定的产量生产产品，按照协定所规定的市场范围和价格销售商品。卡特尔这种形式的垄断组织最早在1865年出现于德国。

51.2 辛迪加

辛迪加是生产同类产品的企业，为了高价销售产品和低价购买原材料而形成的垄断组织。加入辛迪加的企业虽然依然保持着生产上的独立性，但却丧失了商品销售和原材料采购的独立性。辛迪加这种垄断组织形式在19世纪末20世纪初流行于西欧。

51.3 托拉斯

托拉斯是由生产同类产品或生产上联系密切的企业，为了垄断商品的生

[①] 《马克思主义基本原理》（2021年版）编写组.马克思主义基本原理［M］.北京：高等教育出版社，2021：221.

产和销售而形成的垄断组织。加入托拉斯的企业完全丧失了法律上、生产上和经营上的独立性，它们各自的业务活动全部由托拉斯统一经营。托拉斯这种垄断组织形式1882年出现于美国，20世纪初得以迅速发展。

51.4 康采恩

康采恩是以某一个实力最为雄厚的企业集团为核心，由不同经济部门的许多企业或企业集团而形成的垄断组织。康采恩的领导权掌握在大企业或大银行手中，由它们集中领导和统一指挥康采恩的经营活动。康采恩这种垄断组织形式20世纪30年代首先出现于法国，随后日益发展成为最重要的垄断组织形式。

51.5 混合联合公司

垄断组织形式产生于资本主义的生产集中和资本集中，并随之发展而变化。第二次世界大战后，随着发达资本主义国家跨行业大规模兼并活动的盛行，涌现出一大批跨部门跨行业的混合联合公司或混合联合企业。这种混合联合公司由彼此没有业务联系或很少业务联系的众多企业合并而成，由总公司统一行使领导和指挥权。混合联合公司的出现意味着垄断组织对垄断资本主义经济的控制程度日益加深。不过，无论垄断组织形式如何发展变化，它们的本质都是一样的，即通过联合来独占和瓜分商品生产和销售市场，操纵垄断价格，攫取高额垄断利润。

52. 竞争产生的经济条件

【原文】

垄断没有消除产生竞争的经济条件。竞争是商品经济的一般规律。垄断产生以后，不但没有改变生产资料的资本主义私有制，而且又促进商品经济继续发展，所以不可能消除竞争。[1]

【解析】

竞争产生于商品经济，只要存在商品经济就必然存在竞争，因此，竞争是商品经济的本性或必然产物，商品经济本质上是一种竞争经济。概而言之，商品内在的使用价值和价值的矛盾，决定了商品生产者之间的产前竞争；生产商品的个别劳动时间和社会必要劳动时间的矛盾，决定了商品生产者之间的产中竞争；商品的价值形成和价值实现的矛盾，决定了商品生产者之间的产后竞争。

52.1 使用价值和价值的矛盾决定了产前竞争

商品是用于交换的劳动产品，是使用价值和价值的矛盾统一体。矛盾体现在作为商品的生产者和购买者，不可能同时既占有商品的使用价值又占有商品的价值，二者只能占其一。统一体现在作为商品必须既具有使用价值又具有价值，二者缺一不可。任何生产者从事商品生产的目的都不是为了获得商品的使用价值，而是实现商品的价值。生产者"之所以要生产使用价值，是因为而且只是因为使用价值是交换价值的物质基质，是交换价值的承担者"[2]。不仅如此，生产者要实现商品的价值，不仅要生产使用价值，而且必须通过商品交换顺利地让渡使用价值。那么，什么样的使用价值才能顺利地

---

[1] 《马克思主义基本原理》（2021年版）编写组. 马克思主义基本原理 [M]. 北京：高等教育出版社，2021：222.

[2] 马克思. 资本论：第1卷 [M]. 北京：人民出版社，2004：217.

《马克思主义基本原理》(2021年版) 若干表述解析 >>>

通过商品交换而让渡出去呢?显然,只能是符合消费者需要的使用价值。因此,为实现商品的价值,任何生产者都必须生产符合消费者需要的使用价值,而不可自己能生产什么就生产什么,想生产什么就生产什么。可见,商品内在的使用价值和价值的矛盾,决定了生产者生产商品必须以消费者需要为导向或以市场需要为导向,而这就必然引起生产者在商品生产之前为准确把握消费者需要而进行的产前竞争。

52.2 个别劳动时间和社会必要劳动时间的矛盾决定了产中竞争

商品是用来交换的劳动产品。商品交换以商品的价值量为基础进行等价交换。商品的价值量不是决定于个别商品生产者生产商品所耗费的个别劳动时间,而是决定于大多数商品生产者生产商品所耗费的社会必要劳动时间。"社会必要劳动时间是在现有的社会正常的生产条件下,在社会平均的劳动熟练程度和劳动强度下制造某种使用价值所需要的劳动时间。"① 在商品价值量由生产商品的社会必要劳动时间决定,商品交换以商品的价值量为基础等价交换的价值规律作用下,只有那些生产商品所耗费的个别劳动时间等于社会必要劳动时间的商品生产者,其商品的个别价值等于商品的社会价值,按商品的社会价值出售商品,才能全部实现商品的个别价值,从而实现盈亏平衡。而那些生产商品所耗费的个别劳动时间高于社会必要劳动时间的商品生产者,其商品的个别价值高于商品的社会价值,却按商品的社会价值出售商品,只能部分实现商品的个别价值,从而出现价值亏损。相反,那些生产商品所耗费的个别劳动时间低于社会必要劳动时间的商品生产者,其商品的个别价值低于商品的社会价值,按商品的社会价值出售商品,还能超额实现商品的个别价值,从而获得价值盈余。生产者生产商品所耗费的个别劳动时间必须低于至少等于社会必要劳动时间的客观要求,必然引起生产者在商品生产过程中努力降低个别劳动时间的产中竞争。

52.3 价值形成和价值实现的矛盾决定了销售竞争

任何商品生产者从事商品生产的目的,都不是要获得商品的使用价值,而是要获得商品的价值。而商品价值的获得,既取决于商品生产过程中的商品价值的形成,又取决于商品流通过程中的商品价值的实现。换句话说,商品生产只决定商品价值的形成,而商品销售则决定商品价值的实现。由于任何商品都只是价值的特殊存在形式,而只有货币才是价值的一般存在形式,因此,商品生产者要最终实现商品的价值,最终达到从事商品生产的目的,

---

① 马克思.资本论:第1卷 [M].北京:人民出版社,2004:52.

只能通过商品流通或商品销售卖掉商品，从而顺利地实现价值由商品形式到货币形式的转变。商品能否顺利地按其价值卖掉，能否顺利地转化为货币，决定着商品生产者的命运。商品生产者所生产的商品，如果一点儿也卖不掉，他就会破产；如果只能部分卖掉，他就会亏本；如果能按商品价值全部卖掉，他就会盈利，他就会成功。正如马克思所说："商品价值从商品体跳到金体上，像我在别处所说过的，是商品的惊险的跳跃。这个跳跃如果不成功，摔坏的不是商品，但一定是商品占有者。"① 可见，价值形成和价值实现的矛盾必然引起生产者在商品销售过程中尽快卖掉商品的销售竞争。

52.4 潜在的使用价值和现实的使用价值的矛盾决定了售后竞争

在商品交换中，作为卖方的生产者的目的是通过让渡商品的使用价值，以实现商品的价值，从而满足自身的获利需要。相反，作为买方的消费者的目的则是通过支付商品的价值，以获得商品的使用价值，从而满足自身的消费需要。当商品的使用价值还未真正满足消费者某种需要时，无论商品是在生产者手里还是在消费者手里，它的使用价值都只是潜在的使用价值。只有通过消费者的使用或消费而使消费者的需要得到满足的使用价值才是现实的使用价值。"商品的使用价值，只有在商品进入消费领域以后，才能实现，才能发挥作用。它在生产者手中只是以潜在的形式存在。"② 一般来说，只有自身的需要得到满足尤其是得到很满意的满足的新顾客，才可能成为卖者的老顾客进而成为忠诚顾客。对卖者来说，没有什么比老顾客尤其是忠诚顾客重要的了，因为他们不但自己会重复购买而且还会带来新顾客，从而带来更大的销量和更大的利润。由此可见，商品潜在的使用价值和现实的使用价值之间的矛盾，决定了商品的售后服务。而消费者或顾客需要的很满意的满足所带来的巨大的商业价值，决定了商品生产者的售后竞争。

由上可见，只要存在商品经济，就必然存在商品的使用价值和价值的矛盾、个别劳动时间和社会必要劳动时间的矛盾、价值形成和价值实现的矛盾、潜在的使用价值和现实的使用价值的矛盾，从而就必然存在竞争。垄断资本主义经济依然是商品经济，而且是不断发展的商品经济，因此，垄断并没有消除竞争，而是与竞争并存并形成新的竞争。

---

① 马克思.资本论：第1卷[M].北京：人民出版社，2004：127.
② 马克思.资本论：第3卷[M].北京：人民出版社，2004：311.

53. 金融资本及其形成

【原文】

通过金融联系、资本参与和人事参与，银行垄断资本和工业垄断资本密切融合在一起，产生了一种新型的垄断资本，即金融资本。[①]

【解析】

53.1 银行垄断的形成及其作用的变化

在工业由竞争引起集中而形成工业垄断资本的同时，银行业也同样由竞争引起集中而形成银行垄断资本。随着银行垄断资本的形成，银行的作用发生了根本性的变化：自由竞争时期的银行只是充当普通信贷关系的中介人；垄断时期的银行则由普通的信贷关系中介人变成了万能的垄断者。

首先，大银行拥有充足的货币资本为大工业企业提供巨额的、长期的贷款，而大工业企业所需要的巨额的、长期的贷款也只能从大银行求借，这样，大银行和大工业企业之间随之建立起固定的、长期的关系。大银行为确保所贷出的巨额货币资本的安全并获得高额银行利润，必然会了解、掌握和监督大工业企业的资金使用和经营状况，并据此用扩大或减少贷款乃至收回贷款等办法来影响和控制大工业企业。

其次，大银行通过购买和持有大工业企业的股票或参与大工业企业的创立等方式，将银行垄断资本渗入大工业企业，同样，大工业企业也通过购买和持有大银行的股票或创办银行等途径，将工业垄断资本渗入银行业。

最后，大银行和大工业企业互派自己的人员去对方内部担任董事和经理，加强彼此在经营决策和管理活动中的人事参与。

[①]《马克思主义基本原理》（2021年版）编写组. 马克思主义基本原理[M]. 北京：高等教育出版社，2021：223.

53.2 金融资本的形成

银行垄断的形成和银行新作用的出现，促使银行垄断资本和工业垄断资本逐渐地融合起来而形成金融资本。所谓金融资本就是银行垄断资本和工业垄断资本通过金融联系、资本渗透和人事结合融合生长的一种新兴的垄断资本。"金融资本形成的主要途径为：首先是垄断的大银行通过贷款或购买股票来控制和支配大工业企业，或通过直接投资来创办工业企业。其次是垄断的大工业企业渗透到银行行业中去。银行成了万能的垄断者，垄断的工业企业必然千方百计地要控制银行，他们购买大银行的股票或者自己创办新的银行。再次是在大工业企业和大银行之间的资本融合的基础上进一步实现人事结合，双方的垄断资本家或其代理人互兼双方的要职。正是通过上述三个途径，使垄断的银行资本同垄断的工业资本实现了完全的融合，形成了一种既控制了生产，又控制了流通的万能的垄断资本——金融资本。"①

金融资本的形成是垄断资本主义的重要标志，因为金融资本是垄断资本主义占统治地位的资本形式，而工业资本是自由竞争资本主义占统治地位的资本形式。正如列宁所说，垄断资本主义的特点"恰恰不在于工业资本的统治，而在于金融资本的统治"②。

---

① 卫兴华，顾学荣，主编. 政治经济学原理 [M]. 北京：经济科学出版社，1998：165.
② 列宁选集：第2卷 [M]. 北京：人民出版社，1972：885.

54. 金融寡头及其统治

【原文】

金融寡头是指操纵国民经济命脉，并在实际上控制国家政权的少数垄断资本家或垄断资本家集团。……金融寡头在经济领域中的统治主要是通过"参与制"实现的。……金融寡头对国家机器的控制，主要通过同政府的"个人联合"来实现的。①

【解析】

54.1 金融寡头

金融寡头是指掌握金融资本，操纵国民经济命脉，并在实际上控制国家政权的少数大垄断资本家或垄断资本家集团，是垄断资本主义国家事实上的统治者。"金融寡头亦译财政寡头，是帝国主义国家中掌握金融资本、操纵国家经济命脉并在实际上控制国家政权的极少数大垄断资本家或垄断资本集团。"②

54.2 金融寡头在经济上的统治

金融寡头主要是通过"参与制"来实现其在经济领域的统治的。参与制是指金融寡头通过掌握股票控制额来层层控制众多股份企业的一种控制企业的制度。

股票控制额是指股票持有者能够取得对一个股份企业控制权所必须占有的股票数额。在股份企业中，每个股东权力的大小取决于他所占有的企业股份的多少。从理论上来说，一个股东要取得企业的控制权必须占有企业50%以上的绝对多数的股票数额。但从实际上来看，由于众多的小股东并不参加

---

① 《马克思主义基本原理》（2021年版）编写组. 马克思主义基本原理［M］. 北京：高等教育出版社，2021：223.
② 许涤新，主编. 简明政治经济学辞典［Z］. 北京：人民出版社，1983：315.

股东大会，也不参与企业的经营活动，因此，一个股东要取得企业的控制权并不需要占有企业50%以上的绝对多数的股票数额，而只需占有企业50%以下的相对多数的股票数额。一个企业的股票越分散，取得一个企业控制权所需的股票控制额就越少，以至于占有一个企业10%左右的相对多数的股票数额就能取得该企业的控制权。

金融寡头就是通过掌握股票控制额来层层控制众多企业。金融寡头首先用自有资本购买控制某个大企业所需的股票控制额作为"母亲公司"，然后再用"母亲公司"的资本来购买控制其他企业所需的股票控制额作为"女儿公司"，继续用"女儿公司"的资本来购买控制更多企业所需的股票控制额作为"孙女公司"，以此类推。金融寡头通过这种层层参与和层层控制的方式，形成一个类似金字塔型的结构，支配着比自有资本大几十倍甚至千百倍的资本量。

54.3 金融寡头在政治上的统治

经济基础决定上层建筑。金融寡头实现了在经济上的统治，也必然要实现其在政治上的统治。"在这方面建立统治的手段，最突出的是通过'个人联合'，采用'打进去、拉出来'的办法，把自己的代理人打进政府机关担任要职，甚至有时由金融寡头亲自出马担任政府要职，或者是把过去的国家军政要员聘请到自己的企业担任董事或经理，借以实现对国家政府机关的直接影响和控制。金融寡头还通过建立各种咨询机构和政策研究机构，对政府的决策施加影响。此外，它还通过自己的强大的经济实力来控制报纸、出版、通讯、广播、电视等各种机构和企业，从而对上层建筑和社会生活的各个方面实行全面的统治。"[1]

---

[1] 卫兴华，顾学荣，主编．政治经济学原理[M]．北京：经济科学出版社，1998：166．

55. 垄断利润及其来源

【原文】

垄断资本的实质在于获取垄断利润，垄断利润是垄断资本家凭借其在社会生产和流通中的垄断地位而获得的超过平均利润的高额利润。……垄断资本所获得的高额利润，归根到底来自无产阶级和其他劳动人民所创造的剩余价值。①

【解析】

55.1 垄断利润

垄断统治的目的在于通过垄断价格获取高额垄断利润。追求高额垄断利润是剩余价值规律在垄断资本主义阶段的具体表现形式。它支配和制约着垄断资本主义社会经济生活的各个方面和社会再生产过程的各个环节。

垄断利润是垄断资本家凭借其在社会生产和流通中的垄断地位所长期获得或稳定获得的超过平均利润的高额利润。在自由竞争资本主义阶段，以资本转移为特征的不同部门之间的竞争，使得资本主义企业一般只能获得平均利润。以技术创新为特征的同一部门内部的企业之间的竞争，虽然使得率先进行技术创新的个别企业能够获得高于平均利润的超额利润，但这种情况只是一种暂时的现象。因为任何一个率先进行技术创新的企业都无法长期阻止其他企业采用同样的创新技术，这种技术创新一旦普遍为其他企业所采用，超额利润就随之消失。在垄断资本主义阶段，由于少数垄断企业长期或稳定地控制了某种产品的绝大部分的生产和销售，从而可以通过规定垄断价格长期而稳定地获得大大超过平均利润的高额利润。可见，垄断利润不同于超额利润。

---

① 《马克思主义基本原理》（2021年版）编写组．马克思主义基本原理［M］．北京：高等教育出版社，2021：224.

55.2 垄断利润的来源

垄断利润主要是通过垄断组织制定的垄断价格来实现的。垄断价格是指垄断组织在销售商品或购买生产资料时，凭借其垄断地位规定的、旨在保证获得高额利润的市场价格。垄断价格包括垄断高价和垄断低价。垄断高价是垄断组织销售垄断企业的商品时所规定的大大高于其价值或生产价格的垄断价格。垄断低价是垄断组织购买非垄断企业商品时所规定的大大低于其价值或生产价格的垄断价格。从垄断高价和垄断低价来看，垄断利润的来源，第一是垄断企业雇佣工人的剩余劳动所创造的全部剩余价值；第二是国内外非垄断企业雇佣工人的剩余劳动所创造的一部分剩余价值；第三是国内外其他劳动人民的辛勤劳动所创造的一部分价值；第四是国内外雇佣工人的必要劳动所创造的一部分价值。概括来说，垄断利润的主要来源是雇佣工人即工人阶级的全部剩余劳动和部分必要劳动所创造的价值以及其他劳动人民的部分辛勤劳动所创造的价值。

55.3 垄断利润来源表述的商榷

"垄断资本所获得的高额利润，归根到底来自无产阶级和其他劳动人民所创造的剩余价值"这句的表述确有值得斟酌之处。首先，无产阶级是否就等同于工人阶级？或者说，无产阶级是否就是工人阶级的同义语，二者可以替换使用吗？无产阶级是否应是相对于资产阶级而言的、丧失生产资料的阶级？工人阶级是否应是相对于个体劳动阶级而言的、受雇于资本的雇佣劳动阶级？其次，其他劳动人民是否应指资本主义社会中那些雇佣劳动阶级之外的其他劳动成员？或者说，其他劳动人民是否应指资本主义社会中的非雇佣劳动阶级的劳动成员？最后，剩余价值是否专指由雇佣工人的剩余劳动所创造的被资本家所无偿占有的那部分价值？剩余价值是否在本质上体现的是资本剥削雇佣劳动的资本主义生产关系的特殊范畴？如果是这样的话，那么，剩余价值这个范畴是否并不适用于其他劳动人民的劳动所创造的价值呢？或者说，"其他劳动人民所创造的剩余价值"的表述是否是不够严谨的呢？基于以上所述，这句话是否可以这样表述：垄断资本所获得的高额利润，归根到底来自工人阶级的剩余劳动所创造的全部剩余价值、必要劳动所创造的部分劳动力价值以及其他劳动人民的辛勤劳动所创造的部分价值。

56. 垄断价格并不否定价值规律

【原文】

垄断价格的产生并没有否定价值规律，它是价值规律在垄断资本主义阶段作用的具体体现。①

【解析】

56.1 价值规律是商品经济的基本规律

价值规律的内容是商品的价值量决定于商品生产所耗费的社会必要劳动时间。价值规律的要求是商品交换以价值量为基础进行等价交换。价值规律作用的形式是受供求关系的影响价格围绕价值上下波动。

价值规律是商品经济的基本规律。这意味着无论商品经济如何发展，无论商品经济是简单商品经济、资本主义商品经济还是社会主义商品经济，也无论商品经济是自由竞争资本主义的商品经济还是垄断资本主义的商品经济，只要存在商品经济，价值规律就必然发挥作用。区别仅仅在于，在资本主义商品经济发展的不同阶段，也就是在资本主义商品经济发展的自由竞争资本主义和垄断资本主义阶段，价值规律发挥作用的表现形式有所不同。

56.2 生产价格是价值规律作用在自由竞争资本主义阶段的表现形式

在自由竞争资本主义阶段，以资本转移为特征的部门之间的竞争，使利润转化为平均利润，价值转化为生产价格。这就意味着商品交换不再以商品的价值为基础，而是以商品的生产价格为基础。尽管生产价格与价值之间无论在质上还是在量上都有所差别，但这些差别并不意味着生产价格否定了价值，相反，生产价格是以价值为基础，是价值的转化形式，是价值规律作用形式的变化。"生产价格形成以前，价值规律作用的形式是市场价格围绕价值

---

① 《马克思主义基本原理》（2021年版）编写组．马克思主义基本原理 [M]．北京：高等教育出版社，2021：224.

上下波动。生产价格形成以后，生产价格成为商品交换的基础，市场价格这时已不再是以价值为中心，而是以生产价格为中心上下波动。……价值规律现在不是直接通过价值，而是通过生产价格起作用。但这并没有否定价值规律。如前所述，生产价格不过是价值的转化形式，它的形成和变化归根结底是由价值决定的。市场价格以生产价格作为变动中心，不过是价值规律作用形式的变化。"①

56.3 垄断价格是价值规律作用在垄断资本主义阶段的表现形式

自由竞争引起生产和资本的集中，生产和资本集中发展到一定程度产生垄断。垄断取代自由竞争在经济生活中占据统治地位，标志着资本主义从自由竞争阶段进入垄断阶段。垄断统治的目的在于通过垄断价格获取高额垄断利润。垄断价格就是垄断组织在销售商品或购买生产资料时，凭借其垄断地位规定的、旨在保证最大利润的市场价格。"垄断价格的出现，使一些商品价格高于价值和生产价格，但是，这种情况绝不意味着垄断统治可以废除价值规律，这是因为：第一，垄断价格的确定不能完全脱离开商品的价值，价值仍是价格的基础。比如，垄断组织决不能把一辆自行车的销售垄断价格定得比一辆汽车的价格高。第二，垄断价格并没有、也不可能增加商品的价值总量，垄断价格出现后，全社会的商品价格总额仍然等于商品的价值总和。某些商品的垄断价格，不过是把其他商品生产者的一部分利润，转移到具有垄断价格的商品上。第三，通过垄断价格而实现的垄断利润，其来源仍然是雇佣工人创造的剩余价值和其他劳动者创造的一部分价值。由此可见，价值规律在资本主义发展的不同时期，都发生作用，只是表现形式不同罢了。"②

---

① 卫兴华，顾学荣，主编. 政治经济学原理 [M]. 北京：经济科学出版社，1998：126-127.

② 卫兴华，顾学荣，主编. 政治经济学原理 [M]. 北京：经济科学出版社，1998：161-162.

57. 罗斯福"新政"及其实质

【原文】

1929—1933 年资本主义世界发生的经济危机，是有史以来资本主义世界最严重的经济危机，这场危机深刻动摇了资本主义经济制度的根基，危及资本主义的生存。1933 年美国总统罗斯福实施"新政"，加强政府对经济生活的干预。①

【解析】

57.1 1929—1933 年资本主义世界发生的经济大危机

经济危机是资本主义经济发展过程中周期性地爆发的社会经济的混乱和衰退。其基本特征是生产相对过剩，即相对于人们支付能力的过剩。经济危机到来之时，商品大量积压，生产剧烈下降，工厂大批倒闭，工人大量失业，利率急剧上涨，整个社会经济处于极度恐慌之中，因此，经济危机也译为经济恐慌。1825 年英国爆发了第一次经济危机。

20 世纪上半叶陆续爆发了 1920—1921 年、1929—1933 年和 1937—1938 年三次世界性经济危机。其中的 1929—1933 年的世界经济危机冲击了整个资本主义世界，是资本主义历史上最深刻、最持久的一次经济危机，简称大危机。

大危机激化了资本主义社会的各种矛盾。大危机使整个资本主义世界损失了 2500 亿美元的财富，整个工业生产水平下降 40%以上。1933 年资本主义世界的贸易额缩小到 1919 年前的水平。工业生产水平和贸易额的缩小导致严重的大规模失业，这大大降低了各国的生活水平，悲观绝望的气氛笼罩了资本主义世界。资产阶级千方百计地把危机的后果转嫁到广大的劳动人民身上，

---

① 《马克思主义基本原理》（2021 年版）编写组. 马克思主义基本原理 [M]. 北京：高等教育出版社，2021：225.

大大激化了资本主义社会的阶级矛盾以及其他各种矛盾。

大危机导致自由放任的市场经济走到尽头和国家干预经济的加强。为摆脱大危机，美、英、法等国加强了国家对经济的干预和调节，为二战之后混合经济体制在主要资本主义国家的全面确立打下了基础。德、意、日等国采取了专制残暴的法西斯统治，使这些国家的人民和世界人民遭受了二战带来的深重苦难。

大危机使国际经济秩序遭到严重破坏。首先是国际贸易秩序遭到严重破坏。各国为了转嫁和摆脱危机，加紧争夺销售市场和原料产地，从而出现了空前激烈的贸易战，致使国际贸易无法正常进行。其次是国际金融秩序遭到严重破坏。大危机之前，大多数资本主义国家采取金本位制。但1931年9月，世界上最早实行金本位制的英国首先放弃金本位制使英镑贬值近1/3，其他资本主义国家随之宣布放弃金本位制而使本币贬值。到1935年，世界大部分地区被分割为英镑集团、美元集团、法郎集团和日元集团。

57.2 1933年美国总统罗斯福实施的"新政"及其实质

美国政府为了摆脱大危机，由罗斯福总统倡导并推行了一系列社会经济政策，史称罗斯福新政。其核心是三R：针对穷人和失业者的救济（Relief）、将经济恢复到正常水准的复兴（Recovery）和财政金融系统的改革（Reform）。根据政策重点的不同，罗斯福新政的制定和实施可分为1933—1935年和1936—1939年两个阶段。罗斯福新政的内容涉及整顿财政金融、调节工农业生产，改善民众困境，举办公共工程，建立社会安全保障制度等各个方面。

罗斯福新政是国家全面干预经济的大规模试验，其实质是在不触动资本主义私有制的前提下，运用国家机器干预社会再生产，对国民收入进行再分配，对发展国民经济的重要环节予以促进，对不利于总体经济发展的明显弊端进行改革。罗斯福新政是混合经济的开端。混合经济是指既有市场调节又有政府干预的经济。具体来说，通过市场调节即"看不见的手"的自发作用，解决生产什么、生产多少和如何生产的基本问题，而在市场机制出现失灵时，则通过政府干预即"看得见的手"提高资源使用效率，推进社会平等，保持经济稳定和增长。

58. 凯恩斯及凯恩斯经济学

【原文】

英国经济学家凯恩斯于1936年发表《就业、利息和货币通论》，主张国家通过财政和货币政策创造需求，以实现总供给和总需求的平衡，保证资本主义经济稳定运行，为国家垄断资本主义的形成奠定了理论基础。[1]

【解析】

58.1 凯恩斯的生平和著作

约翰·梅纳德·凯恩斯（John Maynard Keynes，1883—1946）是英国经济学家。他出生于英国剑桥市，他的父亲是马歇尔的早期弟子，后来是马歇尔的同事，著有《政治经济学的范围和方法》一书。据凯恩斯传记作者说，凯恩斯并非神童，在童年和中小学时代长得瘦小娇弱，说话还有点结巴。少年时代，凯恩斯数学成绩突出，14岁时获得伊顿公学奖学金。1902年，被保送进入剑桥大学学习数学。为了准备参加文官考试，开始学习经济学课程。他虽然听了马歇尔的经济学课，但并没有受过马歇尔时代的全面的经济学教育。1906年，他通过文官考试进入英国政府的印度事务部。1908年，凯恩斯离开印度事务部回到剑桥大学，应马歇尔之聘，任经济学讲师。1911年，经马歇尔推荐，28岁的凯恩斯出任《经济学杂志》主编。这一杂志是英国皇家经济学会的季刊，凯恩斯负责编辑这一杂志长达30年之久。此外，凯恩斯还从事私人经商活动，担任过国民互助保险公司的董事长，独立投资公司和地方保险公司的董事。凯恩斯和李嘉图一样被认为是善于经营并获得成功的经济学家。1925年，凯恩斯和逃往英国的俄国芭蕾舞演员莉迪娅·露波科娃（Lydia Lopokova）结婚。

---

[1] 《马克思主义基本原理》（2021年版）编写组. 马克思主义基本原理 [M]. 北京：高等教育出版社，2021：225.

凯恩斯对经济学的研究是从货币理论开始的。1923年出版了《货币改革论》，1930年出版两卷本的《货币论》，但这两部著作基本上没有摆脱传统经济学的框框。1936年出版了向传统经济学挑战的《就业、利息和货币通论》，简称《通论》，标志着凯恩斯经济学的产生。"通论"的意思是一般理论。凯恩斯说，这本书命名的重点在"通"字。他的用意是"古典"学派的经济思想不是通论，不是一般理论，因为他们的理论假设只适用于充分就业的特殊情况，而不适用于充分就业和非充非就业的一般情况。只有他的经济理论才是既适用于特殊情况又适用于一般情况的"通论"或"一般理论"。

58.2 凯恩斯经济学的时代背景

凯恩斯经济学是指基于英国经济学家凯恩斯的经济学代表作《就业、利息和货币通论》思想基础上的经济理论，及其所主张的通过调节货币发行和扩大政府支出，以增加总需求从而促进经济增长的扩张性的经济政策。

首先，凯恩斯经济学是20世纪30年代经济大危机的直接产物。20世纪30年代的经济大危机引起了西方经济思潮的巨大变化。一是过去一直被西方正统经济学视为"异端"的凡勃伦的制度经济学重新受到许多人的赏识，这反映出人们想从凡勃伦对资本主义的辛辣讽刺中发泄自己对资本主义的不满和怀疑。二是人们又恢复了对社会主义的兴趣，从马克思那里寻找出路。三是统治阶级和统治集团不再欣赏那种否认经济危机和失业可能性的传统经济学，而是希望出现一种新的经济学，这种新经济学要承认经济危机和失业的存在，但不要将其归之于资本主义制度，并且要论证资本主义制度可以防止危机和失业，并提出具体的应对办法。同时还要攻击马克思主义和社会主义制度。凯恩斯经济学正是这样的经济学，是1929—1933年经济大危机的直接产物。

其次，凯恩斯经济学是国家垄断资本主义的必然产物。19世纪末20世纪初，金融资本和金融寡头的形成及其统治，标志着自由竞争资本主义发展成为垄断资本主义。第一次世界大战前，国家垄断资本主义开始出现。帝国主义战争和1929—1933年的经济大危机推动了国家垄断资本主义的迅速发展。在一战期间，国家垄断资本主义被用来作为支持战争的手段；在大危机期间，国家垄断资本主义被用来作为反危机的措施。罗斯福新政就是通过发展国家垄断资本主义，以对付经济大萧条的系统的政策措施。经济大危机之后，国家干预经济从反危机的应急措施变成各主要资本主义国家长期的经济纲领和政策。面对国家垄断资本主义的发展，统治阶级和统治集团不再欣赏那种反对国家干预经济的传统经济学，而是希望出现一种反对自由放任主义、主张国家干预主义的新的经济学。凯恩斯经济学正是这样一种符合统治阶级和统治集团愿望和需要的新经济学。

最后，凯恩斯经济学是在批判新古典经济学中建立起来的。新古典经济学的两个重要部分是价格理论和就业理论。价格理论就是在完全竞争的假设下，研究价格机制怎样通过消费者追求效用最大化和通过生产者追求利润最大化，实现资源的有效配置的。就业理论就是在完全竞争的假设下，研究价格机制是怎样实现充分就业的。凯恩斯批判了其中的就业理论。新古典经济学以完全竞争为前提，以萨伊定律为基础，认为资本主义不存在长期的生产过剩和大量失业的可能性，主张经济自由放任，反对国家干预经济，认为市场机制的自动调节可以达到充分就业的均衡。凯恩斯批判了新古典经济学的完全竞争假设和萨伊定律，否定了新古典经济学的就业理论，继承了重商主义的国家干预学说，马尔萨斯（Thomas Robert Malthus）的有效需求不足学说，孟德维尔（Bernard Mandeville）的高消费促进经济繁荣学说和霍布森（Hobson）的过度储蓄导致失业和经济萧条的学说，反对自由放任主义，主张国家干预经济。

凯恩斯经济学的产生，是经济学发展史上的一次重大转折，从古典经济学和新古典经济学所注重的微观分析转向宏观分析，所主张的经济自由主义转向国家干预主义，因而被称为"凯恩斯革命"。所谓凯恩斯革命是指经济学界认为凯恩斯经济学的国家干预的经济理论观点和经济政策主张，是对以马歇尔和庇古为代表的新古典经济学自由放任的经济理论观点和经济政策主张的否定，以及由此所导致的西方资本主义国家从经济自由主义向国家干预主义的转变。

58.3 凯恩斯经济学就业、利息、货币理论要点

58.3.1 凯恩斯就业理论要点

（1）有效需求。凯恩斯认为，一国的就业水平是由有效需求决定的。所谓有效需求就是商品的总需求价格和总供给价格相等时的社会总需求。有效需求的大小决定就业量是稳定在较高水平还是较低水平，而不是像新古典学派所认为的就业量始终保持在充分就业的水平。

（2）消费倾向。有效需求是由消费需求和投资需求构成的。凯恩斯认为，消费需求的大小是由收入和消费倾向决定的。所谓消费倾向是指消费和收入之间的一种函数关系。如果用 Y 表示收入，C 表示消费，则 $C=f(Y)$。消费倾向又分为平均消费倾向和边际消费倾向。平均消费倾向表示消费占收入的比例，即 C/Y。边际消费倾向表示消费增量占收入增量的比例，即

$\triangle C/\triangle Y$。

(3) 乘数。由于消费倾向在短期内十分稳定，因此要实现充分就业就必须增加投资需求。凯恩斯指出，增加一笔投资所引起的收入增加量，并不限于增加的投资量。只要社会存在闲置的生产资料和失业的劳动者，投资变动就会使收入和产出的变动产生一种乘以倍数的扩大效果，这扩大的倍数就是乘数。

(4) 资本边际效率。凯恩斯把投资需求作为影响有效需求的最重要的动态因素，而投资量则是由资本边际效率和利息率决定的。资本边际效率是指增加一笔投资预期可以得到的利润率。它取决于资本资产（如机器设备、厂房等资本品）的供给价格和资本家对资本资产未来收益的预期。资本资产的供给价格（重置资本）是清楚的，但资本资产的未来预期收益则因人们的判断不同而有很大的差异。因此，资本边际效率主要是由资本家对资本资产未来收益的预期这个基本心理因素决定的。

58.3.2 凯恩斯利息理论要点

凯恩斯认为，由于投资数量决定于资本边际效率和利息率，因此，研究就业理论就必须研究利息率的决定因素。

在新古典学派的理论中，利息是"等待"和"抑制消费"的报酬。利息率由储蓄（资本的供给）与投资（资本的需求）共同决定。假设在某一利息率下，人们自愿储蓄的金额超过资本家愿意进行的投资，即资本的供给大于其需求，利息率将下降，利息率下降会刺激投资的增加。这样，通过利息率的伸缩变化，总会使投资需求始终等于储蓄供给。因而，总需求和总供给达到平衡时，就业量必然稳定在充分就业的水平上。

凯恩斯否定了上述传统的、由他的老师马歇尔提出的利息和利息率理论，并提出了自己的利息和利息率理论。凯恩斯认为，利息率的伸缩性并不是如上述所说使得储蓄与投资趋向一致，而是使得货币的供给与需求趋向一致。他说，利息是放弃货币流动性的报酬，利息率则是计算人们对放弃货币流动性的不愿意程度的。因此，利息率是平衡现有货币数量和以现金形式持有财富的愿望这两者的"价格"的，而不是平衡人们对投资的需求和人们抑制目前的消费的意愿这两者的"价格"的。

所谓流动偏好就是人们以现金形式持有财富的愿望。凯恩斯将人们持有现金（保持流动性）的动机分为三类：交易动机、预防动机和投机动机。交易动机是指家庭和企业必须经常购买商品和劳务，但他们得到收入是间隔的，因此，他们必须持有一定数量的货币来连接这个间隔。预防动机是指家庭和企业为了应付预料不到的开支，也必须以货币形式来持有一部分资产。凯恩斯认为，交易动机和预防动机所决定的货币需求主要决定于人们的货币收入水平，而不是决定于利息率。投机动机则是指家庭和企业为了利率变动时对自己有利，可能以货币形式持有一部分资产。一般来说，当利息率较高或预期会上升时，人们自愿以货币形式持有的资产（对货币的需求量）较少；反之则相反。换句话说，人们对货币的需求量与利息率的高低呈反方向关系。

利息率的高低决定于货币的供给和货币的需求。货币的供给（包括现金和信用货币），一般是由中央银行的货币政策决定的。凯恩斯认为，在一定的货币供应量下，流动性偏好越强，对货币的需求越大，则利息率越高，而利息率高是阻碍投资从而影响就业率的重要因素之一。因此，他主张国家货币当局用增加货币供应量的办法使利息率下降，以刺激投资。但凯恩斯又认为，即使中央银行大量增加货币供应量，可能仍然无法达到充分就业。这是因为，利息率下降到一定水平时，人们认为以后必定会上升；而债券的价格太高，以后必定会下跌。这样，购买债券将面临资本损失的风险，于是人们增加货币的持有。这时，中央银行增加的货币供应量全部被人们吸收，而利息率则保持不变，就出现了所谓流动性陷阱。

58.3.3 凯恩斯货币理论要点

传统的货币理论认为，货币只是使交易更为便利的流通媒介。人们持有货币只是为了保持一定的购买力。人们取得货币后会立即用它来购买其他的物品。这样，任何的卖都意味着买，也就是说，供给会创造自身的需求（萨伊法则）。新古典学派相信，在完全竞争的条件下，供求力量会使经济社会保持在充分就业的产出水平。货币数量的变化，不会影响经济活动的实际量值，只会改变经济活动的名义量值，并决定经济社会的一般价格水平。所以，货币是中性的，它只是实际经济体系上的一层"面纱"。为此，传统的经济理论把货币因素排除在经济理论体系之外。

凯恩斯则认为，货币不仅是一种交换媒介，也是最利于储藏的财产，还可以用于投机的目的。人们可能把货币作为财富储藏起来而不去购买。因此，需求不一定等于供给。凯恩斯认为，货币数量的增加可以降低利息率，刺激投资活动，从而增加总需求。在总需求增加时，如果仍有失业存在，就业和产出的水平就会随总需求的增加而提高。可见，货币并不是中性的，货币数量的变化会导致就业和实际产出的变化。凯恩斯否定传统的货币数量变化引起物价水平同比例变化的货币数量说，认为货币供应量对物价并无直接的影响，货币数量的增加，会刺激投资和总需求，促进就业和产出的增加，物价水平则不一定上涨。当就业水平已经相当高时，总需求的增加才会引起物价的上升。

59. 战时经济管理体制

【原文】

1939—1945 年第二次世界大战期间，帝国主义各国都建立了战时经济管理体制，国家对整个国民经济和社会生活实行全面统治，国家垄断资本主义得到进一步发展。①

【解析】

59.1 战时经济管理体制

战时经济是指战争状态下由战时政府全面控制和干预国民经济体制和运行机制、经济部门、经济政策及经济活动的总称。

战时经济管理体制是指战争时期的经济组织形式及管理制度体系。其基本特征是：社会经济活动以优先保障战争需要为主要目标；国家强化对经济的干预和控制，限制企业和居民的自主经济行为；军工生产膨胀，民用生产缩减；税收增加，通货膨胀，居民生活不稳定，生活水平下降。

日本政府在战争期间全面实行经济统制，形成了以政府为主导的统制经济体制。所谓统制经济就是战争期间一切围绕战争需要、一切由政府说了算的经济管理制度。日本的战时统制经济集中体现于日本政府 1937 年 8 月颁布的《国家总动员法》，该法不仅剥夺了国民在生活、劳动和财产等方面的基本权利，禁止罢工，强迫国民"尽忠报国"，而且还把国民编入"邻组"（战时体制下的邻保组织），把工人、农民编入各种"报国会"，从而把全体国民推上了日本法西斯主义的战车。日本政府后来又颁布一系列经济法令，形成以对人、钱、物的全面统制为中心，配合对产业团体和舆论宣传等方面的严格控制，进行"总力战"的战时统制经济。

---

① 《马克思主义基本原理》（2021 年版）编写组. 马克思主义基本原理 [M]. 北京：高等教育出版社，2021：225.

德国纳粹党执政后，开始对德国国民经济进行控制和改组，逐渐建立起战争经济体制。1933年7月15日，政府成立了由12名大垄断资本的代表和5名纳粹分子主管的"德国经济总会"，作为全国经济决策机构，负责指导国家经济政策和制定经济法令。同年11月27日，政府颁布了由"德国经济总会"起草的《德国经济有机结构条例》，用以加强国家垄断资本主义和国民经济军事化。条例规定德国原有的企业联合会或地方商会成为国家机构，用以控制全国的企业。1933年7月，政府颁布法令，强令尚未实行卡特尔制度的中小企业加入义务共同体，组织新的卡特尔或同大企业签订保证合同，以此来促进企业合并。1934年1月20日，政府颁布《国民劳动秩序法》，将行政领导原则应用于经济企业内部，对工人实行法西斯控制。

60. 国民收入的再分配

【原文】

为了加强垄断资本的统治，缓和社会各阶级、阶层之间的矛盾，资本主义国家也介入国民收入的再分配，进行私人垄断资本所不可能承担的调节利益再分配的活动。①

【解析】

60.1 国民收入的初次分配和再分配

国民收入是国民总收入和国民净收入的统称。国民总收入是指一个国家或地区在一定时期内所有常住单位（政府、企业、住户等）所获得的收入进行初次分配的结果。国民净收入是指国民总收入扣除同期固定资产折旧或固定资本消耗之后的净额。

国民收入的初次分配是指国民收入在参与生产和服务活动的所有常住单位之间的分配。国民收入经过初次分配形成政府收入、企业收入和个人收入三种原始收入。

国民收入的再分配是指国民收入在经过初次分配所形成的原始收入的基础上，通过各种经常转移而形成可支配收入的过程。经常转移是一个机构单位（政府、企业、个人）向另一个机构单位提供货物、服务或资产，而同时不从后者获得任何价值对等的货物、服务或资产作为回报。

国民收入的初次分配和再分配相互联系、相互区别。简单来说，二者的联系表现在国民收入初次分配是国民收入再分配的出发点，国民收入初次分配形成的是各经济主体的原始收入，国民收入再分配形成的是各经济主体的可支配收入。二者的区别表现在国民收入初次分配是以提供生产要素为

---

① 《马克思主义基本原理》（2021 年版）编写组. 马克思主义基本原理 [M]. 北京：高等教育出版社，2021：226.

条件的交换性分配；国民收入再分配则是不以提供生产要素为条件的转移性分配。

60.2 资本主义社会福利制度

资本主义社会福利制度是资本主义国家对国民收入进行再分配的一种主要方式。在资本主义社会福利制度下，资本主义国家依据法律和相应的社会政策从国民收入中获得部分收入，通过再分配向部分公民或全体公民提供某种无偿或优惠服务。在实行社会福利制度的资本主义国家，工人的收入不仅包括他们实际所得的工资，而且包括他们所享有的各种社会福利，如养老金、失业津贴、贫困救济等。社会福利主要由社会保险、社会救济和社会服务组成。其中的社会保险是社会福利最基本的内容。

资本主义社会福利制度的建立是无产阶级与资产阶级的阶级矛盾不断深化和阶级斗争日益尖锐化的产物。资本主义国家的社会福利制度在一定程度上缓和了阶级矛盾，提高了劳动人民的生活水平，推动了社会的进步。但是，资本主义社会福利制度的这种作用是有限的，它并不能从根本上解决无产阶级与资产阶级的矛盾和对立。这是因为，福利制度的资金主要来源于个人收入的所得税、遗产税、社会各界缴纳的保险金、政府的资产性收入和经营性收入等，这些基本上都属于国民收入再分配的实现形式。因此，从表面上看，好像国家出钱造福于劳动人民，但实际上羊毛出在羊身上，福利制度只不过把劳动人民创造的财富以一种方式拿走，再以另一种方式用在他们身上而已。

60.3 美国的社会保障制度

1929—1933年的经济大危机打破了资本主义自由放任、廉价政府的传统观念，要求政府建立社会保障制度。1932年美国国会通过瓦格拉-任尼法，授权复兴金融公司向各州贷款兴办公共工程和进行失业救济。1933年国会又通过《联邦紧急救济法》，拨款5亿美元资助各州实行劳动救济与失业救济。1935年国会通过第一个社会保障法，确立了联邦政府在社会保障工作中的领导地位，建立起以解决老年问题和失业问题为主体的社会保障制度的雏形。至20世纪80年代，联邦政府的社会保障项目已50项左右，美国已建立起比较全面的多样化的社会保障体系。

美国社会保障制度内容广泛，可以归纳为以下几个方面：（1）社会保险。社会保险是政府举办、个人投保的一种收入保险计划。它可以分为就业保障与失业保险，老年、残疾与遗嘱保险，健康保险（医疗保险、医疗援助、工伤事故赔偿）几个方面。（2）社会救济。社会救济一般由政府财政拨款，对没有参加投保的老人、残疾者、抚养未成年子女的贫困家庭以及两年内仍找不到工作的失业者给予救济。救济的项目有提供救济金、医疗补助或食品券补贴。(3) 社会福利。社会福利是为了社会成员能够享受政府提供的福利设施而实施的保障，如住房保障、医疗和教育等方面的保障。

61. 财政政策和货币政策

【原文】

国家运用财政政策、货币政策等经济手段，对社会总供给和总需求进行调节，以实现经济快速增长、充分就业、物价稳定和国际收支平衡的基本目标。①

【解析】

61.1 宏观经济政策

宏观经济政策是指国家或政府为了增进整个社会经济福利、改进国民经济的运行状况、达到一定的政策目标而有意识和有计划地运用的政策工具。宏观经济政策可分为需求管理政策和供给管理政策。其中，需求管理政策包括财政政策和货币政策，供给管理政策包括人力政策、收入政策等。人力政策是通过对人力资源的优化配置，增加就业，促进经济增长的政策。收入政策是指政府通过某种行政措施强制性或非强制性地限制工资和价格的政策。

从第二次世界大战后西方国家宏观调控的实践来看，国家或政府的宏观经济政策目标一般包括充分就业、稳定物价、经济增长和国际收支平衡四大目标。充分就业是指总失业率等于自然失业率的状态。这也就意味着充分就业不是100%的就业，而是把失业率保持在一个尽可能低的水平上。稳定物价是指通过宏观经济政策使某一时期内的一般物价水平保持相对的稳定。经济增长是指在一个较长的时间跨度内一国人均产出或人均收入水平的持续增加。国际收支平衡是指采取各种措施纠正国际收支差额，使其趋于平衡。因为一国国际收支出现失衡，无论是顺差还是逆差，都会对本国经济造成不利影响。

---

① 《马克思主义基本原理》（2021年版）编写组. 马克思主义基本原理［M］. 北京：高等教育出版社，2021：227.

61.2 财政政策

"财政政策是国家干预经济的主要政策之一。西方学者一般把财政政策定义为：为了促进就业水平的提高、减轻经济波动、防止通货膨胀、实现稳定增长，而对政府收支、税收和借债水平所进行的选择，或对政府收入和支出水平所做出的决策。"①

西方财政政策是政府干预宏观经济的产物，其内涵有着西方市场经济的根本特点：第一，它不是政府对整个经济的间接调节，即通过政府本身的收支变化影响社会需求进而影响宏观经济。第二，财政政策主要限于宏观经济范围，主要指政府对宏观经济的稳定作用。第三，财政政策主要限于国民经济的总量均衡，而不涉及国民经济的结构调整。

财政政策工具中，政府税收包括个人所得税、公司所得税、投资税和各种间接税。政府支出包括政府对公共工程的投资、对产品和劳务的购买以及转移支付。一般来说，税收变动对总需求与国民收入的作用是间接的，而且比较小；政府支出变动对总需求和国民收入的作用是直接的，而且比较大。

财政政策的具体运用是：当总需求小于总供给，经济中存在失业时，采用扩张性财政政策，即减税和增加政府支出。当总需求大于总供给，经济中存在通货膨胀时，采用紧缩性财政政策，即增税和减少政府支出。

61.3 货币政策

"货币政策是货币当局，即中央银行，通过控制货币供应量来调节金融市场信贷供给与利率，从而影响投资和社会总需求，以实现既定的宏观经济目标的经济政策。货币政策是西方国家干预和调节经济的主要政策之一。"②

紧的货币政策是指一国中央银行或货币当局为减少信贷供给，提高利息率，消除因需求过大而带来的通货膨胀压力所实施的"紧缩银根"政策。

松的货币政策是指一国中央银行或货币当局为了阻止经济衰退，刺激经济增长，通过增加信贷供给，降低利率促使投资增加，带动社会总需求增加的"放松银根"的政策。

货币政策的目标是令政府比较满意的经济增长率、通货膨胀率、失业率和外汇汇率，也就是令政府满意的经济增长、充分就业、物价稳定和国际收支平衡。

---

① 《西方经济学》编写组．西方经济学：下册[M]．北京：高等教育出版社，人民出版社，2011：287-288．

② 《西方经济学》编写组．西方经济学：下册[M]．北京：高等教育出版社，人民出版社，2011：301．

货币政策的目标通过货币政策的工具来实现。货币政策的三大工具分别是公开市场业务、法定准备金率和再贴现率。公开市场业务是指中央银行通过在金融市场上公开买卖政府债券来调节货币供给量。法定准备金率，亦称法定存款准备金率，是指银行法或中央银行所规定的存款金融机构（商业银行）所吸收的存款中必须向中央银行缴存的准备金比例。再贴现率是指中央银行在对商业银行办理贴现贷款时所收取的利率。

62. 规制和规制经济学

【原文】

国家垄断资本主义的主要形式有五种：……第五种是微观规制，主要是国家运用法律手段规范市场秩序，限制垄断，保护竞争，维护社会公众的合法权益。①

【解析】

62.1 宏观调控与微观规制

宏观调控和微观规制是政府在市场经济条件下的两种经济职能。在市场经济体制下，政府既要对宏观经济进行干预，也要对微观经济进行干预。通常把政府对宏观经济的干预称为宏观调控，把政府对微观经济的干预称为微观规制。概括来说，宏观调控主要针对的是总量失衡，通过平衡总量为市场优化配置资源创造条件。微观规制主要针对的是市场失灵，通过发挥政府这只"看得见的手"的作用以弥补市场那只"看不见的手"的缺陷。

62.2 规制及其分类

规制或管制词语译自英文的 regulation 一词，是指规制部门通过对某些特定产业或企业的产品定价、产业的进入与退出、投资决策、危害社会环境与安全等行为进行的监督和管理，是现代市场经济条件下政府干预经济的制度安排。

依据规制性质的不同，可将规制分为经济性规制和社会性规制。经济性规制主要关注政府在约束企业定价、进入与退出等方面的作用，重点针对具有自然垄断、信息不对称等特征的行业。社会性规制主要是以确保居民生命健康安全、防止公害和保护环境为目的所进行的规制。

---

① 《马克思主义基本原理》（2021年版）编写组. 马克思主义基本原理 [M]. 北京：高等教育出版社，2021：227.

在美国，规制或管制指的是政府为控制企业的价格、销售和生产决策而采取的各种行动。政府公开宣称这些行动的目的是制止不充分重视"社会利益"的私人决策。

通常，以下市场失灵的情况导致政府管制：第一，市场上卖方垄断权力的存在，使垄断者限制产量，制定高于边际成本的价格，管制的目的在于提供成本决定的价格，从而提高社会的总福利。第二，外部经济的存在，使某些产品的价格只反映了私人成本，而没有反映出生产过程中的社会成本，从而造成产品生产过多，管制的目的在于控制外部经济产品的生产，提高经济效率。第三，由于信息的不完全造成市场失灵，经济效率低下，管制的目的在于得到信息的成本，政府可能设法提供较好的或较优的信息，或要求生产者提供这些信息。此外，还有一些理由导致政府管制，如不平等的讨价还价能力等。

62.3 规制经济学

规制经济学或管制经济学，是对政府规制活动所进行的系统研究，是产业经济学的一个重要分支，是近年来崛起的一个新兴经济学科。

规制经济学对规制经济理论的研究主要分为两大派别：规制规范分析和规制实证分析。前者侧重于说明是否应该进行规制，更多标准来自政府官员的主观判断，而不是规制实施所产生的实际效果。后者则是通过对经验数据的分析，深入考察规制实施的实际效果，侧重说明规制产生的实际作用。

63. 资本主义经济关系的自我调整

【原文】

国家垄断资本主义的出现是资本主义经济制度内的经济关系的调整，并没有从根本上消除资本主义的基本矛盾。①

【解析】

63.1 资本主义经济关系的自我调整

自资本主义经济关系产生以来，为了适应生产力的不断发展和应对工人阶级的不懈斗争，资产阶级国家通过各种形式适时进行资本主义经济关系的自我调整，以维护资本主义生产关系的持续存在。

第一，所有制形式的调整。为适应生产力和生产社会化发展的需要，为缓和资本主义的经济矛盾和社会矛盾，资本主义的所有制形式经历了业主制、合伙制、私人资本股份制、法人资本股份制、国家资本等不同形式的自我调整。

第二，宏观经济政策的调整。为适应生产力和生产社会化发展的需要，遏制经济危机的频繁发生和维护宏观经济的持续稳定，资本主义国家自1929—1933年经济大危机以来，纷纷由自由放任政策转为国家干预政策，通过财政政策、货币政策、收入政策、人力政策等对社会总供给和总需求进行调节。

第三，收入分配的调整。为了缓和无产阶级和资产阶级之间的矛盾和稳定资本主义社会经济秩序，资本主义国家通过税收等手段，对收入分配进行调节，建立社会福利制度，缓和劳资关系的严重对立。

第四，国际政策的调整。为了适应经济全球化发展的需要和遏制世界性

---

① 《马克思主义基本原理》（2021年版）编写组. 马克思主义基本原理［M］. 北京：高等教育出版社，2021：228.

经济危机的爆发，迫切需要加强国际经济协调。第二次世界大战后，资本主义世界陆续建立起一系列超国家的国际经济组织，以维护世界经济秩序和推动世界经济稳定发展。

"资本主义生产关系的自我调整，从客观上说适应了生产力发展的要求，在一定程度上缓和了资本主义的基本矛盾，推动了社会生产力的发展。"①

63.2 资本主义经济关系的自我调整并未消除资本主义的基本矛盾

国家垄断资本主义是资产阶级国家力量同垄断组织力量结合在一起的垄断资本主义。其实质是私人垄断资本利用国家机器来为其利益服务的手段，是私人垄断资本为了维护垄断统治和获取高额垄断利润而和国家相结合的一种垄断资本主义形式。国家垄断资本主义的性质，决定了它不可能从根本上解决资本主义的固有矛盾，而只能在一定时期、一定范围和一定程度上缓和资本主义的某些矛盾，以有利于资本主义经济的发展。

"国家垄断资本主义的产生只是暂时使某些矛盾缓和，使矛盾掩盖起来或者向深处潜伏，因而这些矛盾必然随着资本主义生产社会化的发展而进一步尖锐化和复杂化。例如，国家垄断资本主义一方面通过扩大国家财政开支来刺激经济、扩大投资、扩大市场；但另一方面则又是以扩大税收，加重对广大人民群众的剥削，从而使有支付能力需求的缩小为代价的。又如，国家垄断资本主义企图通过扩大开支，刺激经济，解决社会的充分就业，但资本主义生产的发展必然造成资本有机构成的不断提高和产生大量相对过剩人口，因而所谓充分就业只能是一句空话。这一切都表明，国家垄断资本主义并没有、也不可能克服资本主义制度内在的固有矛盾和历史局限性。"②

---

① 《马克思主义政治经济学概论》编写组．马克思主义政治经济学概论［M］．北京：人民出版社，高等教育出版社，2017：210．
② 卫兴华，顾学荣，主编．政治经济学原理［M］．北京：经济科学出版社，1998：192．

64. 布雷顿森林体系

【原文】

第二次世界大战后，在美国的主导下建立了国际货币体系，亦即布雷顿森林体系，该体系对促进世界经济的恢复和发展发挥了重要作用，但也维护了美国的世界经济霸权地位。20世纪70年代初，由于资本主义发展不平衡的加深和国际货币体系内在矛盾的激化，布雷顿森林体系崩溃。①

【解析】

64.1 布雷顿森林体系

布雷顿森林体系是第二次世界大战后建立的以美元为中心的金汇兑平价制度。1944年7月，美、英等44个国家的代表在美国新罕布什尔州布林顿森林召开国际货币金融会议——"联合的国家货币金融会议"。经过激烈的争论，会议决定建立国际货币基金组织和国际复兴开发银行两个机构，通过以美国代表团提出的怀特方案为基础的"国际货币基金协定"，开创了战后国际货币制度的一个新时期。布雷顿森林体系的核心是金汇兑平价制度，即美元与黄金直接挂钩，每1美元含黄金0.888671克，1盎司黄金价值35美元，其他国家的货币则与美元挂钩，间接地与黄金相联系，美国承担外国官方按美元与黄金的比价以美元向美国购买黄金的义务，美元从而成为主要的国际储备资产和干预货币。

在外汇市场的交易中，每种货币的汇率可以在平价上下1%的范围内波动。如波动超过这一幅度，有关国家的政府有责任对外汇市场实行干预。基金成员国只有在本国国际收支发生基本失衡并与基金组织进行磋商后，才能改变本国货币的平价。贬值幅度如超过10%，必须得到基金组织的批准。为

---

① 《马克思主义基本原理》（2021年版）编写组. 马克思主义基本原理[M]. 北京：高等教育出版社，2021：228-229.

了维持稳定、统一的汇率体系，加强国际间的货币合作，国际货币基金成员国必须就国际货币问题与基金组织磋商，除非在特殊情况下，不得对国际收支中经常交易项目实行外汇管制，不得实行歧视性的货币安排和多种汇率，避免实行竞争性的货币贬值。为了帮助国际收支失衡的国家进行调节，基金组织对其成员国提供多种形式的贷款，除了储备部分贷款外，都附有程度不同的条件限制。

64.2 布雷顿森林体系的崩溃

布雷顿森林体系确认美元居于整个国际货币体系中心的地位和作用，这是由二战后美国的经济、政治和军事上的实力决定的。但由于资本主义发展不平衡的加深以及布雷顿森林体系自身不可克服的内在矛盾，其不可持续性就明显暴露出来。就布雷顿森林体系内在矛盾而言，这一体系是一种非对称性的国际货币体系，其运行必然面临着所谓特里芬难题。特里芬难题源于1960年美国经济学家罗伯特·特里芬（Robert Triffin）的《黄金与美元危机——自由兑换的未来》一书中提出的布雷顿森林体系存在着其自身无法克服的内在矛盾：由于美元与黄金挂钩，而其他国家的货币与美元挂钩，美元虽然取得了国际核心货币的地位，但是各国为了发展国际贸易，必须用美元作为结算和储备货币，这样就会导致流出美国的货币在海外不断沉淀，对美国国际收支来说就会发生长期逆差；而美元作为国际货币核心的前提是必须保持美元币值稳定，这又要求美国必须是一个国际贸易收支长期顺差国。这两个要求互相矛盾，因此是一个悖论。

随着美国经济实力的相对减弱，特别是美国国际收支赤字的增加，国际上对美元地位的稳定性产生怀疑，美元与黄金的比价受到巨大的压力。20世纪50年代国际货币体系经历了储备资产不足的"美元荒"，20世纪60年代又出现了美元泛滥、供大于求的情况，前后造成三次美元危机的爆发。1971年8月15日，面对美元持续贬值的压力，同时为了避免美国国际收支继续恶化，美国总统尼克松宣布终止美元与黄金的固定兑换比例，并加征10%进口税率。同年12月，十国集团（美国、英国、德国、法国、日本、意大利、加拿大、荷兰、瑞典、比利时）签订《史密森协议》，宣布美元对黄金贬值7.89%，同时将汇率的波动幅度从上下1%扩大到上下2.25%。《史密森协议》意味着布雷顿森林体系的两大支柱之一美元与黄金挂钩开始崩溃。1973年2月，美国政府再次宣布美元对黄金贬值10%，随后，其他西方国家纷纷放弃了对美元的固定汇率，以美元为中心的固定汇率制度不复存在，世界主要工业国如美国、英国、法国、日本等开始实行浮动汇率制，而其他大多数国家和地区

183

则实行钉住美元、日元、英镑等货币的钉住汇率制，布雷顿森林体系的另一支柱固定汇率也取消了，至此布雷顿森林体系彻底崩溃。

64.3 布雷顿森林体系的作用

就会员国而言，布雷顿森林体系的建立，促进了国际贸易和世界经济的发展，保证了国际货币关系的相对稳定，缓解了会员国国际收支危机，有助于生产和资本的国际化发展，促进了各国国内经济的稳定发展。布雷顿森林体系的建立结束了自一战后国际货币体系的混乱局面，促进了二战后世界经济的恢复和发展，扩大了各国间的经济交往。尤其是在20世纪50年代和60年代的部分时期，布雷顿森林体系运行良好，对战后稳定国际金融和发展世界经济起到了巨大作用。

就美国而言，布雷顿森林体系确认了美国的世界经济霸权地位，美元居于整个国际货币体系的中心，这使得美国经济政策的制定与运行对其他国家都会产生重大影响。布雷顿森林体系的建立，使美国不但可以利用美元对外直接投资进行资本输出，而且可以用美元支付其庞大的军费开支，从而有利于美国的对外霸权扩张。美元作为世界货币可以使美国通过发行美元换回外国持有人的财产从而获得数额巨大的铸币税。美元的特殊地位可以使美国不受限制地向全世界举债筹措资本，这有利于美国经济的稳定发展。正是因为布雷顿森林体系能给美国带来诸多的巨大利益，因此，布雷顿森林体系于1973年崩溃之后，美国仍然竭力维持美元国际货币的特殊地位。

65. 金融自由化与金融创新

【原文】

20世纪70年代初，由于资本主义发展不平衡的加深和国际资本体系内在矛盾的激化，布雷顿森林体系崩溃。随后，西方国家普遍走上金融自由化和金融创新的道路。①

【解析】

65.1 金融自由化

金融自由化是20世纪70年代中期一些发展经济学家提出的一种金融理论和政策主张。麦金农（Mckinnon，R.I.）和肖（Shaw，E.D.）等人认为，发展中国家经济不发达的原因之一是"金融抑制"或"金融浅化"，货币机制发挥不充分，金融资产不发展，国家干预过多，但即使如此，货币和相对价格仍在发挥作用。因此，为了促进经济发展，应当解除政府对金融市场的管制，由金融市场的自发活动去决定利率、汇率，通过自由利率、浮动汇率来调节并促进经济活动，以实现金融自由化或"金融深化"。

他们提出的具体建议是：（1）反对政府限制银行和其他金融机构的贷款利率，让利率由金融市场自由决定，以提高储蓄积极性，准确反映资本的机会成本，提高资金利用率。（2）反对以通货膨胀促进经济增长的战略，认为通货膨胀只会引起金融浅化，"通货膨胀税"会降低定期存款的实际价值，挫伤储蓄积极性，会给经济增长带来消极影响。（3）反对固定汇率制，主张实行自由汇率或允许汇率随市场变化自由浮动。（4）强调改革财政政策，改革税制、税收结构和财政支出结构，提高财政政策的社会经济效益。

一些发展经济学家认为，金融自由化论指出了发展中国家财政、金融中

---

① 《马克思主义基本原理》（2021年版）编写组. 马克思主义基本原理 [M]. 北京：高等教育出版社，2021：229.

存在的问题，但这种理论在促进经济增长中忽视了收入均等化和政府投资的作用等问题。遵循金融自由化的思路，一些发展中国家如东亚国家配合其他对外开放的政策，其经济发展取得了巨大的成就，但 1997 年 7 月开始出现的"金融风暴"并进而转化为经济危机又表明金融自由化理论的某些片面性。

65.2 金融创新

对于金融创新的含义，学术界并无共识。目前有关金融创新的解释，大多源于创新主义经济学家熊彼特（Joseph Alois Schumpeter）关于创新的论述。通常把金融创新分为广义的金融创新和狭义的金融创新。广义的金融创新是指发生在金融领域的一切形式的创新活动，如金融制度、金融机制、金融管理、金融工具、金融服务等诸多方面的创新。狭义的金融创新主要是指金融工具的创新。

金融工具创新是指金融机构在法律规定的范围内，在遵循安全性、流动性和盈利性原则的前提下，灵活运用和重新组合原有金融工具的价格、利率、期限、偿还方式、交易方式和风险系数等条件，创造新的金融工具以满足不同投资者的需求。20 世纪 70 年代后期形成国际金融市场金融工具创新的浪潮。仅以美、日两国为主推出的金融工具就达上百种。名目繁多的金融工具创新可以分为四类：一是风险转移型金融创新工具，如金融期货交易、期权交易、货币与利率互换交易等；二是流动性增强型金融创新工具，如长期贷款的证券化、AB 存单等；三是信用创造型金融创新工具，如票据发行等；四是股权创造型金融创新工具，如可转换债券，附有股权认购书的债券等。

65.3 期货合约

期货合约是一种协议，这一协议规定在将来某个商定的时间由卖方向买方交割某种特定的资产。合约同时也确定了交易价格，合约中规定的资产直到交割日才予以偿付。不论是买方还是卖方都被要求在合约签订时，支付一定数量的保证金以保证在一方违约时，另一方不至遭受损失。因此，保证金的数额必须每天检查一遍以证明是否可以提供足够的保证。

65.4 远期合约

远期合约是关于在指定期间的期末以确定的价格交割某物的协议。远期合约通常是非标准化的，每份合约的条件都是买卖双方单独议定。远期合约是一种柜台交易的工具。和期货合约并不旨在通过实物交割来结清合约相对照，远期合约意在交割。远期合约是否需要调整至市价，取决于双方当事人的意愿，对不必调整至市价的远期合约来说，因为不需要追加保证金，所以也不会有期间现金流量。和期货合约的信用风险非常小相比，因为远期合约的每一方当事人都可能违约，所以他们都面临着较大的信用风险。

65.5 期权合约

期权是指在将来某一特定时间内买卖某种特定金融资产（标的物）的权利。期权的买方向卖方支付一定数额的权利金后，就获得在一定时间内以一定的价格出售或购买一定数量的标的物的权利。期权合约是一种赋予交易双方在未来某一日期，即到期日之前或到期日当天，以一定的价格——履约价或执行价——买入或卖出一定相关工具或资产的权利的合约。期权合约的买入者为拥有这种权利而向卖出者支付的价格称为期权费。期权的标的资产包括股票、股票指数、外汇、债务工具、商品和期货合约等。

65.6 掉期合约

掉期合约是当事人之间签订的在未来某一期间内相互交换他们认为具有相等经济价值的现金流的合约。交换的具体对象可以是不同种类的货币、债券，也可以是不同种类的利率、汇率、价格指数等。一般情况下，它是交易双方根据市场行情约定支付率（利率、汇率等），以确定的本金额为依据相互为对方进行支付。掉期合约较为常见的是利率掉期合约和货币掉期合约。利率掉期合约是互换双方交换一系列现金流的合约，双方按合约规定，一方定期向另一方支付名义本金的固定利息，而后者向前者支付名义本金的浮动利息。货币掉期合约是指两笔金额相同、期限相同、计算利率方法相同，但货币不同的债务资金之间进行调换，同时也进行不同利息额的货币调换的协议。

66. 经济虚拟化

【原文】

金融垄断资本的发展，一方面促进了资本主义经济的发展，另一方面也造成了经济过度虚拟化，导致金融危机频繁发生，不仅给资本主义经济带来灾难，也给全球经济带来灾难。①

【探析】

66.1 虚拟经济

虚拟经济是相对于实体经济而言的。实体经济即农业、工业、交通运输、商贸物流、建筑业、服务业等提供实实在在的产品和服务的经济活动。虚拟经济是在市场经济中由信用制度与资本证券化产生的、源于实体经济又相对独立于实体经济的虚拟资本的交易活动。

虚拟资本是以股票、公债券、企业债券、银行券、不动产抵押单、金融衍生品等形式独立存在的一种资本形式。虚拟资本是预期收入的资本化。虚拟资本的价格＝预期收益／平均利息率。虚拟资本的存在和发展以实体资本为基础，但虚拟资本又独立于实体资本之外有其独立的运动规律。

在现代市场经济条件下，虚拟经济对实体经济的发展具有正、负两方面的效应。虚拟经济的正效应主要表现在：第一，虚拟经济为实体经济的发展提供有效的金融工具，可迅速筹集巨额资本。第二，虚拟经济有利于实体经济的资产重组和结构调整，实现资源优化配置。第三，虚拟经济有利于实体经济投资者通过证券市场交易规避投资风险，以降低实体经济的投资风险。第四，虚拟经济的市场繁荣带来虚拟财富的增加，刺激消费需求和投资需求的增加，促进实体经济的增长。虚拟经济的负效应集中表现在虚拟经济市场

---

① 《马克思主义基本原理》（2021年版）编写组. 马克思主义基本原理 [M]. 北京：高等教育出版社，2021：229.

的过度投机而引发泡沫经济和金融危机。泡沫经济是指虚拟经济价格的急剧上涨导致虚拟经济过度膨胀而严重偏离实体经济的经济现象。金融危机是指金融资产价格大幅下跌或金融机构濒临倒闭等金融领域发生的危机。20世纪末21世纪初在世界范围内先后出现的泡沫经济和金融危机主要有20世纪80年代出现的日本泡沫经济、1997年爆发的东南亚金融危机、2000年年初美国IT产业的泡沫经济、2008年由美国次贷危机引发的世界金融危机。

66.2 经济虚拟化

经济虚拟化是指虚拟经济不断发展膨胀，其规模逐渐超越实体经济，经济运行越来越依赖虚拟经济的现象。经济虚拟化在当代的主要表现就是以有价证券、房地产为主要代表的虚拟财富在整个社会财富中所占比例越来越大，整个社会财富结构呈现出一种倒金字塔的形状，处在倒金字塔下方的是以实物形态存在的物质产品，处在倒金字塔上方的是以股票、债券、房地产以及各类金融衍生产品形式存在的虚拟财富，并且二者呈现一种非对称性的发展趋势，即倒金字塔上方虚拟财富的膨胀速度要远远快于下方实物财富的膨胀速度。虚拟财富与实物财富最大的不同之处在于，其内在价值不是由生产成本决定的，在很大程度上是由人们的心理预期决定的。[①]

---

① 张国庆. 经济虚拟化——动力、机制及其影响 [J]. 湖北经济学院学报, 2010, 8 (1): 13-17.

67. 跨国公司

【原文】

垄断资本向世界范围的扩展是通过跨国公司这一国际垄断组织形式实现的。①

【解析】

67.1 跨国公司及其要素

跨国公司又称多国公司或国际公司，它是指发达资本主义国家中那些通过对外直接投资，在国外设立子公司和分支机构，从事生产、销售和金融等各种经营活动，以获取高额垄断利润的大型垄断企业。

按照联合国跨国公司委员会的规定，跨国公司应具备以下三个要素：第一，跨国公司是指一个企业，其组成实体在两个或两个以上的国家经营业务；第二，跨国公司有一个集中的全球决策体系，各分支机构和子公司应服从共同的政策和统一的战略目标；第三，跨国公司的各组成实体分享资源和信息并分担责任。

67.2 跨国公司的特征

第一，生产经营活动跨国化。跨国公司以母国为基地，将其实体分布于不同的国家或地区，在多个国家从事投资和经营活动，由其中一国的某一大型企业作为其管理、控制和指挥中心。

第二，生产经营方式多样化。跨国公司的全球性生产经营方式包括进出口、技术转让、合作经营、管理合同和在海外建立子公司等。

第三，经营战略全球化。跨国公司在进行战略决策时，要从整个公司的整体利益出发，并着眼于整个世界市场，在全球范围内有效地配置其资源，

---

① 《马克思主义基本原理》（2021年版）编写组. 马克思主义基本原理 [M]. 北京：高等教育出版社，2021：230.

充分利用各国各地区的优势，并制定相应的生产、销售和拓展等方面的政策和策略，以获得最大限度和长远的高额利润。

第四，内部管理一体化。跨国公司在世界各地子公司的重大决策都在母公司的统一控制下，根据集中与分散相结合的原则，实行统筹安排。跨国公司内部管理一体化主要包括生产一体化、新技术和新产品一体化、营销一体化、采购一体化和财务一体化。

67.3 跨国公司的迅速发展

第二次世界大战后，全球对外直接投资发展迅速，跨国公司开始进入高速发展时期，跨国公司的数量迅速增加。"1949年，全世界跨国公司母公司有512家，1956年迅速增至1724家，1978年全世界跨国公司母公司总数达到10727家。……在20世纪90年代初，90%以上的跨国公司总部都位于发达国家，到2008年，在全球82000家跨国公司中，来自发展中国家及转型经济体的跨国公司已经占28%。同时，在世界500强跨国公司中，总部位于发展中国家及转型经济体的跨国公司海外资产和海外销售额已经接近10%，而在1995年仅为1%~2%。以发展中国家和经济转型体为母国的跨国公司在21世纪初以来得到了非常迅速的发展。"[1]

---

[1] 《世界经济概论》编写组. 世界经济概论[M]. 北京：高等教育出版社，人民出版社，2011：257.

68. 产业空心化

【原文】

在资本输出过程中，资本输出国可能出现产业空心化①。

【解析】

68.1 三次产业的划分

西方经济学家根据对劳动对象进行加工的顺序，将国民经济部门划分为三次产业，亦即第一产业、第二产业和第三产业。第一产业是指直接作用于自然界生产初级产品的产业，一般以农业为主，包括林、渔、猎等。第二产业是指把初级产品加工成为满足人类生产或生活需要的物质资料的产业，一般以制造业为主，包括采矿业、建筑业等。第三产业是指提供满足人类基本物质资料需要以外的产品和服务的部门，一般以服务业为主，包括交通运输、公用事业、商业、金融、保险、教育、传播等。三类产业的划分原则上是按产业部门在社会再生产过程中所处的阶段和人类生产活动的历史发展顺序来确定的。一般认为，一国第三产业在国民生产总值中的比重逐步增大，表明一国经济发达程度逐步提高；在进行国际比较时，第三产业所占比重高的国家，经济发达程度也较高。

68.2 产业空心化

产业空心化是指以制造业为中心的物质生产大量地转移到国外，使得物质生产在国民经济中的地位明显下降，造成国内物质生产与非物质生产之间的比例关系严重失衡。产业空心化表现在以制造业为代表的第二产业占国民生产总值的比重大幅下降，以服务业为代表的第三产业比重迅速上升，并超过第二产业乃至第一产业和第二产业的国民生产总值之和。产业空心化导致

---

① 《马克思主义基本原理》（2021 年版）编写组. 马克思主义基本原理 [M]. 北京：高等教育出版社，2021：231.

物质产品尤其是工业制成品的出口明显减少，进口却逐渐增加并超过出口，以致出现国内物质产品的需求依赖外部进口的供求结构，造成工业品贸易收支恶化乃至逆差。

19世纪中期，英国的"世界工厂"地位，使其成为世界第一经济强国，同时也成为世界的金融中心。但资本对高额利润的追求，促使英国工业资本大举投资海外，乃至20世纪初，英国的海外投资一度超过国内投资的规模，导致英国的国内工业生产从19世纪末期开始下降，同时技术进度速度明显放慢，最终被美国和德国超过，从"世界工厂"滑落为工业品的进口国。此后的半个世纪内，世界金融中心的地位也被纽约取代。

产业空心化不同于产业结构软化。产业结构软化是一个由工业时代传统的以物质实体资源为主体的硬产业结构向以非物质实体资源为主体的软产业结构转化的过程。产业结构软化可以理解为产业结构中原来较多依赖物质实体资源实现经济增长的部分，逐渐被非物质实体资源实现经济增长的部分取代。在国民经济的产业结构中，一方面，以服务业为代表的软产业的比重上升，硬产业比重下降；另一方面，以制造业为代表的硬产业内部出现软化趋势，"硬要素"即物质实体资源比重下降，"软要素"即非物质实体资源比重上升，"软要素"对硬产业的促进作用不断增强。有观点认为，世界产业结构软化主要表现在：高新技术产业化与产业结构高度化，知识型服务业成为拉动经济增长的主导产业，通过高新技术改造后的传统产业将赢得新的发展空间。

69. 国际垄断同盟

【原文】

各资本主义国家的垄断组织通过订立协议建立起国际垄断资本的联盟，即国际垄断同盟，以便在世界范围形成垄断，并在经济上瓜分世界。①

【解析】

国际垄断同盟是在国内垄断的基础上发展起来的。垄断组织对利润最大化的无止境的追求，使得其在确立对国内市场统治的基础上，通过商品输出和资本输出进行对外扩张，争夺国外的商品市场、原材料产地和有利的投资场所。主要帝国主义国家的势均力敌的垄断组织，为了避免在竞争中两败俱伤，为了确保获得高额垄断利润，彼此之间通过签订各种国际性协定或条约，划分世界市场范围，在经济上分割世界，而建立起国际垄断同盟。

"国际垄断同盟是资本主义各国最大垄断组织根据协定结成的国际性经济联盟。其目的在于瓜分世界市场，制定垄断价格，控制生产规模，垄断原料来源，分割投资场所，以保证获取高额垄断利润。国际垄断同盟的形成是帝国主义的基本特征之一。国际垄断同盟的形式有国际卡特尔、国际辛迪加、国际托拉斯等。国际卡特尔是最普遍的一种形式。"②

"国际卡特尔是由在不同国家的某种产品的生产者（或多个国家）所组成的国际组织，该组织同意为了最大化垄断利润而限制该种产品的生产和出口。早在19世纪80年代，铁路和烟草行业中就存在了国际卡特尔。第二次世界大战后，在石油、钢铁、糖、咖啡和农产品等行业中国际卡特尔广泛出现。但迄今为止最典型也是最成功的国际卡特尔当属石油输出国组织（Organization of Petroleum Exporting Countries，OPEC）。它在20世纪70年代早期成功地将石油价格提高了近4倍，引发了全球性的'能源危机'。"③

---

① 《马克思主义基本原理》（2021年版）编写组. 马克思主义基本原理[M]. 北京：高等教育出版社，2021：231.
② 许涤新，主编. 简明政治经济学辞典[Z]. 北京：人民出版社，1983：293.
③ 胡代光，高鸿业. 西方经济学大辞典[Z]. 北京：经济科学出版社，2000：671.

70. 国际经济调节体系

【原文】

为了加强对各国垄断资本的协调和制约，防止彼此之间的激烈竞争可能引起的剧烈经济震荡，特别是防止发生全球性的经济危机，在协商和合作的基础上，国际垄断资本还建立起国际经济调节体系，以加强国际协调。[①]

【解析】

资本主义国际经济协调的形式主要有三种：国际经济组织的协调、区域经济联盟的协调、政府首脑会晤的协调。

70.1 国际经济组织的协调

当今具有较大影响的世界经济组织主要有国际货币基金组织、世界银行和世界贸易组织。

（1）国际货币基金组织

国际货币基金组织是最重要的国际金融机构之一。它于1944年12月成立，于1947年3月正式运作，其总部设在美国的华盛顿。国际货币基金组织的宗旨是：促进国际货币合作；促进国际贸易的平衡发展，以推动各成员国的收入和就业的增长；促进汇率稳定和消除外汇管制，以资金帮助成员国的国际收支调节。国际货币基金组织宗旨的核心是维持世界经济的稳定从而推动世界经济的发展。国际货币基金组织的最高权力机构是其理事会。它由成员国指定理事和副理事各一人组成，其中的理事通常是成员国的财政部长或中央银行行长。在正常情况下，理事会每年召开一次会议。国际货币基金组织的常设决策机构是执行董事会。国际货币基金组织的基金实行份额制度。每个成员国根据自身的经济实力向国际货币基金组织缴纳一定的份额，其中

[①] 《马克思主义基本原理》（2021年版）编写组. 马克思主义基本原理［M］. 北京：高等教育出版社，2021：232.

的25%是黄金和美元储备，其余为本国货币。份额的多少决定每个成员国在国际货币基金组织中的表决权、能够分到的特别提款权的数量和向基金借款的额度。

（2）世界银行

世界银行又称国际复兴开发银行，也是最重要的国际金融机构之一。世界银行于1945年12月成立，于1946年6月开业。其总部设在美国的华盛顿，与国际开发协会和国际金融公司一起合称世界银行集团。世界银行的最高权力机构是其理事会，由每个成员国指定理事和副理事各一人组成。理事会的年会与国际货币基金组织的年会联合举行。日常重大事务由执行董事会处理。世界银行的资本由成员国认缴，最初的法定资本为100亿美元，后经多次增资，由于自有资本数量有限，世界银行便在国际资本市场大量借钱，从1983年财政年度开始，每年的借款计划超过100亿美元。世界银行的目标主要是向发展中国家提供资金及经济和技术咨询，促进其他方面对发展中国家投资，以帮助受援国家提高生产力，促进它们的经济发展和社会进步，改善和提高人民生活水平。

（3）世界贸易组织

世界贸易组织是全球唯一的一个以处理有关国家间贸易的全球规则的组织。世界贸易组织的前身是于1947年签署，1948年适用的关税和贸易总协定，1995年1月1日世界贸易组织正式开始运作，1996年1月1日世界贸易组织正式取代关税和贸易总协定。世界贸易组织的总部设在日内瓦，截至2020年5月，世界贸易组织有164个成员国和24个观察员国。世界贸易组织的主要功能是确保贸易流量尽可能地平稳、可预期和自由、公正。世界贸易组织希望通过自己的努力，让消费者和生产者知道他们能够在购买各种商品时获得有保障的供给和更多的选择，让生产商和出口商也知道他们将会有一个开放的国外市场，最终得以建立一个更为繁荣、和平的经济世界，增进各国人民的福利。世界贸易组织实现上述目标的主要措施是：执行贸易协定；设立贸易协商的论坛；处理贸易争执；评价各国贸易政策；通过技术援助和培训计划协助发展中国家解决贸易政策问题；与其他国际组织合作。

70.2 区域经济联盟的协调

（1）欧洲联盟。

欧盟是经济一体化程度最高的一个区域性集团。欧洲的一体化进程起步于1951年成立的欧洲煤钢共同体；1958年根据《罗马条约》成立经济共同体和欧洲原子能共同体；1965年决定将三个机构合并，合并条约于1967年生效。欧共体成立以来，经过几十年的发展，经济一体化取得巨大成就，可谓当今世界上经济实力最强、一体化程度最高的国家联合体。

（2）北美自由贸易区

1987年10月，美国和加拿大签订了自由贸易协定。1994年又吸收了墨西哥参加，形成了北美自由贸易区。北美自由贸易区是世界上第一个由发达国家和发展中国家组成的经济集团，具有重大意义。

（3）亚太经济合作组织

亚太经济合作组织简称亚太经合组织。首届亚太经济合作部长会议于1989年11月在澳大利亚首都堪培拉举行。1993年亚太经合组织增加了亚太经合组织非正式首脑会晤，正式采用亚太经济合作组织（APEC）的名称。与其他两个组织相比，亚太经合组织属于一个政府间合作的经济论坛，具有独树一帜的组织形式，即在承认多样化的前提下，实行互利、协商、自愿、灵活的原则，多形式、多结构地推进本地区的经济合作。

70.3 政府首脑会晤的协调

政府首脑会晤协调的主要形式是西方八国首脑会议。20世纪70年代初，西方国家爆发了在第二次世界大战后最严重的全球性经济危机，导致经济形势严重恶化。为共同研究世界经济形势，协调各国政策，重振西方经济，在法国倡议下，1975年11月，法、美、德、日、英、意六国领导人在法国巴黎郊外的朗布依埃举行了首次最高级经济会议。1976年6月，六国领导人在波多黎各岛首府圣胡安举行第二次会议，加拿大应邀与会，形成七国集团，也称"西方七国首脑会议"。1994年第20次会议期间，俄罗斯作为正式会议成员参加政治问题的讨论，形成"7+1"机制。1997年在美国丹佛举行的西方七国首脑会议，俄罗斯总统叶利钦以正式与会者身份参加会议，并首次与西方七国集团首脑以"西方八国首脑会议"的名义共同发表"最后公报"。"西方七国首脑会议"由此演化为"西方八国首脑会议"。它对全球的影响已从经济层面扩展到政治层面乃至全球问题，成为与联合国、世界贸易组织、国际货币基金组织和世界银行等国际组织并行的国际协调机制。

71. 国际经济秩序

【原文】

2008年爆发的国际金融危机充分暴露了现有国际经济秩序的缺陷和国际协调能力的不足，建立国际经济新秩序、改革现有国际经济协调机制、加强全球治理已势在必行。①

【解析】

71.1 现存国际经济秩序的缺陷

国际经济秩序是指在世界范围内围绕国家级经济关系所确立的一系列国际行为规则和制度的总称。

国际经济秩序作为全球性的制度和规则，通过规范经济主体的经济活动，从根本上决定着全球经济利益的分配格局。"在当前的国际经济秩序中，发达国家与发展中国家处于不对等的地位。借助于第二次世界大战以来形成的国际分工体系，发达国家在国际贸易和金融领域处于优势地位，成为经济全球化的主要受益者；而发展中国家则处于劣势地位，与发达国家间的经济差距不断扩大。在现存的国际分工体系中，发达国家的生产集中在资本技术密集型的工业制成品和高新技术产品，通过国际贸易能够获得丰厚的利润。而大多数发展中国家的生产集中在原材料和初级产品，出口产品的附加值低，国际市场价格波动幅度较大，市场风险较大，通过国际贸易获得的利润水平较低。同时，发达国家还主导着国际货币金融体系，通过控制国际货币经济组织和世界银行等主要国际金融机构，加大对发展中国家的资本输出和金融扩张，影响发展中国家的货币政策、汇率制度，以发展中国家的经济利益为代价实现其自身的经济利益。现存的国际经济秩序严重阻碍着发展中国家的经

---

① 《马克思主义基本原理》（2021年版）编写组．马克思主义基本原理［M］．北京：高等教育出版社，2021：232-233．

济和社会发展,是一种不公正、不合理的国际经济秩序。"①

71.2 发展中国家致力于改变现存国际经济新秩序的努力

长期以来,发展中国家一直致力于改变这种不公正、不合理的国际经济秩序,致力于建立国际经济新秩序。早在20世纪50年代,发展中国家就在万隆亚非会议上提出了建立和平合作的国际关系的十项原则,表达了建立国际新秩序的若干主张。1964年,"七十七国集团"在联合国第一届贸易和发展会议上,提出了在世界范围内建立国际经济新秩序的目标。1973年,第四届不结盟国家首脑会议首次提出了"国际经济新秩序"的概念。次年,联合国大会通过了由"七十七国集团"起草的《关于建立新的国际经济秩序的宣言》和《关于建立新的国际经济秩序的行动纲领》两份重要文件,对国际经济新秩序的构想进行了详细说明。这就是实行各国主权平等的原则,保证各国的经济自主权;改善贸易条件,建立公平合理的国际价格体系,发达国家对发展中国家实行"普惠制";改革国际货币金融制度,消除少数国家对国际货币金融事务的垄断,减轻发展中国家债务负担;修改国际工业产权制度,消除对发展中国家技术贸易的不公正待遇;加强发展中国家之间的经济技术合作,促进并发展区域经济合作。

71.3 中国对建立国际经济新秩序的主张

中国对建立国际经济新秩序的主张,可以概括为以下几点:"第一,与世界多极化和经济全球化的历史发展趋势相适应,国家不分大小、贫富、强弱,都应按照民主平等的原则处理国际经济关系。第二,顺应和平、发展、合作的时代潮流,反对经济霸权,通过和平协商方式解决国际经济摩擦和争端。第三,本着求同存异和多样性原则,尊重和包容世界经济中不同的经济制度和发展模式选择。第四,坚持互利合作原则,缩小南北差距,推动世界经济平衡稳定发展和共同繁荣。第五,稳步有序地推进联合国、国际货币基金组织、世界银行以及世界贸易组织等国际组织的实质性改革,使之成为构建国际经济新秩序的有效平台。"②

---

① 《马克思主义政治经济学概论》编写组. 马克思主义政治经济学概论[M]. 北京:人民出版社,高等教育出版社,2017:405-406.
② 《世界经济概论》编写组. 世界经济概论[M]. 北京:高等教育出版社,人民出版社,2011:391.

72. 帝国主义基本特征

【原文】

列宁根据他所处时代的实践曾指出，资本主义发展到垄断资本主义，进而发展到帝国主义，便具有五个基本特征。①

【解析】

72.1 帝国主义即垄断资本主义

"帝国主义"一词由来已久，但"帝国主义"一词何时出现、由谁提出、做何解释，却难以考究，也无共识。不过"帝国主义"作为广泛使用的概念并得到专门的研究则是近代的事情。英国经济学家霍布森在其1902年出版的《帝国主义》和德国经济学家希法亭（Rudolf Hilferding）在其1910年出版的《金融资本》等著作中，各自阐述了他们自己关于帝国主义的理论观点。列宁在其1917年出版的《帝国主义是资本主义的最高阶段》的著作中，明确了帝国主义的定义，分析了帝国主义的基本特征，揭示了帝国主义的实质，建立了科学系统的帝国主义理论。列宁说："如果必须给帝国主义下一个尽量简短的定义，那就应当说，帝国主义是资本主义的垄断阶段。"② 在列宁看来，帝国主义即垄断资本主义，是资本主义发展的最高的、最后的阶段，是寄生的、腐朽的、垂死的资本主义阶段。由此看来，"列宁根据他所处时代的实践曾指出，资本主义发展到垄断资本主义，进而发展到帝国主义"的表述是不准确的。因为这种表述容易给人造成这样的错觉：似乎"垄断资本主义"和"帝国主义"不是资本主义发展的同一个阶段，而是资本主义发展的两个不同的阶段。

---

① 《马克思主义基本原理》（2021年版）编写组. 马克思主义基本原理［M］. 北京：高等教育出版社，2021：233.

② 列宁. 列宁选集：第2卷［M］. 北京：人民出版社，2012：808.

72.2 帝国主义是资本主义的特殊阶段

虽然非马克思主义者和马克思主义者都研究了帝国主义，但他们对帝国主义的观点截然不同。在非马克思主义者那里，帝国主义作为一种对外侵略扩张的倾向，作为一种侵略其他民族的政策，自然是历史悠久。因为在这种观点看来，奴隶制时代的罗马帝国就是帝国主义了，因为罗马帝国就是典型的对外侵略、征服、掠夺其他弱小民族的例子。但在马克思主义者那里，帝国主义是指资本主义发展中的一个特殊阶段即垄断资本主义阶段。帝国主义作为垄断资本主义的这个特殊阶段，其特殊性在于资本主义生产关系发生了重大的变化，垄断成为这个阶段资本主义社会的基础。而且这种垄断不同于其他任何垄断情形的特殊的垄断，因为它是建立在资本主义生产社会化基础上的、由自由竞争引起生产集中而形成的垄断。在帝国主义这个资本主义的特殊阶段，垄断统治的加强使国内有利的投资场所难以满足资本对巨额利润的贪欲，必须向国外输出资本以控制国外的原料产地和销售市场，而各帝国主义大国彼此之间的激烈争夺，必然引起帝国主义国家推行殖民政策和进行侵略扩张。

73. 殖民地、半殖民地、附属国

【原文】

早在自由竞争资本主义时期，先发展起来的资本主义国家就在对外进行商品输出、奴隶贸易等经济侵略活动的同时，通过武力占领等手段，把经济较为落后的国家变为它们的殖民地或半殖民地、附属国。①

【解析】

73.1 殖民地

殖民地是指那些领土被侵占，在政治、经济、军事、外交、文化等方面丧失独立和自主权，受宗主国统治的国家或地区。在不同的历史时期，殖民地对宗主国具有不同的作用。在资本原始积累时期，宗主国依靠征服殖民地、抢劫殖民地财富、进行掠夺性的贸易和贩卖奴隶集中大量资金，以加速资本主义的发展。在资本主义自由竞争阶段，宗主国除了向殖民地人民征收贡赋，主要是使殖民地成为商品销售市场和廉价原料产地。进入资本主义垄断阶段，殖民地不但是帝国主义国家最有利的原料产地和商品销售市场，而且是资本输出的有利场所、重要军事基地和补充兵力与战略物资的重要来源。

73.2 半殖民地

相对于完全的殖民地而言，半殖民地是指那些形式上独立自主但实际上受外国控制的国家。半殖民地国家虽然具有形式上的主权、国家组织体系、对内的决策权和外交的独立性，但帝国主义的入侵使得半殖民地国家的政治、经济、军事、外交、司法、海关等主权遭受严重破坏和部分丧失。1842年鸦片战争以后，西方列强通过发动侵略战争，强迫清政府签订一系列不平等条约，国家的许多主权渐渐丧失，中国虽然名义上仍是独立的国家，但实际上

---

① 《马克思主义基本原理》（2021年版）编写组. 马克思主义基本原理［M］. 北京：高等教育出版社，2021：233.

并不完全独立，事实上已经逐步沦为一个半殖民地国家。1949年中华人民共和国的建立，彻底结束了中国半殖民地的历史。

73.3 附属国

附属国是指那些名义上拥有一定主权、实际上在政治、经济、军事、司法、外交等许多方面都依附于帝国主义国家并受其控制的国家。附属国主要有两种形式：一种是帝国主义通过扶植傀儡政府进行统治的半殖民地；一种是由帝国主义强国对弱小国家进行侵略和压迫，单方面强行宣布形成的保护国或称"被保护国"。帝国主义对附属国享有种种特权，并把它们变成商品销售市场、廉价原料和劳动力来源地以及资本投资场所。

73.4 宗主国

宗主国是指那些对殖民地、附属国行使主权并进行统治的国家。资本主义强国尤其是帝国主义列强，使用武力或其他侵略手段，抢占或压迫弱小国家，使其成为自己的殖民地或附属国。殖民地完全丧失主权和独立，政治和经济由宗主国统治和支配。附属国在政治上是独立的，但实际上被宗主国控制，由宗主国行驶外交权和掌握经济命脉，成为宗主国的原料基地、销售市场、投资场所和廉价劳动力来源。

74. 旧殖民主义和新殖民主义

【原文】

第二次世界大战以后，旧殖民体系已经瓦解，垄断资本主义对世界的统治也由旧殖民主义转为新殖民主义。[①]

【解析】

74.1 殖民主义

殖民主义是那些资本主义强国通过政治、经济和军事侵略手段，使落后国家或地区沦为其殖民地、半殖民地或附属国的侵略政策。早在15世纪，殖民主义者就通过海外移民、海盗式掠夺、欺诈性贸易以及贩卖奴隶等方式，对落后国家进行残酷的剥削和掠夺，为资本主义的发展积累了巨额资本。随着资本主义制度的确立，殖民主义者以野蛮的方式实行直接的殖民统治，奴役和压迫当地人民，进行经济的和超经济的剥削，把殖民地变成商品销售市场、资本投资场所、廉价原料和劳动力的供应地以及争夺世界霸权的军事基地。第二次世界大战后，帝国主义旧殖民体系趋于瓦解。

74.2 新殖民主义

新殖民主义是指帝国主义在旧殖民体系不断瓦解的形势下以新的方式推行的殖民主义侵略政策。第二次世界大战后，亚、非、拉民族解放运动空前高涨，帝国主义的殖民侵略政策遭到强烈反抗，原来的宗主国不得不承认一些殖民地的政治独立，但同时又采取各种新的形式来维护其殖民统治。与旧殖民主义相比，新殖民主义的特点是：在对外扩张上，采用比较间接的手段和比较隐蔽的方式；在经济上，通过贷款和"赠予"等方式，以苛刻的条件对一些国家进行"经济援助""技术合作"、倾销商品和输出资本，或通过跨

[①] 《马克思主义基本原理》（2021年版）编写组. 马克思主义基本原理［M］. 北京：高等教育出版社，2021：234.

国公司掠夺这些国家的资源，控制其经济命脉，剥削其廉价劳动力，攫取高额利润；在政治上，采取口头上同情民族独立，实际上选择和培植其代理人的办法，制造民族纠纷或军事政变，成立傀儡政府，为维护其既得利益或重新瓜分世界服务；在军事上，在这些国家设置军事基地，驻扎军队，派遣军事顾问，给以军事"援助"，并在军火供应、部队训练和指挥方面实行控制；在文化上，在这些国家设立宣传、教育机构，进行文化侵略和思想渗透，腐蚀当地人民的民族意识和革命意志。

75. 经济全球化

【原文】

经济全球化是指生产不断发展、科技加速进步、社会分工和国际分工不断深化、生产的社会化和国际化程度不断提高的情况下，世界各国、各地区的经济活动越来越超出某一国家和地区的范围而相互联系、相互依赖的过程。①

【解析】

75.1 经济全球化的发展

经济全球化的萌芽可追溯到 19 世纪中叶，商品经济和交通运输的发展，造就了世界市场的形成。19 世纪末 20 世纪初，资本主义进入垄断资本主义阶段，大量的资本输出带动商品输出，促使经济全球化进一步发展。第二次世界大战后，资本主义各国一度出现贸易保护主义，严格限制资本国际转移，经济全球化发展暂时放缓。21 世纪 80 年代，经济全球化发展速度加快、范围扩展、规模扩大。"自 18 世纪 60 年代第一次产业革命以来，特别是 19 世纪 60 年代至 20 世纪初的第二次产业革命以来，以机器大工业为基础的国际分工体系逐渐建立，国际贸易不断增长，世界市场体系逐步形成。20 世纪 80 年代后，以信息技术为代表的新的科技革命推动了生产力的迅速发展，从而也推动了经济全球化的迅速兴起和发展。信息技术革命的成果不断被应用于经济领域，企业生产的组织成本和市场的交易成本大大降低，全球范围内配置生产要素的效率随之大幅度提高。特别是 20 世纪 90 年代以来，迅猛发展的互联网技术更是将世界各地的经济活动空前广泛和深刻地联系在一起。信息技术在全球范围内的广泛传播和应用为经济全球化提供了物质技术条件，推动

---

① 《马克思主义基本原理》（2021 年版）编写组．马克思主义基本原理［M］．北京：高等教育出版社，2021：234.

了贸易全球化、生产全球化和金融全球化的发展。归根结底,经济全球化是现代社会化大生产在国际范围内的扩展和延伸。"①

75.2 经济全球化的诠释

自"经济全球化"一词在20世纪80年代中期提出以来,各国学者从不同的立场和角度对其进行了诠释。

经济合作与发展组织(简称经合组织,OECD)首席经济学家奥斯特雷(O. Ostry)对经济全球化的解释是:生产要素在全球范围内广泛流动以实现资源最佳配置的过程。

国际货币基金组织(IMF)对经济全球化的解释是:跨国商品与服务交易及国际资本流动规模和形式增加,以及技术的广泛迅速传播使世界各国经济的相互依赖性增强。

德国学者卡尔·巴奎(Karl-Heinz Paqué)对经济全球化的解释是:各国和地区间贸易联系的紧密程度。这种解释意味着世界出口率越高,跨国贸易额在世界生产中的比重越大,世界经济就越强烈地表现出全球化趋势。

德国学者尔根·弗里德里希(Jürgen Friedrich)对经济全球化的解释是:全球化的过程是一种不断强化的网络化。他把这种不断强化的网络化归结为三点:一是依赖性增强。经济活动的网络化对于参与者都产生反作用,全球化经济的发展不仅调控各民族的发展,而且调控各城市与地区的发展。二是转移的便利。由于科技产业革命所导致的信息传递成本、运输成本大幅度降低,跨国公司把它的生产部门及部分服务监督职能机构转移到低工资成本的国家,以便获取更大利润。信息技术、运输技术越是发展,这种国际网络就越是扩大。三是集中化趋势。随着全球化趋势的迅猛发展,企业的各部分业务活动转移到世界各地的许多生产基地,对于监督控制和协调工作的要求也就更加强烈。而这种协调组织工作的任务也就更多地集中到少数几个国家的主要城市,使这些地方发展成为极其专业化的中心。

逄锦聚等主编的"十一五"国家级规划教材《政治经济学》(第五版)对经济全球化的表述是:以资本、技术、信息等各类生产要素在全球范围内进行流动和配置,各国经济相互联系、相互依赖的一体化过程。

"马工程"重点教材《马克思主义政治经济学概论》(第三版)对经济全球化的表述是:在国际分工的基础上,资本、技术、劳动力、信息等各类生

---

① 《马克思主义政治经济学概论》编写组. 马克思主义政治经济学概论 [M]. 北京:人民出版社,高等教育出版社,2017:389-390.

产要素通过在全球范围内的大规模流动和配置，推动各国经济更加紧密地相互联系的过程。

"马工程"重点教材《世界经济概论》对经济全球化的表述是：在科技革命尤其是信息技术革命的条件下，通过国际贸易、国际金融、国际投资以及技术和人员的国际流动，世界各国各地区的经济越来越紧密地结合成一个相互高度融合、高度依存的有机整体的过程。

对经济全球化的内涵目前虽然缺乏一致的解释，不过，人们可以从以下三点来把握经济全球化的内涵。一是经济全球化是世界经济发展的新阶段；二是经济全球化使世界经济真正成为一个有机整体；三是经济全球化既是一个过程，也是一种状态，更是一种发展趋势。

76. 国际分工的进一步深化

【原文】

生产全球化是指随着国际分工进一步深化，生产某些高新技术产品不再由某个国家单独完成，而是多个国家协作完成。①

【解析】

20世纪80年代以来，国际分工进一步加深，在垂直型国际分工体系不断细化发展的同时，由跨国公司推动的水平型国际分工模式也越来越普遍。

76.1 垂直型国际分工

二战以前，国际分工的主导形式是垂直型国际分工。所谓垂直型国际分工就是各国依据其经济资源的禀赋优势，发展其各具比较优势的主导产业，通过国际贸易连接成纵向垂直的国际分工。一般来说，发达国家依靠其资本和技术优势，大力发展资本和技术密集型产业，处于垂直型国际分工的顶端；发展中国家依靠其劳动力成本优势，主要发展劳动密集型产业，处于垂直型国际分工的底端。垂直型国际分工的发展经历了两个阶段：一是落后的农业国主要从事农业生产或初级产品生产，先进的工业国主要从事工业制成品生产，由此形成两个国家的两种不同产业之间的国际分工。二是发展中国家主要从事劳动密集型产品生产，发达国家主要从事技术密集型或资本密集型产品生产，由此形成两个国家的同种产业的不同部门之间的国际分工。

在这种垂直型国际分工中，由于发达国家主要生产技术水平较高的工业制成品，发展中国家则主要生产技术水平较低的农矿业初级产品。因此，建立在这种垂直型国际分工基础上的国际贸易，发达国家使发展中国家成为其工业制成品的原料供应地和销售市场，并凭借其在国际市场上的垄断地位，

---

① 《马克思主义基本原理》（2021年版）编写组. 马克思主义基本原理[M]. 北京：高等教育出版社，2021：235.

通过垄断价格获取高额垄断利润。二战以后，发展中国家的经济虽有很大发展，但仍难摆脱对发达国家的经济依赖，因此，垂直型国际分工迄今依然是国际分工的一种客观存在形式。

76.2 水平型国际分工

二战以后，国际分工的主导形式是水平型国际分工。所谓水平型国际分工就是经济发展水平相同或相近的国家之间在工业制成品生产上的国际分工。这种类型的分工主要表现为发达国家与发达国家之间的分工。这种水平型国际分工可进一步细分为产业内国际分工和产业间国际分工。产业内国际分工也称差异产品分工，它是指同一产业的不同厂商所生产的产品，虽然其技术程度相同或相近，但因其外观设计、内在质量、规格、品种、商标、价格等存在差别所产生的国际分工。产业间国际分工是指不同产业所生产的制成品之间的国际分工。这种类型的国际分工主要产生于发达国家各自的工业发展有先有后，所侧重的工业部门有所不同，技术水平和发展状况有所差别。

20世纪90年代以来，随着现代科技的迅速发展和跨国公司全球产供销网络的形成，国际分工进一步深化，其中最突出的是水平型国际分工越来越倾向和侧重于同一产品的不同型号之间、同一产品的不同零部件之间，甚至于同一零部件的不同加工工艺和加工流程之间的国际分工。这种全球范围的国际分工体系，使各国各地区的生产都成为全球生产体系的一部分，成为跨国公司全球网络上的一个环节。例如，美国波音747喷气式飞机的450万个零部件，分别由分布在8个国家的1100个大型企业和15000个中小企业协作生产，最后由美国组装而成。美国的"朋蒂亚克·莱曼"牌小汽车，在德国设计，由澳大利亚制造发动机，美国和加拿大合作生产变压器，日本生产车身薄板，新加坡提供无线电设备，韩国供应电气设备和轮胎，可以说是名副其实的"万国车"。

77. 日益先进的贸易手段

【原文】

20世纪80年代以来，由于更为便捷的通信和运输条件的出现、日益先进的贸易手段的使用以及各国政府采取更为开放的贸易政策，全球贸易实现了前所未有的高速发展。[1]

【解析】

77.1 电子数据交换

电子数据交换（EDI）是指按照同一规定的一套通用标准格式，将标准的经济信息通过通信网络传输在贸易伙伴的电子计算机系统之间进行数据交换和自动处理。由于使用EDI能有效地减少直到最终消除贸易过程中的纸面单证，因而EDI也被俗称为"无纸交易"。它将贸易、运输、保险、银行、海关等信息，用一种国际公认的标准格式，通过计算机通信网络，使各有关部门、公司、企业相互之间进行数据交换与处理，并完成以贸易为中心的全部业务过程。EDI的使用降低了纸张文件的消费，减少了大量重复劳动，提高了贸易双方的速度效率，改善了贸易双方的关系。

77.2 电子商务

电子商务是指利用现代计算机技术和网络通信技术快速而有效地全面实现商业贸易活动在线交易电子化的全过程。电子商务作为一种全球性的具有战略意义的贸易手段被广泛使用，它产生了巨大的商业价值以及对整个经济社会的广泛影响。与传统商务相比，电子商务流程的电子化和数字化使其具有时空优势、速度优势、成本优势、个性化优势、信息优势等诸多优势。

---

[1] 《马克思主义基本原理》（2021年版）编写组．马克思主义基本原理［M］．北京：高等教育出版社，2021：235.

77.3 集装箱运输

集装箱运输是指以集装箱这种大型容器为载体，将货物集合组装成集装单元，以便在现代流通领域内运用大型装卸机械和大型运载车辆进行装卸、搬运作业和完成运输任务，从而使传统的"港—港"运输逐渐让位于"门—门"运输，进一步推动了国际贸易的迅猛发展。传统的"港—港"或"站—站"运输是指货物由起运地的货运港或货运站运输到目的地的货运港或货运站。现代的"门—门"运输是指货物从发货人仓库（发货点）直接运到收货人（收货点）的运输，即不论运程远近，不论全程经过多少运输环节，从托运人仓库收货时始到货物交给收货人仓库时止，全部运输过程均由运输部门承担。这种运输方式具有加速车船周转、加快货物运输、提高运输质量、简化运输手续等显著优点。

此外，投资和知识产权成为推动国际贸易越来越重要的手段。当代国际贸易的增长在相当大的程度上得益于国际投资的增长和以技术转让、技术服务为特征的知识产权的推动。国际贸易惯例的不断改革和创新更加科学地规范了国际贸易的全过程。国际商会《1990年国际贸易术语解释通则》的生效和《跟单信用证统一惯例》（第500号出版物）的实施以及其他机构有关贸易规则和惯例的变更都更加便利了国际贸易的发展。

78. 生产资料所有制的性质和形式

【原文】

从历史发展的角度看，资本主义生产资料所有制是不断演进和变化的。在资本主义发展的初期，私人资本所有制是占主导地位的所有制形式。[①]

【解析】

78.1 生产资料所有制的性质

生产资料所有制的性质是指所有制的公有性质、私有性质或公私混合性质，它在本质上体现的不是生产力的水平，而是社会制度的性质，是一种社会制度的基本特征。资本主义的所有制性质是资本主义私有制，社会主义的所有制性质是社会主义公有制，社会主义初级阶段的所有制性质是公有制为主体的公私混合所有制。资本主义社会不会因生产力和生产社会化的发展而改变资本主义私有制性质，只要是资本主义社会，它就必然会以资本主义私有制为基础。社会主义社会不会因生产力水平和生产社会化程度的高低而改变社会主义公有制性质，只要是社会主义社会，就必然坚持社会主义公有制，否则就不是真正的社会主义。目前我国社会主义初级阶段的性质，决定了社会主义初级阶段的所有制，既不同于资本主义所有制，也不同于社会主义所有制，而只能是社会主义初级阶段的所有制，即以公有制为主体的多种所有制经济。总之，一个社会的所有制性质是私有制、公有制还是混合所有制，不是取决于它的生产力水平和生产社会化程度，而是取决于它的社会制度性质。社会制度的性质决定所有制的性质，在所有制性质上不存在改革的问题，只有坚持和发展的问题。如果改变了社会主义的公有制性质，社会主义就不成其为社会主义，如果改变了资本主义的私有制性质，资本主义将不成其为

[①] 《马克思主义基本原理》（2021年版）编写组.马克思主义基本原理[M].北京：高等教育出版社，2021：240.

资本主义，如果改变了社会主义初级阶段的公有制为主体的混合所有制性质，就改变了社会主义初级阶段的性质，就不成其为初级阶段的社会主义。

传统观点把生产力水平与所有制性质相联系，认为二者之间存在着一一对应的关系，即全民所有制适应高水平的生产力，集体所有制适应中等水平的生产力，私人所有制适应低水平的生产力的理论，现在看来是值得研究的。第一，发达的资本主义国家的生产力水平和生产社会化程度总的来说都是比较高的，却始终是以私有制为基础的，并没有以公有制为主体。第二，社会主义国家的生产力水平和生产社会化程度相对来说都是比较低的，却都是以公有制为主体的。第三，我国生产力水平和生产社会化程度比较高的经济发达地区，公有制经济所占的比例并不高；而生产力水平和生产社会化程度比较低的经济落后地区，公有制经济所占的比例比较高。第四，公有制企业和非公有制企业中，都既有从事生产力水平和生产社会化程度比较高的现代生产经营的，又有从事生产力水平和生产社会化程度比较低的落后生产经营的。可见，所有制性质与生产力水平之间不存在所谓一一对应关系，所有制性质不是决定于生产力水平，而是决定于社会制度性质。

78.2 生产资料所有制的形式

生产资料所有制的形式是指不同性质的生产资料所有制的财产组织形式，它决定于生产力和生产社会化水平。因此，真正体现生产力水平和生产社会化程度的是所有制实现形式。一个社会根据自己的社会性质确定了所有制性质之后，还必须根据生产力和生产社会化的发展要求，探索与之相适应的所有制实现形式，才能适应和促进生产力和生产社会化的发展。资本主义所有制性质是资本主义私有制，但资本主义根据生产力和生产社会化的发展要求，适时地改变资本主义私有制的实现形式，适应和促进了资本主义社会生产力和生产社会化的发展。根据生产力和生产社会化发展的不同阶段和不同水平，资本主义私有制的实现形式经历了业主制、合伙制、股份制、私人垄断制、国家垄断制和区域经济一体制乃至国际经济一体制的发展，在不改变资本主义私有制性质的条件下，适应了生产力和生产社会化的要求，促进了资本主义经济的发展。马工程教材《马克思主义政治经济学概论》认为："从所有制形式的角度看，资本主义经济制度的历史演变经历了业主制、私人股份制、法人股份制和国家资本等不同形式。"[①]

[①] 《马克思主义政治经济学概论》编写组. 马克思主义政治经济学概论 [M]. 北京：人民出版社，高等教育出版社，2017：95.

我国社会主义初级阶段的社会性质，决定了社会主义初级阶段的所有制性质既不是单纯的私有制，也不是单一的公有制，而是以公有制为主体的、多种所有制经济共同发展。我国从单一的公有制性质调整到公有制为主体的公私混合所有制性质，仅仅只是适应了社会性质的要求，并不是适应了生产力和生产社会化发展的要求，因此，这种所有制性质的调整并不能保证生产力和生产社会化的发展。如上所述，与生产力和生产社会化相联系的是所有制的实现形式，包括公有制的实现形式和私有制的实现形式。社会主义初级阶段的所有制性质是公有制为主体的公私混合所有制性质，决定了社会主义初级阶段的所有制改革既包括探索社会主义初级阶段公有制的实现形式，也包括私有制的实现形式。在私有制的实现形式方面，我们可以借鉴资本主义国家在私有制实现形式方面的成功经验，但在公有制的实现形式上则需要我们自己的大胆探索。只有探索出适合生产力和生产社会化要求的公有制实现形式，才能使公有制经济发展壮大、实力增强、地位巩固。总之，社会主义初级阶段所有制改革的任务，不是把公有制变为私有制，而是改革公有制和私有制的实现形式，使之适应生产力和生产社会化的发展要求，促进社会主义初级阶段经济的蓬勃发展。

78.3 所有制是目的还是手段

学术界曾一度提出所有制是"手段"还是"目的"的讨论。一种观点认为所有制是手段而不是目的，因此所有制是可以选择的，至于选择哪一种所有制取决于它是否适合和促进生产力的发展。这就意味着社会主义既可以选择公有制也可以选择私有制，可以以私有制取代公有制，如果私有制更能适应和促进生产力发展的话。表面看来，这种观点似乎有一定道理，但我们并不这样认为。在我们看来，这种观点在理论上的一个误区同样是把所有制性质与生产力之间看成是一一对应关系，以为资本主义的经济发展是资本主义私有制适应生产力的结果，社会主义经济发展中存在的问题是社会主义公有制不适应生产力带来的。如前所述，所有制性质与社会制度相联系，一个社会选择了什么样的社会制度就决定了它的所有制性质，社会主义经济制度必然是社会主义公有制，社会主义初级阶段的经济制度必然是公有制为主体的公私混合所有制，资本主义经济制度自然是资本主义私有制。与生产力和生产社会化相联系的是所有制实现形式，一个社会必须根据生产力和生产社会化的发展适时地调整它的所有制实现形式，才能够适应和促进生产力和生产社会化的发展，并维护和巩固它的所有制性质。几百年来，在生产力和生产社会化不断发展的条件下，资本主义私有制之所以能够得以维护和巩固，根本的原因在于它能够根据生产力和生产社会化的发展变化，及时地改变和调整私有制的实现形式。同样，社会主义经济发展中出现的种种问题，主要不是公有制性质问题，而是公有制实现形式问题，是因为没有根据生产力和生产社会化发展的要求，大胆地探索和改革适应生产力和生产社会化发展要求的公有制实现形式，因此，社会主义改革主要不是改革公有制性质，而是改革公有制实现形式，并且只有改革公有制的实现形式，才能最终巩固公有制的地位。如果要说"目的"和"手段"的关系的话，不是所有制性质与生产力之间是手段和目的的关系，而是所有制实现形式与生产力之间是手段和目的的关系。总之，所有制改革的对象不是所有制性质，而是所有制的实现形式。

79. 劳动对资本的隶属和血汗工资制

【原文】

在资本主义发展的初期,资本家指挥下的劳动只是形式上隶属于资本,随着机器大工业体系的建立,生产工具使用的社会化程度提高,劳动者个人的技能不再对生产过程和结果具有决定意义,劳动对资本的隶属就成为实质上的隶属。①

【解析】

劳动对资本形式上的隶属到实际上的隶属是随着资本主义生产方式或生产力或劳动方式的发展而逐渐形成的,它是随着资本主义生产方式由简单协作到工场手工业再到机器大工业的发展演变而逐渐形成的。

79.1 劳动对资本的形式上隶属

简单协作是资本主义生产发展的第一阶段,也是生产相对剩余价值的最初形式。所谓简单协作就是较多的工人在同一时间、同一空间,为了生产同种商品,在同一资本家指挥下进行协同劳动。简单协作的特征是通过劳动组织的变革,把原来分散独立的个体劳动力,集中在资本家的工场和作坊之内,形成集体的劳动生产力或社会的劳动生产力,从而提高劳动生产力。由于这种生产力隶属于资本家,从而表现为资本的生产力,为资本家无偿地生产剩余价值。由于资本主义简单协作仅仅只是把原来分散的独立个体生产者集中起来协同生产同种商品,每个工人参加同种商品生产的全部过程和全套操作,因此,每个工人依然具有独立生产某种商品的全部能力,他离开资本家的工厂和作坊之后依然可以从事个体生产来谋生,所以,在资本主义生产力发展的简单协作阶段,工人只是在形式上隶属于资本。

---

① 《马克思主义基本原理》(2021年版)编写组. 马克思主义基本原理 [M]. 北京: 高等教育出版社, 2021: 241.

79.2 劳动对资本隶属的增强

资本主义简单协作的进一步发展，产生了资本主义的工场手工业，即以分工和手工劳动为基础的资本主义协作。随着简单协作的日益发展和商品市场的不断扩大，资本家逐渐认识到，在把许多工人集中在一起的协同劳动过程中，实行生产分工，将整个劳动过程分为若干阶段，使各个阶段的劳动专业化和技术专门化，更能提高劳动生产力，扩大生产规模，获得较多的剩余价值，于是产生了资本主义的工场手工业，成为资本主义生产力发展的第二个历史阶段。资本主义工场手工业有两种基本形式：混成的工场手工业和有机的工场手工业。混成的工场手工业的特征在于将一种制成品的各种零件和部件，分散在许多专门制造这种零件和部件的独立手工业生产单位，最后集中在一个手工业工场进行成品组装。如钟表制造业。有机的工场手工业的特征在于把一种制成品的制造过程分解成一系列相互衔接的工段和工种，在一个工场手工业内依次进行分工劳动和协作生产，完成成品的制作。如制针业。工场手工业的分工使劳动者长期从事某一局部劳动，劳动技能片面化和劳动者身体畸形发展，产生种种职业病，使劳动者再也不能独立制成一个完整的产品，只能受雇于资本家的手工工场从事手工劳动谋求生计。所以，在资本主义生产力发展的工场手工业阶段，工人对资本的隶属大大增强。

79.3 劳动对资本的实质上隶属

协作是资本主义生产方式的起点，工场手工业是向机器大生产过渡的阶段，而机器大工业才是资本主义生产方式的典型形式。机器的资本主义使用是资本主义大工业的物质基础，是生产相对剩余价值的最主要的手段，标志着进入了资本主义生产力发展的第三个历史阶段。机器大工业是在工场手工业不断发展的基础上产生的，是产业革命的产物。机器大工业的生产方式被广泛采用后，将生产过程中的劳动工具改变为机器体系，将手工操作的工具改革为安装在机器上面的各种部件。机器从技术上推翻了工场手工业的旧的分工制度，但又建立了新的分工制度，从而最终实现了工人对资本由形式上隶属到实际上隶属的转变。因为，工人过去是终身专门使用一种局部工具，现在则是专门服侍一台局部机器，并变成局部机器的一部分，从而使工人只有依赖工厂，只有依赖资本家，只有完全隶属于资本，才能求得生存。"在工场手工业和手工业中，是工人利用工具；在工厂中，是工人服侍机器。在前一种场合，劳动资料的运动从工人出发，在后一种场合，则是工人跟随劳动资料的运动。在工场手工业中，工人是一个活机构的肢体；在工厂中，死机构独立于工人而存在,工人被当作活的附属物并入死机构。"① 所以,在资本主义生产力发展的机器大工业阶段,工人在实际上完全隶属于资本。

---

① 马克思.资本论:第1卷[M].北京:人民出版社,2004:486.

80. 社会阶层和阶级结构

【原文】

在当代资本主义生产关系中，社会阶层、阶级结构发生了新的变化。[①]

【解析】

80.1 阶层和阶级

阶层是指同一阶级中根据财产状况、社会地位的不同或谋生方式的不同而区分的社会群体。可见，阶层是随着阶级的产生和发展而出现的，阶层的划分以阶级的划分为前提，阶层是对同一阶级的进一步细分。如奴隶社会的奴隶主阶级区分为贵族奴隶主和工商业奴隶主；封建社会的地主阶级区分为大、中、小地主；资本主义社会的资产阶级区分为大、中、小资产阶级，无产阶级区分为产业工人、商业店员、银行职员；中国半封建半殖民地社会的资产阶级区分为官僚资产阶级、民族资产阶级，农民区分为雇农、贫农、下中农、中农、上中农。

列宁说："所谓阶级，就是这样一些大的集团，这些集团在历史上一定的社会生产体系中所处的地位不同，对生产资料的占有关系（这种关系大部分是在法律上明文规定了的）不同，在社会劳动组织中所起的作用不同，因而领得自己所支配的那份社会财富的方式和数量也不同。所谓阶级，就是这样一些集团，由于它们在一定社会经济结构中所处的地位不同，其中一个集团能够占有另一个集团的劳动。"[②] 可见，阶级不是从来就有的，阶级产生于生产力有所发展而又发展不足的历史阶段，因此，在原始社会并不存在阶级。划分阶级的主要依据是社会成员对生产资料的占有关系、在社会生产过程中的地位和作用以及参与社会财富的分配方式。

[①] 《马克思主义基本原理》（2021年版）编写组. 马克思主义基本原理 [M]. 北京：高等教育出版社，2021：242.

[②] 列宁. 列宁选集：第4卷 [M]. 北京：人民出版社，2012：10.

80.2 社会阶层和阶级结构

社会阶层是由具有相同或类似社会地位的社会成员组成的相对持久的群体。不同的人把美国社会成员划分为不同的社会阶层。如将美国社会成员划分为富裕、中产阶级和贫穷三个阶层；再如将美国社会成员划分为上层阶级、上层中产阶级、下层中产阶级、劳动阶级、劳动贫穷阶级和下层阶级六个阶层。詹姆斯·科尔曼（James Coleman）和李·雷恩沃特（Lee Rainwater）则将美国社会成员划分为上上层、下上层、上中层、中产阶级、工人阶级、上下层和下下层七个阶层。其中，上上层（0.3%）是靠世袭而获得财富、贵族头衔的名副其实的社会名流；下上层（1.2%）是靠事业上的成就、社团领导地位起家的社会新贵；上中层（12.5%）是除新贵以外的拥有大学文凭的事业成功的经理和专业人员；中产阶级（32%）是收入一般的白领工人和高薪的蓝领工人；工人阶级（38%）是收入一般的蓝领工人；上下层（9%）是地位较低、没有技能的体力劳动者；下下层（7%）是接受福利救济、在贫困中挣扎的底层社会成员。由此可见，上层（上上层、下上层、上中层）美国人占总人口的14%，中层（中产阶级、工人阶级）美国人占总人口的70%，下层（上下层、下下层）美国人占总人口的16%。[①]

阶级是以对生产资料占有关系为基础的多种因素形成的社会集团。阶级结构是指社会上各阶级的构成、各阶级之间和各阶级内部的关系的总和。战后新科技革命的兴起和国家垄断资本主义的发展，当代资本主义国家产业结构的调整，导致了当代资本主义社会阶级结构的变化。就工人阶级的变化而言，工人阶级的人数增加，质量提高，服务行业工人成为主体，白领工人超过蓝领工人数量，收入增加，生活改善，但工人阶级依然处于受资本剥削、支配和统治的阶级地位。就资产阶级的变化而言，家族资本家与经理资本家同时并存，脱离经营管理的食利资本家越来越多，金融寡头即垄断资产阶级的人数及权力扩大，中等资本家的数量稳中有增。就中间阶层的变化而言，传统中间阶层包括城市小资产阶级、农村小资产阶级和自由职业者。新中间阶层包括政府部门的中级行政官员、国营和私营垄断企业的中级管理人员和工作人员以及其他领域中的专业技术人员等。新中间阶层虽不拥有生产资料的所有权，但可利用其自身的专业和技术专长而拥有一定的生产资料的控制权，新中间阶层的人数和比重的显著增加，呈现出稳定发展和扩大的趋势。

[①] 霍金斯，马瑟斯博，贝斯特. 消费者行为学［M］. 符国群，等，译. 北京：机械工业出版社，2007：114-115.

81. 周期性经济危机和结构性经济危机

【原文】

经济增长乏力，发展活力不足，周期性危机和结构性危机交织在一起。①

【解析】

81.1 周期性危机和结构性危机

周期性危机是指一个循环周期中所累积的矛盾以商品过剩的形式爆发出来，并由此成为上一个循环终点和下一个循环起点的危机。典型的周期性危机通常经历危机、萧条、复苏和高涨四个阶段。周期性危机的主要表现是商品过剩，销路不畅，库存积压，企业限产，工人失业，支付手段奇缺，信用关系破坏，企业破产倒闭等。周期性危机的物质基础是固定资本的大规模更新。大规模的固定资本更新，一方面为资本主义经济摆脱危机和走向经济复苏与高涨提供了物质条件；一方面又为新的经济危机的到来创造了物质条件。周期性危机的根源则是资本主义基本矛盾的发展变化。周期性危机的物质基础不同于周期性危机的产生根源。

结构性危机是指资本主义国民经济各部门、各领域、各方面之间的关系因严重失衡而长期阻碍经济发展的危机。结构性危机根源于国民经济结构和产业部门结构的严重失衡所导致的经济结构或产业结构畸形，表现为对整个社会生产和流通过程乃至整个社会生产力的巨大破坏。与周期性危机产生的根源一样，结构性危机同样根源于资本主义基本矛盾的运动变化。

81.2 周期性危机与结构性危机的区别

周期性危机与结构性危机的主要区别在于：（1）直接诱因不同。周期性危机的直接诱因是商品过剩；结构性危机的直接诱因是结构失衡。（2）持续

---

① 《马克思主义基本原理》（2021年版）编写组. 马克思主义基本原理［M］. 北京：高等教育出版社，2021：243.

时间不同。周期性危机的持续时间较短；结构性危机的持续时间较长。（3）周期性危机通常表现为生产过剩；结构性危机表现为生产过剩和生产不足并存。（4）波及范围不同。周期性危机一般波及绝大部分经济部门；结构性危机一般波及物质生产部门中的某几个部门。（5）展开形式不同。周期性危机爆发时生产由高点走向低点通过复苏再走向危机前的高点，结构性危机爆发时生产也由高点走向低点但很难再回升到危机前的高点。（6）摆脱方式不同。周期性危机的摆脱方式主要是消除生产过剩；结构性危机的摆脱方式主要是调整经济结构。

82. 美国次贷危机和 2008 年国际金融危机

【原文】

由美国次贷危机引发的 2008 年国际金融危机，对世界经济产生了巨大的破坏作用。[①]

【解析】

82.1 美国次贷危机

美国次贷危机也称次级房贷危机，是指发生在美国的，因次级抵押贷款机构破产、投资基金被迫关闭、股市剧烈震荡引起的一场金融风暴。

"次贷"即"次级按揭贷款"。"次"与"高"或"优"相对应，形容较差的一方，在"次贷"一词中是指信用低和还款能力低。"按揭"是一种购房或购物的贷款方式，即以所购房屋或物品为抵押向银行贷款，然后分期偿还。"按揭贷款"就是以按揭方式进行的一种贷款业务。住房按揭贷款就是购房者以所购住房作为抵押并由其所购住房的房地产企业提供阶段性担保的个人住房贷款业务。美国人很少全款买房，通常都是长时间贷款买房。那些就业和收入不稳定的人，因达不到买房所要求的信用标准而被称为次级信用贷款者。次级抵押贷款就是一些贷款机构向信用程度和还款能力较差的借款人提供的贷款。由于次级抵押贷款对贷款人的信用记录和还款能力要求不高，因此，贷款利率相应地比一般抵押贷款高很多。

美国次级抵押贷款市场通常采用固定利率和浮动利率相结合的还款方式，也就是购房者在购房后的头几年以固定利率偿还贷款，其后年份则以浮动利率偿还贷款。在 2006 年之前的 5 年里，由于美国住房市场持续繁荣，加上前几年美国利率水平较低，因此，美国的次级抵押贷款市场迅速发展。随着美

[①]《马克思主义基本原理》（2021 年版）编写组．马克思主义基本原理［M］．北京：高等教育出版社，2021：243.

国住房市场的降温尤其是短期利率的提高，次贷还款利率也大幅上升，购房者的还贷负担大为增加，同时购房者出售住房或通过抵押住房再融资也变得更加困难。这种状况直接导致大批次贷的借款人不能按期偿还贷款，银行收回房屋也卖不出高价亏损严重，次贷危机爆发。

82.2 2008年国际金融危机

2007年4月，美国第二大次级抵押贷款企业新世纪金融公司由于逾84亿美元的流动性债务申请破产保护，美国次级抵押贷款危机爆发。风险迅速传播到其他金融领域。2008年3月，美国第五大投资银行贝尔斯登倒闭，9月，美国第四大投资银行雷曼兄弟公司出现巨额亏损，宣布破产保护，这标志着美国金融危机的全面爆发。这次金融危机在席卷美国金融体系的同时，也造成了欧洲金融体系的震荡，其影响程度甚至大于作为危机爆发地的美国。在这次金融危机的冲击下，世界其他国家和地区几乎无一幸免。因此，2008年美国金融危机发展成为二战之后可以与1929—1933年大危机相匹敌的全球性金融危机，对世界经济造成了巨大的打击。

82.3 2008年国际金融危机巨大的破坏作用

首先，金融危机冲击金融体系。到2008年11月，美国已经有19家银行倒在了金融风暴之下，另外还有117家银行被列入问题名单，随时都有倒闭的可能。根据美国联邦存款保险公司（FDIC）的数据，美国2008年倒闭的银行数量远远超过此前5年倒闭银行的总和。非银行金融机构也受到严重的影响，大批抵押贷款公司宣告倒闭，更有大批的养老基金、共同基金等面临瓦解。

其次，金融危机阻碍国际贸易与国际投资的发展。从2008年8月到2009年3月世界贸易总值大约萎缩了31%。受金融危机影响，2008年和2009年全球投资也大幅下降。此外，金融危机还会引发贸易保护主义的抬头，进一步恶化世界经济环境，不但不利于国际贸易和国际投资的发展，也不利于世界经济的恢复与重建。

最后，金融危机延缓经济增长。美国金融危机对世界经济增长造成了恶劣影响。2009年，全球经济增长率为-0.6%，其中美国为-2.6%，欧元区整体为-4.1%。发展中国家和新兴市场经济体也遭遇沉重打击，东欧、亚洲以及拉美地区遭遇了不同程度的资金困难。那些经常项目处于严重逆差、财政状况不佳的发展中国家，甚至陷入了经济危机。

83. 自然历史过程

【原文】

资本主义社会同历史上有过的一切其他社会制度一样，其产生、发展以及最终为另一种更高级的社会制度所代替，都是由社会发展的一般规律决定的，是客观的不以人的意志为转移的自然历史过程。①

【解析】

83.1 社会经济形态的发展是一种自然历史过程

这个观点是马克思在《资本论》"第一版序言"中讲的。马克思说："我的观点是把经济的社会形态的发展理解为一种自然史的过程。"②

第一，人类社会本身是自然界长期发展的产物，它同自然界一样都是独立于人的意志之外的客观存在的物质体系，社会有机体和自然界同属于统一的物质世界。人类社会的产生、发展和更替，是一个不以人的意志为转移的客观物质过程。社会的存在和发展要以客观的物质条件为基础。社会有机体的物质承担者是物质资料生产方式，其中作为社会物质力量的生产力是整个社会体系和决定社会发展的最终动因。社会物质关系即生产关系是整个社会体系的"骨骼"和中心。

第二，人类社会同自然界一样，是合乎规律的辩证发展过程。人类社会也是不断变化发展的，人类社会的发展是不断新陈代谢、自我更新、自我完善、自我否定的客观过程。这个过程受其内在的客观规律所支配，是按照自己所固有的规律变化发展的，是不以人们的意志为转移的。它可以被认识和利用，但不能任意创造也不能消灭。人类社会的基本矛盾是生产力和生产关

---

① 《马克思主义基本原理》（2021年版）编写组. 马克思主义基本原理［M］. 北京：高等教育出版社，2021：250.

② 马克思. 资本论：第1卷［M］. 北京：人民出版社，2004：10.

系的矛盾，经济基础和上层建筑的矛盾。人类社会发展的历史就是人类社会基本矛盾不断运动和发展的历史。社会的这种矛盾运动过程是自然历史过程，是合乎规律的由低级向高级辩证发展的运动。

基于以上两点事实，人们有可能像自然科学那样，用科学的方法来揭示和说明社会历史发展的客观规律，预见其发展的过程和趋势，从而建立起真正的社会科学体系，并随着人类社会的发展而更加深刻地认识社会。同时，也可按照社会发展的客观规律，自觉地去改造社会，成为社会的主人。可见，社会发展是个自然历史过程，是说社会是自然界的一部分，它的发展规律同自然规律一样是客观的，不以人的意志为转移。历史唯物主义正是这一自然历史过程及其发展规律的理论再现。

84. 雇佣奴隶

【原文】

工人阶级实质上是雇佣奴隶。①

【解析】

84.1 工人阶级

"无产阶级又称工人阶级。丧失生产资料、具有人身自由、依靠出卖劳动力为生的雇佣劳动者阶级。……他们所得的工资，只相当于维持劳动力再生产的生活资料价值，而全部剩余价值都被资本家无偿占有，受资本家的残酷剥削。"②

84.2 雇佣劳动者

"雇佣劳动者是因丧失生产资料而被迫把劳动力作为商品出卖给资本家的无产者。雇佣劳动者是资本主义生产关系中的劳动者。他们不同于奴隶和农奴，有人身自由，能够把自己的劳动力当作商品出卖。他们也与自耕农和其他小生产者不同，由于一无所有，除了出卖劳动力别无出路。"③

84.3 奴隶

"奴隶是奴隶占有制生产方式中的生产劳动者。奴隶制生产关系的基础是奴隶主占有生产资料并占有奴隶这一生产者本身。奴隶是奴隶主的财产，他们没有独立人格，没有权利和自由，任凭主人役使、赠让、买卖，甚至屠杀、作祭祀的牺牲或殉葬。"④

---

① 《马克思主义基本原理》（2021年版）编写组. 马克思主义基本原理 [M]. 北京：高等教育出版社，2021：252.
② 许涤新，主编. 简明政治经济学辞典 [Z]. 北京：人民出版社，1983：524.
③ 许涤新，主编. 简明政治经济学辞典 [Z]. 北京：人民出版社，1983：524.
④ 许涤新，主编. 简明政治经济学辞典 [Z]. 北京：人民出版社，1983：123.

84.4 雇佣奴隶

在形式上，工人阶级显然是不同于奴隶的，因为工人阶级在形式上拥有人身自由，能够自由地把自己的劳动力当作商品出卖。而奴隶是奴隶主的私有财产，奴隶主可以把奴隶当作商品出卖，但奴隶不能把自身的劳动力当作商品出卖。但在实质上，工人阶级则与奴隶并无不同，其实就是雇佣奴隶。因为，工人阶级作为"雇佣劳动者在生产过程中完全受资本家支配，在资本家的监督下从事劳动，为资本家生产剩余价值。他们实质上是雇佣奴隶。奴隶脖子上套着的是铁制的锁链，雇佣工人脖子上套着的是无形的枷锁，他们虽然可以把劳动力卖给这个或那个资本家，但不能摆脱整个资本家阶级的剥削"[1]。"罗马的奴隶是由锁链，雇佣工人则由看不见的线系在自己的所有者手里。他的独立性这种假象是由雇主的经常更换以及契约的法律拟制来保持的。"[2]

---

[1] 许涤新，主编．简明政治经济学辞典［Z］．北京：人民出版社，1983：524-525．
[2] 马克思．资本论：第1卷［M］．北京：人民出版社，2004：662．

85. 资本社会化及其表现形式

【原文】

国家垄断资本主义是资本社会化的更高形式,将成为社会主义的前奏。资本的社会化是在资本主义社会的生产力和生产关系的矛盾运动中发展的。①

【解析】

85.1 资本社会化的基本含义

资本社会化是指适应生产社会化发展的资本占有形式的社会化。生产社会化是指社会生产过程由分散化的个体化的小生产转化为规模化的社会化的大生产的过程。生产社会化包括生产资料使用的社会化、生产过程的社会化和产品的社会化三个相互联系的方面。生产社会化通过社会分工和协作使整个社会的经济活动日益结合成为一个密切联系的整体。规模化的生产社会化的发展客观要求集中化的资本社会化,也就是通过资本集中使分散的私人资本快速转化为集中的社会资本,以满足社会化大规模生产对巨额资本的迫切需求。正如马克思所说:"假如必须等待积累使某些单个资本增长到能够修建铁路的程度,那么恐怕直到今天世界上还没有铁路。但是,集中通过股份公司转瞬之间就把这件事完成了。"② 资本社会化意味着资本来源和资本占有形式的多元化,意味着资本运作、资本管理以及利润分配的社会化。

85.2 资本社会化的表现形式

由于资本社会化是生产社会化的客观要求和必然结果,那么,资本社会化的表现形式也就自然地随着生产社会化的发展而变化。

(1) 私人资本业主制(资本家个人所有制)。在资本主义的起始阶段,

---

① 《马克思主义基本原理》(2021年版)编写组. 马克思主义基本原理[M]. 北京:高等教育出版社,2021:255.

② 马克思. 资本论:第1卷[M]. 北京:人民出版社,2004:724.

生产力水平不高，企业生产规模不大，单个的私人资本就能满足企业生产经营对资本量的需求，因此，私人资本业主制就成为资本主义所有制或资本主义企业组织的最初形式。私人资本业主制是由单个作为自然人的私人资本家个人投资、个人所有和个人控制的企业组织。这种企业的主要特点：一是企业的信用和资金的来源有限；二是企业承担的清偿责任无限；三是企业寿命缺乏连续性和持久性。

（2）私人资本合伙制。随着生产力水平发展，企业生产规模扩大，单个私人资本难以满足企业生产经营对资本量的需求，因此，私人资本合伙制取代私人资本业主制成为资本主义所有制或企业组织的新形式。私人资本合伙制是由多个作为自然人的私人资本家共同投资、共同所有、共同经营、共担风险和共享利润的企业组织。这种企业的主要特点：一是合伙人必须承担无限的连带法律责任；二是合伙人持有股权或股份不能自由转让和出售；三是企业缺乏连续性和持久性。

（3）私人资本股份制（股份资本所有制）。随着机器代替手工劳动的第一次工业革命的兴起，生产力水平和生产社会化程度的大大提高，企业生产经营的规模化扩大迫切需要解决资金筹措、权力划分、风险分担等问题，因此，私人资本股份制取代私人资本合伙制成为资本主义所有制或企业组织的新的形式。私人资本股份制是通过发行股票的方式把分散的、独立的单个私人资本集中起来统一经营的企业组织。私人资本股份制的主要特点：一是出资者承担有限责任；二是资本的股份化和转让出售的自由化；三是企业具有独立寿命，可以持续持久存在。19世纪末20世纪初，私人资本股份制对重工业、铁路建设等规模巨大的企业的迅速发展起到了积极的推动作用。

（4）法人资本股份制（法人资本所有制）。20世纪中叶，随着生产社会化的进一步发展，法人资本股份制成为资本主义所有制或企业组织的重要形式。西方发达资本主义国家的许多企业或机构法人组织，以出资者身份持有其他法人企业的股票，其结果是大量法人组织由纯粹的财产管理者变为股票持有者。法人组织的股东化，使资本主义国家大公司的股权呈现出由个人占有向非个人占有转变，股东从以个人股东为主向以企业和机构股东为主转变。法人资本股份制与私人资本股份制的显著区别在于：法人机构通过联合持股、交叉持股、相互持股以及互兼董事等方式，促使法人组织之间资本融合和人事结合，并由此建立彼此的稳定关系和协调彼此的利益矛盾。可见，相较于私人资本股份制而言，法人资本股份制更适合生产社会化和垄断大公司发展的需要。

（5）国家资本所有制。随着资本主义生产力水平和生产社会化的飞跃发展，生产社会化和生产资料资本主义私人占有之间的基本矛盾日益尖锐，资本主义自由市场经济的弊端日益严重，迫切要求政府利用国家资本对经济生活进行干预，国家资本通过投资创办高新技术企业，有助于推进产业结构调整和升级；投资基础部门和公共部门企业，有助于政府公共目标的实现；不受短期利润目标的约束，为私人资本企业的长远发展创造条件。20世纪中期，多数资本主义国家都通过国家资本干预社会经济生活而使国家资本在国民经济中所占比重大大提高。

（6）混合资本所有制。在资本主义发展的不同历史阶段所产生的各种不同的资本所有制形式，各有其自身的优势和不足，为了利用各自的优势和弥补各自的不足，实现它们各自的优势互补，从而产生了混合资本所有制形式。这种混合资本既有资本主义私人资本与国家资本的混合，也有私人资本与合作经济的混合，甚至还有私人资本与劳动者持股的混合等多种混合形式。各种混合资本的发展使资本主义所有制的具体形式更加复杂。

由上可见，资本主义生产力和生产关系的矛盾运动，资本主义生产社会化与生产资料资本主义私人占有之间矛盾的发展变化，导致了资本主义所有制的形式变化，但无论资本主义所有制的形式如何变化，资本主义所有制的私人占有的性质并不会发生根本改变。正如马克思所说："无论向股份公司的转变，还是向国家财产的转变，都没有消除生产力的资本属性。"[①]

[①] 恩格斯. 反杜林论 [M] //马克思, 恩格斯. 马克思恩格斯文集：第9卷. 北京：人民出版社，2009：295.

附录 《马克思主义基本原理》（2021年版）几处表述的商榷

马克思主义理论研究和建设工程重点教材《马克思主义基本原理》（2021年版）于2021年8月由高等教育出版社出版发行，并作为全国高校2021—2022第一学期"马克思主义基本原理"课程的统一教材。我们在"马克思主义基本原理"课程的教学活动中发现，《马克思主义基本原理》（2021年版）教材中的几处表述还有待商榷，本文就其中的商品经济发展所经历的阶段、简单商品经济的内在矛盾、商品经济产生的条件、商品经济在奴隶社会和封建社会所处的地位、商品的两个因素和两种属性、劳动生产率及其高低、商品价值量的尺度、价值规律调节社会收入分配、价值规律阻碍技术进步、劳动创造价值观点的提出、资本主义产生的途径和垄断利润的来源等十二处表述进行了探讨分析，冀望对"马克思主义基本原理"教学的效果提高和《马克思主义基本原理》教材的日臻完善有所裨益。

一、商品经济发展所经历的阶段

关于商品经济发展所经历的阶段，《马克思主义基本原理》（2021年版）的表述是："商品经济的发展经历了简单商品经济与发达商品经济两个阶段。"[1]《马克思主义政治经济学概论》的表述是："商品经济的发展分为两个阶段：简单商品经济（又称小商品经济）和市场经济。"[2]《政治经济学原理》的表述是："在人类历史上，与不同私有制及公有制相联系，产生和存在不同的商品经济，即简单商品经济、资本主义商品经济和社会主义商品经济。"[3]可见，对于商品经济发展所经历的阶段，可谓仁者见仁，智者见智。我们认

---

[1]《马克思主义基本原理》（2021年版）编写组. 马克思主义基本原理［M］. 北京：高等教育出版社，2021：168.

[2]《马克思主义政治经济学概论》编写组. 马克思主义政治经济学概论［M］. 北京：人民出版社，高等教育出版社，2017：67.

[3] 卫兴华，顾学荣，主编. 政治经济学原理［M］. 北京：经济科学出版社，1998：20.

为，对于商品经济发展阶段的划分，关键在于确立划分商品经济发展阶段所依据的标准。依据的标准不同，划分的阶段也就不同。因此，人们可以依据不同的标准将商品经济的发展划分为不同的阶段。

（一）简单商品经济、资本主义商品经济和社会主义商品经济

根据商品经济所产生的社会历史条件，可以把商品经济的发展划分为简单商品经济或小商品经济、资本主义商品经济和社会主义商品经济三个阶段。简单商品经济产生的社会历史条件是社会分工和生产资料劳动者私有制。资本主义商品经济产生的社会历史条件是社会分工和生产资料资本家私有制。社会主义商品经济产生的社会历史条件是社会分工和生产资料的不同所有制或劳动产品属于不同所有者。

（二）私有制商品经济和公有制商品经济

根据商品经济所产生的生产资料所有制的性质，我们可以把商品经济的发展划分为私有制基础上的商品经济和公有制基础上的商品经济，简称私有制商品经济和公有制商品经济两个阶段。显然，产生于生产资料劳动者私有制的简单商品经济和产生于生产资料资本家私有制的资本主义商品经济是私有制商品经济，而产生于生产资料公有制的社会主义商品经济是公有制商品经济。

（三）初级的商品经济和高级的商品经济

根据商品经济中市场所发挥的作用的侧重点，我们可以把商品经济的发展划分为初级的商品经济和高级的商品经济两个阶段。初级阶段的商品经济是市场的作用侧重于商品交换场所的商品经济。高级阶段的商品经济是市场的作用侧重于资源配置机制的商品经济，亦即市场经济。"市场经济是在商品经济基础上发展起来的，当商品经济关系发展到较高阶段，市场机制成为资源配置的基础性调节机制时，商品经济就是市场经济。"[①] 显然，简单商品经济属于初级的商品经济，资本主义商品经济和社会主义商品经济属于高级的商品经济。

（四）初始的商品经济和发达的商品经济

根据商品生产的社会化程度，我们可以把商品经济的发展划分为初始的商品经济和发达的商品经济两个阶段。初始阶段的商品经济是商品生产个体化或个体化小生产的商品经济。发达阶段的商品经济是商品生产社会化或社会化大生产的商品经济。显然，简单商品经济属于初始的商品经济，资本主

[①] 逄锦聚，等，主编. 政治经济学 [M]. 5版. 北京：高等教育出版社，2014：42.

义商品经济和社会主义商品经济属于发达的商品经济。

二、简单商品经济的内在矛盾

《马克思主义基本原理》（2021年版）认为："资本主义制度下的社会财富表现为一种惊人的庞大的商品堆积，单个商品表现为它的元素形式。因此，剖析以私有制为基础的简单商品经济的内在矛盾及其运动规律，就自然成为揭示资本主义本质的出发点。"①

（一）商品的内在矛盾

商品是用来交换的劳动产品，是使用价值和价值的矛盾统一体。统一是指作为商品必须既具有使用价值又具有价值，二者缺一不可。商品的使用价值是商品的价值的物质承担者，商品的价值寓于商品的使用价值之中。矛盾是指商品的买者和卖者不能同时获得商品的使用价值和价值，二者只能择其一。商品的买者要获得商品的使用价值就必须支付商品的价值，商品的卖者要获得商品的价值就必须让渡商品的使用价值。由于使用价值和价值是商品的内部构成要素，因此，习惯上将商品的使用价值和价值的矛盾称之为商品的内在矛盾。

由于商品的使用价值和价值的矛盾源于生产商品的具体劳动和抽象劳动的矛盾，而生产商品的具体劳动和抽象劳动的矛盾源于简单商品经济的私人劳动和社会劳动的矛盾。因此，商品的内在矛盾既包含使用价值和价值的矛盾，也包括具体劳动和抽象劳动的矛盾、私人劳动和社会劳动的矛盾等矛盾。正如马克思所说："商品内在的使用价值和价值的对立，私人劳动同时必须表现为直接社会劳动的对立，特殊的具体的劳动同时只是当作抽象的一般的劳动的对立，物的人格化和人格的物化的对立，——这种内在的矛盾在商品形态变化的对立中取得发展了的运动形式。"②

（二）简单商品经济的内在矛盾

《马克思主义基本原理》（2021年版）教材的"以私有制为基础的简单商品经济的内在矛盾"的表述其实并不多见。常见的表述是"以私有制为基础的商品经济的基本矛盾"或"私有制基础上商品经济的基本矛盾"。例如，"私人劳动和社会劳动的矛盾，是以私有制为基础的商品经济的基本矛盾。这是因为，第一，私人劳动和社会劳动的矛盾是商品内在各种矛盾的根源。为

---

① 《马克思主义基本原理》（2021年版）编写组. 马克思主义基本原理［M］. 北京：高等教育出版社，2021：168.
② 马克思. 资本论：第1卷［M］. 北京：人民出版社，2004：135.

要解决这一矛盾，即为使私人劳动转化为社会劳动，就必须通过商品交换。而要实现商品交换，就要比较和计量交换双方商品的劳动量，从而就必须把各种不同质的具体劳动还原为同质的一般人类劳动，即还原为抽象劳动。所以，在私有制商品经济中，具体劳动和抽象劳动的矛盾，是同私人劳动和社会劳动的矛盾相联系的。至于商品内部使用价值与价值的矛盾，则是由具体劳动和抽象劳动的矛盾决定的。"① 再如，"商品的使用价值和价值的矛盾、具体劳动和抽象劳动的矛盾，根源于私人劳动和社会劳动的矛盾。私人劳动和社会劳动的矛盾是商品经济的基本矛盾。……私人劳动和社会劳动的矛盾作为商品经济的基本矛盾，存在于商品经济发展的一切阶段"②。一般把产生于商品二因素的使用价值和价值之间的矛盾，称之为商品的内在矛盾；把产生于私有制商品经济产生条件的私人劳动和社会劳动之间的矛盾，称之为以私有制为基础的简单商品经济的基本矛盾。商品的内在矛盾根源于商品经济的基本矛盾，亦即使用价值和价值之间的矛盾，根源于私人劳动和社会劳动之间的矛盾。

三、商品经济产生的条件

关于商品经济产生的条件，《马克思主义基本原理》（2021年版）的表述是："商品经济得以产生的社会历史条件有两个：一是存在社会分工，二是生产资料和劳动产品属于不同的所有者。"③ 迄今为止，商品经济的发展经历了简单商品经济或小商品经济、资本主义商品经济和社会主义商品经济三种不同形式。作为特殊形式的商品经济，三者各有其产生的特殊条件；作为一般形式的商品经济，三者共有其产生的一般条件。因此，研究商品经济产生的条件，应首先研究各种特殊形式的商品经济得以产生的特殊条件，然后再抽象概括出一般形式的商品经济产生的一般条件。

（一）简单商品经济产生的条件

简单商品经济产生的条件是社会分工和生产资料的劳动者私有制。简单商品经济就是以生产资料劳动者私有制和劳动者个人劳动为基础、以换取自己所需要的使用价值为目的的最初形式或初始形态的商品经济。社会分工使每个产品生产者所生产的产品种类有限，从而与每个产品生产者的多样性需

---

① 卫兴华，顾学荣，主编. 政治经济学原理 [M]. 北京：经济科学出版社，1998：30.
② 《马克思主义政治经济学概论》编写组. 马克思主义政治经济学概论 [M]. 北京：人民出版社，高等教育出版社，2017：38-39.
③ 《马克思主义基本原理》（2021年版）编写组. 马克思主义基本原理 [M]. 北京：高等教育出版社，2021：168-169.

要之间发生矛盾,由此产生了彼此之间通过交换产品以满足各自多样性需要的客观要求。但社会分工本身并不必然导致产品交换,因为在同一利益体内部的劳动分工就不存在产品交换。只有不同利益体的产品或私人劳动的产品才要求通过等价交换产品的方式来满足各自的多样性需要。"社会分工是商品生产存在的条件,虽然不能反过来说商品生产是社会分工存在的条件。在古代印度公社中就有社会分工,但产品并不成为商品。或者拿一个较近的例子来说,每个工厂内都有系统的分工,但是这种分工不是由工人交换他们个人的产品引起的。只有独立的互不依赖的私人劳动的产品,才作为商品互相对立。"①

(二)资本主义商品经济产生的条件

资本主义商品经济产生的条件是社会分工和生产资料的资本家私有制。资本主义商品经济是以生产资料资本家私有制和工人雇佣劳动为基础、以生产剩余价值为目的的高级形式或发展形态的商品经济。资本主义商品经济产生于简单商品经济发展所导致的商品生产者之间的两极分化。在简单商品经济条件下,商品价值量决定于生产商品的社会必要劳动时间,商品交换以价值量为基础等价交换。因此,那些商品生产条件好的商品生产者,其生产商品所耗费的个别劳动时间低于社会必要劳动时间,但计算为同量的社会必要劳动时间;其所生产商品的个别价值低于社会价值,但表现为同量的社会价值。相反,那些商品生产条件差的商品生产者,其生产商品所耗费的个别劳动时间高于社会必要劳动时间,却也计算为同量的社会必要劳动时间;其所生产商品的个别价值高于社会价值,却也表现为同量的社会价值。那些商品生产条件好的商品生产者,因其所生产商品的少量的个别价值却实现了多量的社会价值而发财致富;那些商品生产条件差的商品生产者,因其所生产商品的多量的个别价值却只实现了少量的社会价值而亏本破产。那些发财致富的商品生产者,占有越来越多的生产资料,为越发富有乐于雇佣亏本破产的商品生产者从而成为资本家。那些亏本破产的商品生产者,除了自己的劳动力外一无所有,为谋求生存不得不受雇于发财致富的商品生产者而由此沦为雇佣劳动者。

(三)社会主义商品经济产生的条件

社会主义商品经济产生的条件是社会分工和生产资料的不同所有制或劳动产品属于不同所有者。社会主义商品经济就是以生产资料公有制为基础、

---

① 马克思. 资本论:第1卷[M]. 北京:人民出版社,2004:55.

以劳动者和生产资料相统一、以联合劳动和社会化大生产为特征的发展形态的商品经济。不同生产资料所有制是指生产资料全民所有制和集体所有制两种公有制形式。这两种公有制形式的存在决定了全民所有制经济与集体所有制经济之间的商品经济关系。劳动产品属于不同所有者是指全民所有制和集体所有制经济内部的各个企业，各自作为相对独立的经济利益实体，拥有各自所生产的劳动产品。这种公有制内部各个企业独立拥有各自劳动产品的事实决定了公有制内部各个企业之间的商品经济关系。"在现代经济中，在同一所有制内部的不同企业也可能存在商品交换关系，其原因是不同企业有自身的利益。这样，不同利益主体之间交换的产品也是商品。"①

（四）商品经济产生的一般条件

从简单商品经济、资本主义商品经济和社会主义商品经济产生的条件可以看出：第一，社会分工是所有商品经济产生的一般条件或前提条件。第二，简单商品经济和资本主义商品经济都是生产资料私有制基础上的商品经济，亦即私有制商品经济。"马克思、恩格斯根据他们所处的历史条件，主要研究私有制商品经济。他们指出私有制商品经济产生主要有两个基本条件：一是社会分工；二是生产资料私有制。他们预见未来，一旦社会占有了生产资料，商品生产就会被消除。"② 第三，简单商品经济、资本主义商品经济、社会主义商品经济都是不同生产资料所有制基础上的商品经济。因为无论是生产资料劳动者私有制、资本家私有制还是公有制，其实都是生产资料的不同所有制。因此，我们可以把包括私有制商品经济和公有制商品经济在内的商品经济产生的一般条件概括为社会分工和不同生产资料所有制。第四，社会主义生产资料全民所有制这种同一所有制内部的各企业之间之所以存在商品经济关系，不是因为生产资料的不同所有制，而是因为同一所有制的劳动产品属于不同所有者。可见，社会分工和生产资料的不同所有制还不能称之为商品经济产生的一般条件，因为它们未能体现同一的生产资料所有制内部的商品经济关系。因此，准确地说，包含同一的生产资料所有制内部商品经济关系的商品经济产生的一般条件：一是社会分工，二是生产资料或劳动产品属于不同的所有者。

我们觉得，涵盖简单商品经济、资本主义商品经济和社会主义商品经济尤其是社会主义全民所有制经济内部的商品经济关系在内的商品经济产生的

---

① 逄锦聚，等，主编. 政治经济学 [M]. 5 版. 北京：高等教育出版社，2014：31.
② 逄锦聚，等，主编. 政治经济学 [M]. 5 版. 北京：高等教育出版社，2014：31.

一般条件：一是社会分工，二是不同经济利益体。因为，无论是生产资料归劳动者私有、资本家私有、全民（国家）所有、集体所有，还是劳动产品归独立的或相对独立的经济实体所有，无非是说明这些生产资料或劳动产品的所有者各自都是一个不同的经济利益体。不同的经济利益体，为了实现各自的经济利益，它们把产品作为商品来生产，从而使劳动产品采取了商品的形式；为了维护各自的经济利益，它们要求彼此之间遵循等价交换原则来让渡商品。可见，生产资料或劳动产品属于谁并不重要，重要的是生产资料或劳动产品的所有者必须是一个独立的或相对独立的经济利益体。唯有此，他们才会为了追求和维护各自的经济利益而自觉地遵循商品经济规律，按商品经济规则行事。

四、商品经济在奴隶社会和封建社会所处的地位

关于商品经济在奴隶社会和封建社会所处的地位，《马克思主义基本原理》（2021年版）的表述是："商品经济出现于原始社会末期，在奴隶社会和封建社会有所发展，但不占主导地位。"[①]

（一）主导、主体、整体

在某种意义上说，主导是相对于主体而言，主体是相对于整体而言，主导、主体、整体三者之间密切联系。主导可以理解为部分在整体中的引领作用，主体可以理解为部分在整体中的绝对多数。举例来说，社会主义市场经济是一个包括各种经济成分在内的整体，公有制经济是社会主义市场经济这个整体中居于主体地位的经济成分，国有经济则是社会主义市场经济整体中居于发挥主导作用地位的经济成分。因此，"要坚持社会主义，必须坚持生产资料公有制；在社会主义初级阶段，必须坚持公有制的主体地位。坚持公有制的主体地位，主要体现在以下几个方面：第一，确保公有资产在社会总资产中占优势；公有资产占优势，要有量的优势，更要注意质的提高。第二，保证国有经济控制国民经济命脉。第三，发挥国有经济对整个经济发展的主导作用，国有经济起主导作用，主要体现在控制力上"[②]。由此看来，主体侧重于"数量"方面，即部分占整体数量的绝对多数或占整体比例50%以上。主导侧重于"作用"方面，即部分在整体中发挥主要的或引导的主导作用。无论是原始社会还是奴隶社会和封建社会，自然经济始终占据着统治地位，

[①] 《马克思主义基本原理》（2021年版）编写组．马克思主义基本原理[M]．北京：高等教育出版社，2021：169．

[②] 卫兴华，顾学荣，主编．政治经济学原理[M]．北京：经济科学出版社，1998：252．

不存在简单商品经济所谓占不占"主导地位"的问题。

（二）统治、从属、夹缝

商品经济是相对于自然经济而言的一种经济形式。商品经济和自然经济作为两种不同的经济形式，长期并存于原始社会、奴隶社会和封建社会几个不同的社会经济形态之中。但无论是在原始社会还是在奴隶社会和封建社会，自然经济始终处于统治或支配地位，简单商品经济处于从属地位，存在于自然经济的夹缝之中。"简单商品经济存在于不同的社会经济制度之中，在原始社会、奴隶社会和封建社会中，它存在于自然经济的夹缝之中，附属于居支配地位的经济形式。"① "在奴隶社会和封建社会中，商品经济在不同国度和不同时期虽曾有过较大规模的发展，但是总的说来，在这两个社会中，自给自足的自然经济占统治地位，商品经济只有从属的意义。存在于这两个社会的商品经济，基本上是简单商品经济。它的特点是：商品生产者以生产资料私有制和个人劳动为基础，生产和出卖商品是为了重新购买其他商品，以满足自己的需要。"② 可见，贴切地说，相对于自然经济而言，简单商品经济在奴隶社会和封建社会虽有所发展，但都不占"支配地位"或"统治地位"，而是处于"附属地位"或"从属地位"。

五、商品的两个因素和两种属性

关于商品的两个因素与商品的两种属性的关系，《马克思主义基本原理》（2021年版）的表述是："商品是用来交换、能满足人的某种需要的劳动产品，具有使用价值和价值两个因素或两种属性，是使用价值和价值的矛盾统一体。"③

（一）商品的两个因素

商品的两个因素或商品二因素是指商品所具有的使用价值和价值这两个内部构成因素，也就是说，作为商品，必须既具有使用价值又具有价值，二者缺一不可。《资本论》第一卷第一篇第一章第一节的标题就是："商品的两个因素：使用价值和价值。"④ 使用价值和价值作为商品内部构成的两个客观因素，二者既相互依存又相互对立，从而使商品成为使用价值和价值的对立统一体或矛盾统一体。使用价值和价值的对立或矛盾表现在：对商品的买者

---

① 逢锦聚，等，主编. 政治经济学 [M]. 5版. 北京：高等教育出版社，2014：31.
② 许涤新，主编. 政治经济学辞典：上 [Z]. 北京：人民出版社，1980：59.
③ 《马克思主义基本原理》（2021年版）编写组. 马克思主义基本原理 [M]. 北京：高等教育出版社，2021：169.
④ 马克思. 资本论：第1卷 [M]. 北京：人民出版社，2004：47.

和卖者来说，不能同时占有商品的使用价值和价值，二者只能择其一。卖者要获得商品的价值就必须向买者让渡商品的使用价值；买者要得到商品的使用价值就必须向卖者支付商品的价值。使用价值和价值的统一表现在：使用价值和价值作为商品的两个构成要素，统一于商品体内，二者缺一不可。使用价值是价值的物质承担者，价值寓于使用价值之中。

（二）商品的两个属性

商品的两种属性或商品二重性是指商品所具有的使用价值的自然属性和交换价值的社会属性。"商品二重性是指商品的使用价值和交换价值。这是说商品具有二重属性，一方面具有供人们使用和消费的自然属性，另一方面具有可供人们交换之用的社会属性。"① "商品的交换价值，乃是商品所具有的按照一定的数量关系或交换比例能够与别种商品相交换的一种属性，它与商品的另一种属性使用价值形成矛盾的对立面，统一在同一个商品体内，结合成为该商品的二重属性。"② 在经济思想史上，古希腊思想家色诺芬最先提出商品具有使用和交换两种属性的思想，亚当·斯密最先将其表述为商品具有使用价值和交换价值两种属性的理论，马克思从商品的交换价值中抽象出作为其基础的价值，在亚当·斯密关于商品具有使用价值和交换价值两种属性理论的基础上，提出商品具有使用价值和价值两个因素的经济学说。

（三）商品的两个因素与商品的两种属性的关系

商品的两个因素与商品的两种属性之间既相联系又相区别。二者的联系主要表现在商品的两个因素源于商品的两种属性。商品的使用价值源于商品能满足人的某种需要的自然属性，商品的价值源于商品的交换关系或交换价值的社会属性。"商品二重性是商品的外在表现，商品二因素是商品的内在实质，可以说，是形式和内容的关系。马克思分析商品就是采用从现象到本质、从形式到内容的方法进行的。"③ 二者的区别主要表现在商品二因素是商品的内部构成因素，商品二重性是商品的外在表现形式。因此，不宜把商品的两个因素与商品的两种属性视为同义语。但"在一般的政治经济学读物中，常有这样的提法：商品的二重性是使用价值和价值，这就是一个误解。其实，在《资本论》第一卷的第一章第一节里明明写的是'商品的两个因素：使用

---

① 洪远朋，主编. 新编《资本论》教程：第1卷[M]. 上海：复旦大学出版社，1988：83.
② 漆琪生.《资本论》大纲：第1卷[M]. 北京：人民出版社，1985：119.
③ 洪远朋，主编. 新编《资本论》教程：第1卷[M]. 上海：复旦大学出版社，1988：22.

价值和价值'。按照马克思原意，使用价值和价值是商品的二因素而不是它的二重性。商品的二重性是使用价值和交换价值。这类讹错应该纠正过来。"①

六、劳动生产率及其高低

关于劳动生产率及其高低，《马克思主义基本原理》（2021年版）的表述是："劳动生产率指的是劳动者生产使用价值的效率。它的高低可以用单位时间内生产的产品数量来测量，也可以用单位商品中所耗费的劳动时间来测量。"②

（一）劳动生产力和劳动生产率

马克思《资本论》原著使用的是劳动生产力的概念，而《马克思主义基本原理》（2021年版）教材则使用的是劳动生产率的概念。劳动生产力有时也简称生产力，指的是具体劳动在一定时间内生产某种使用价值的能力。劳动生产率则指的是具体劳动在一定时间内生产某种使用价值的效率。一方面，能力不等同于效率，劳动生产力不等同于劳动生产率。因为能力是某种潜在的力量，而效率则是能力作用的效果；劳动生产力是具体劳动生产使用价值的潜力，劳动生产率是具体劳动生产使用价值的效率。另一方面，能力决定效率，劳动生产力决定劳动生产率。换句话说，能力和效率相一致，能力越大效率越高；劳动生产力和劳动生产率相一致，劳动生产力越大，劳动生产率也越高。正因为劳动生产力和劳动生产率之间的这种紧密联系，马克思说："生产力当然始终是有用的、具体的劳动的生产力，它在事实上只决定有目的的生产活动在一定时间内的效率。"③ 当然也不可否认，受各种因素的影响，能力和效率、劳动生产力和劳动生产率也会常常出现偏离。因此，当劳动生产率和劳动生产力一致时，二者可以看作同义语，替换使用，但当二者不一致时，就不宜将劳动生产力等同于劳动生产率。因为毕竟"能力和效率是不同的，能力是潜在的力量，效率是能力发挥作用的结果。一般说来，能力和效率是成正比的，但也不完全这样。有时能力很大，但效率不高；有时能力不大，但效率很高。当劳动生产率标志着劳动生产力作用的结果时，劳动生产率和劳动生产力就是一致的，可以通用。但不一致时，就不能等同。马克思在《资本论》中运用这两个概念时，有些地方是很严格的，有些地方也不

---

① 洪远朋，主编．新编《资本论》教程：第1卷［M］．上海：复旦大学出版社，1988：22．
② 《马克思主义基本原理》（2021年版）编写组．马克思主义基本原理［M］．北京：高等教育出版社，2021：172．
③ 马克思．资本论：第1卷［M］．北京：人民出版社，2004：59．

是那么严格，需要具体情况具体分析"①。

（二）劳动生产率及其高低的测量

严格来说，劳动生产率高低的测量与劳动生产率本身的测量有所不同，不应将二者等同起来。劳动生产率是指劳动者的具体劳动在一定时间内生产某种使用价值的效率，既可以用单位劳动时间内所生产的产品数量来表示，也可以用生产单位产品所耗费的劳动时间来表示。劳动生产率的高低是指劳动者的单位劳动时间内所生产的产品数量的多少或生产单位产品所耗费的劳动时间的多少。如果劳动者单位时间内生产的产品数量多则意味着劳动生产率高，反之则低。如果劳动者生产单位产品所耗费的劳动时间少则意味着劳动生产率高，反之则低。换句话说，测量劳动生产率"高低"的应是单位时间内所生产的产品数量的"多少"或单位产品所耗费的劳动时间的"多少"，而非单位时间内生产的产品"数量"或单位产品所耗费的劳动"时间"。

（三）劳动生产率及其高低示例

以做鞋为例，如果甲1小时做4双鞋，乙1小时做2双鞋，那么，甲的劳动生产率是4双鞋/小时或1/4小时/1双鞋；乙的劳动生产率是2双鞋/小时或1/2小时/1双鞋。由于甲1小时做4双鞋而乙1小时做2双鞋，甲比乙做鞋多，或甲做1双鞋比乙做1双鞋用时少，因此，甲、乙相比，甲做鞋的劳动生产率比乙高，或乙做鞋的劳动生产率比甲低。

仍以做鞋为例，如果甲过去做鞋的劳动生产率是2双鞋/小时或1/2小时/1双鞋，现在做鞋的劳动生产率是4双鞋/小时或1/4小时/1双鞋，那么，甲自我相比，甲做鞋的劳动生产率现在比过去高。同理，如果乙过去做鞋的劳动生产率是4双鞋/小时或1/4小时/1双鞋，现在做鞋的劳动生产率是2双鞋/小时或1/2小时/1双鞋，那么，乙自我相比，乙做鞋的劳动生产率现在比过去低。

七、商品价值量的尺度

关于商品价值量的尺度，《马克思主义基本原理》（2021年版）的表述是："当复杂劳动生产出来的商品和简单劳动生产出来的商品相交换时，商品的价值量是以简单劳动为尺度的。"②

---

① 洪远朋，主编. 新编《资本论》教程：第1卷 [M]. 上海：复旦大学出版社，1988：87.
② 《马克思主义基本原理》（2021年版）编写组. 马克思主义基本原理 [M]. 北京：高等教育出版社，2021：172.

《马克思主义基本原理》（2021年版）若干表述解析 >>>

（一）商品价值量以社会必要劳动时间为尺度

商品的价值是凝结在商品中的无差别的一般人类劳动。既然价值是劳动的凝结，那么，价值量决定于生产商品所耗费的劳动量。由于劳动量通常用劳动持续时间来计量，因此，价值量决定于生产商品所耗费的劳动时间。但是，由于不同的商品生产者生产商品的主观条件和客观条件不同，因此，各自生产同种商品所耗费的劳动时间即个别劳动时间也就不同。生产商品的主观条件和客观条件差的商品生产者，其生产同种商品所耗费的个别劳动时间多；生产商品的主观条件和客观条件好的商品生产者，其生产同种商品所耗费的劳动时间少。商品的价值量不是决定于个别生产者生产商品所耗费的个别劳动时间，而是决定于多数生产者生产商品所耗费的社会必要劳动时间。换句话说，商品价值量不是以个别劳动时间为尺度，而是以社会必要劳动时间为尺度。

（二）社会必要劳动时间以简单劳动为尺度

商品的价值是生产商品所耗费的劳动的凝结，商品的价值量决定于生产商品所耗费的社会必要劳动时间。但生产商品的劳动有简单劳动和复杂劳动的区别。简单劳动是指不需要经过专门训练和培养的一般劳动者都能胜任的劳动。复杂劳动是指需要经过专门训练和培养具有一定文化知识和技能技巧的劳动者才能从事的劳动。简单劳动和复杂劳动的区别主要是由社会分工和科技发展水平的差别及其在生产中的应用程度决定的，因此，这种区别不是绝对的，而是相对的。这样，某个时期某个国家的复杂劳动，对另一时期另一国家来说，只是简单劳动，但从一定时期的一定国家来看，这种区别又是确定的。

商品的价值所体现的人类劳动以及决定商品价值量的社会必要劳动时间的劳动，其实都是以简单劳动为尺度或为计量单位的。马克思说："商品价值体现的是人类劳动本身，是一般人类劳动的耗费。……它是每个没有任何专长的普通人的有机体平均具有的简单劳动力的耗费。简单平均劳动本身虽然在不同的国家和不同的文化时代具有不同的性质，但在一定的社会里是一定的。比较复杂的劳动只是自乘的或不如说多倍的简单劳动，因此，少量的复杂劳动等于多量的简单劳动。……各种劳动化为当作它们的计量单位的简单劳动的不同比例，是在生产者背后由社会过程决定的。"[①] 可见，"商品价值量决定于生产商品的社会必要劳动时间，而社会必要劳动时间是以简单劳动

---

① 马克思.资本论：第1卷[M].北京：人民出版社，2004：57-58.

为尺度的。复杂程度不同的劳动所生产的不同种类商品的价值量的确定，是通过把一定量的复杂劳动化为多倍的简单劳动来实现的。少量的复杂劳动可以等于自乘的或多倍的简单劳动；少量复杂劳动创造的价值可以等于加倍的简单劳动创造的价值。因而，复杂程度不同的劳动所生产的产品，可以按照一定的比例相互交换"①。显然，并非只是"当复杂劳动生产出来的商品和简单劳动生产出来的商品相交换时"，商品的价值量才以简单劳动为尺度。

八、价值规律调节社会收入分配

《马克思主义基本原理》（2021年版）认为：价值规律"自发地调节社会收入的分配。在实际的生产活动中，生产同种商品的各个生产者，由于生产条件和技术水平不同，生产中实际耗费的劳动时间也不一样。那些生产条件好、技术水平高的生产者，生产商品的个别劳动耗费较少，仍按照较高的社会价值出卖，因而可以获得较多的收入。相反，那些生产条件差、技术水平低的商品生产者，生产同种商品的个别劳动耗费较多，但还要按照社会价值出卖，结果不仅无利可图，甚至可能亏本或破产。这样，就调节了社会收入在不同商品生产者之间的分配"②。

（一）价值规律导致两极分化

价值规律是商品经济的基本规律。价值规律的内容是商品的价值量由生产商品所耗费的社会必要劳动时间决定。价值规律的要求是商品交换以价值量为基础等价交换。只要存在商品经济，价值规律就必然发挥作用。"这是因为在私人劳动产品的偶然的不断变动的交换比例中，生产这些产品的社会必要劳动时间作为起调节作用的自然规律强制地为自己开辟道路，就像房屋倒在人的头上时重力定律为自己开辟道路一样。"③

在价值规律的作用下，那些生产商品的主观条件和客观条件好的商品生产者，因其生产商品所耗费的个别劳动时间低于社会必要劳动时间，其所生产的商品的个别价值低于社会价值，但仍按照由社会必要劳动时间决定的同一的社会价值来售卖，那么，他所生产的商品就能够实现较多的价值，并由此走上发财致富之路。相反，那些生产商品的主观条件和客观条件差的商品生产者，因其生产商品所耗费的个别劳动时间高于社会必要劳动时间，其所生产的商品的个别价值高于社会价值，但仍按照由社会必要劳动时间决定的

---

① 卫兴华，顾学荣，主编. 政治经济学原理［M］. 北京：经济科学出版社，1998：27.
② 《马克思主义基本原理》（2021年版）编写组. 马克思主义基本原理［M］. 北京：高等教育出版社，2021：175.
③ 马克思. 资本论：第1卷［M］. 北京：人民出版社，2004：92.

同一的社会价值来售卖，那么，他所生产的商品就只能够实现较少的价值，从而陷入亏本淘汰之路。由此可见，价值规律所发挥作用的一个显著结果，那就是自发地导致商品生产者之间的优胜劣汰和两极分化。"价值规律作用导致优胜劣汰、商品生产者两极分化。"① 价值规律的作用"不可避免地造成富者愈富，贫者愈贫，引起小商品生产者的贫富两极分化。在封建社会末期的历史条件下，少数生产条件较好的小商品生产者越来越富，生产规模越来越大，变为资本家。大多数生产条件较差的小商品生产者破产倒闭，沦为雇佣工人。从而在小商品生产者贫富两极分化的基础上，导致了资本主义生产关系的产生"②。

（二）价值规律调节社会收入分配

在我国的政治经济学文献中，无论是代表性的政治经济学的教科书还是政治经济学的辞书，都不曾见到价值规律的作用是"自发地调节社会收入的分配"的表述。且不论这种新的提法或观点准确与否，但其涉及的相关概念就有待明确阐释。例如，什么是不同于"个人收入"的"社会收入"？什么是不同于"个人收入的分配"的"社会收入的分配"？"调节社会收入的分配"的手段都有哪些？其中是否包括价值规律的作用？各种调节社会收入分配的手段又是如何协调地"调节社会收入的分配"的？更为重要的是，能否将贫富两极分化等同于社会收入分配？也就是说，能否将价值规律自发导致的商品生产者之间的贫富两极分化，等同于价值规律自发地调节社会收入分配？

不可否认，价值规律在微观经济活动方面具有激励创新和优胜劣汰的功能，在宏观经济活动方面具有调节社会劳动分配和资源配置的功能。但"价值规律也有许多不能发挥调节作用的领域。比如，生态破坏、环境污染和社会保障等方面的问题，事关社会成员的公共利益，不能依靠价值规律的调节作用来解决。再如，价值规律作用下的优胜劣汰，有可能导致贫富两极分化，因而无法保障收入分配的公平"③。

或许正是由于价值规律不具备"调节社会收入分配"的功能，所以，在我国社会主义市场经济条件下，"必须按照社会主义分配原则的要求，不断完善我国的收入分配制度，调节收入分配关系，逐步缩小收入分配差距，实现

---

① 逄锦聚，等，主编.政治经济学[M].5版.北京：高等教育出版社，2014：45.
② 卫兴华，顾学荣，主编.政治经济学原理[M].北京：经济科学出版社，1998：40.
③ 《马克思主义政治经济学概论》编写组.马克思主义政治经济学概论[M].北京：人民出版社，高等教育出版社，2017：74-75.

共同富裕"①。为此，我们要通过加强政府宏观经济管理职能，有效调节收入分配；健全市场机制，发挥市场机制对初次分配的基础性调节作用；深化垄断行业收入分配制度改革，合理调节垄断行业的过高收入；加强法制建设，规范收入分配秩序；缩小收入分配差距，实现共同富裕。

九、价值规律阻碍技术进步

《马克思主义基本原理》（2021年版）认为，价值规律"阻碍技术进步。在市场竞争中，首先采用先进技术和经营管理办法，提高了劳动生产率的商品生产者，为了保持其在竞争中的优势，往往会限制技术的扩散，严守经营秘密，这就在一定程度上阻碍了新技术的推广和生产经营的普遍改善，阻碍了社会生产力的发展"②。

（一）价值规律自发地促进技术进步

在商品经济条件下，任何商品生产者从事商品生产的目的，都不是为了获取使用价值，而是为了实现尽可能多的价值。在商品价值量不是由个别商品生产者生产商品所耗费的个别劳动时间决定，而是由多数商品生产者生产商品所耗费的社会必要劳动时间决定的条件下，个别商品生产者所生产的商品要实现尽可能多的价值，必须使其所生产商品的个别价值低于同种商品的社会价值，从而必须使其生产商品所耗费的个别劳动时间低于同种商品生产所耗费的社会必要劳动时间。任何商品生产者要能够使所生产商品的个别价值低于社会价值，所生产商品耗费的个别劳动时间低于社会必要劳动时间，只有不断改进技术，改善经营管理，提高劳动生产力。可见，价值规律作为商品经济的基本规律，就像一只看不见的手，自发地促进或刺激技术进步。"商品生产者为了多获利润，就必须不断进行技术创新，加强经营管理，提高劳动生产率，在竞争中努力降低商品的价格。这不仅对技术进步产生了巨大的刺激作用，而且在客观上推动了整个社会生产力的发展。"③

（二）既得利益者人为地阻碍技术进步

在商品经济条件下，率先改进技术的商品生产者，因其生产商品所耗费的个别劳动时间低于社会必要劳动时间，其所生产商品的个别价值低于社会价值，仍按照由社会必要劳动时间决定的同一的社会价值出卖商品，其所生

---

① 《马克思主义政治经济学概论》编写组.马克思主义政治经济学概论［M］.北京：人民出版社，高等教育出版社，2017：315.

② 《马克思主义基本原理》（2021年版）编写组.马克思主义基本原理［M］.北京：高等教育出版社，2021：175.

③ 逄锦聚，等，主编.政治经济学［M］.5版.北京：高等教育出版社，2014：45.

产的商品就会实现较多的价值,他就会获得较多的利益。那些率先改进技术的商品生产者,为了维护其改进技术所获得的既得利益,自然就会人为地想方设法防止技术的泄露扩散。但商品经济长期发展的实践表明,尽管所有的率先改进技术的商品生产者,无不试图人为地阻碍技术进步以维护既得利益,但并没有哪个商品生产者真正实现了通过人为阻碍技术进步而维护既得利益的企图。原因何在呢?原因就在于商品价值量由生产商品的社会必要劳动时间决定和商品交换以价值量为基础进行等价交换这个同一的价值规律,既会使率先改进技术的商品生产者获得既得利益,又会作为竞争的强制规律,迫使他的竞争者亦即其他商品生产者也采用改进的技术乃至更先进的技术,从而促进技术的持续进步。"价值由劳动时间决定这同一规律,既会使采用新方法的资本家感觉到,他必须低于商品的社会价值来出售自己的商品,又会作为竞争的强制规律,迫使他的竞争者也采用新的生产方式。"① 可见,试图阻碍技术进步的,并非价值规律的自发作用,而是那些既得利益者。而且,恰恰是价值规律的客观作用最终打破了那些既得利益者试图人为阻碍技术进步的企图。

十、劳动创造价值观点的提出

关于劳动创造价值观点的提出,《马克思主义基本原理》(2021年版)的表述是:"在马克思之前,英国古典政治经济学的代表人物亚当·斯密已经认识到了商品的二因素,提出了劳动创造价值的观点。"②

(一)劳动创造价值的观点并非斯密最先提出

马克思把资产阶级政治经济学划分为古典政治经济学和庸俗政治经济学。按照马克思的划分,古典政治经济学产生于17世纪中叶,完成于19世纪初。庸俗政治经济学产生于19世纪初,到19世纪30年代取代古典政治经济学而居于统治地位。所谓"古典"和"庸俗"是指对待资本主义经济制度的态度而言。"古典"是指对资本主义经济制度采取客观分析的态度。"庸俗"是指对资本主义经济制度采取主观辩护的态度。马克思认为古典政治经济学的发展经历了三个阶段:以英国的威廉·配第和法国的布阿吉尔贝尔为代表的创始阶段;以英国的亚当·斯密和法国的重农学派为代表的发展阶段;以英国的大卫·李嘉图和法国的西斯蒙第为代表的完成阶段。

---

① 马克思.资本论:第1卷[M].北京:人民出版社,2004:370-371.
② 《马克思主义基本原理》(2021年版)编写组.马克思主义基本原理[M].北京:高等教育出版社,2021:178.

最先提出劳动创造价值观点的英国古典政治经济学代表人物，并非英国古典政治经济学的发展者亚当·斯密，而是英国古典政治经济学的创始人威廉·配第。"配第提出了劳动决定价值的最初观点，这些观点经斯密、李嘉图和马克思之手发展成为完整的劳动价值理论。"① "配第在政治经济学上最重要的一个历史功绩在于，在近代，他第一次有意识地把商品价值的源泉归于劳动，从而奠定了科学的劳动价值论的基础。"② 配第已经意识到商品价值决定于生产商品时所耗费的劳动，商品价值量与生产商品所耗费的劳动量成正比，与生产商品的劳动生产率成反比。

（二）斯密并未认识到商品的二因素

商品的两个因素或商品二因素是指作为商品所必须具有的使用价值和价值这两个内部构成因素。商品的两种属性或商品二重性是指商品所具有的使用价值的自然属性和交换价值的社会属性。在经济思想发展史上，古希腊思想家色诺芬最先发现商品具有使用和交换两种属性。斯密把色诺芬所发现的商品具有使用和交换两种属性的经济思想，用政治经济学的范畴表述为商品具有使用价值和交换价值两种属性的经济理论。"色诺芬和亚里士多德曾提到过货物有两种用途，例如鞋，既能用来穿，也能用来交换。可以视为对使用价值和交换价值认识的思想萌芽。斯密首次明确提出了这两个概念。"③ 马克思首次从商品的交换价值中抽象出作为其基础的价值，在斯密关于商品具有使用价值和交换价值两种属性理论的基础上，提出商品具有使用价值和价值两个因素的经济学说。

十一、资本主义产生的途径

关于资本主义产生的途径，《马克思主义基本原理》（2021年版）的表述是："资本主义产生的途径有两个：一是从小商品经济分化出来，二是从商人和高利贷者转化而来。"④

（一）资本主义生产关系产生的两个经济条件

资本主义生产是以生产资料资本家私有制为基础、以雇佣劳动为特征、以剩余价值为目的的社会化大生产。因此，资本主义生产关系的产生必须具备两个基本经济条件：一是少数人手中积累了大量的货币财富，能够大量地

---

① 吴宇晖，张嘉昕，编著．外国经济思想史［M］．北京：高等教育出版社，2007：68．
② 姚开建，主编．经济学说史［M］．2版．北京：中国人民大学出版社，2011：48．
③ 吴宇晖，张嘉昕，编著．外国经济思想史［M］．北京：高等教育出版社，2007：94．
④ 《马克思主义基本原理》（2021年版）编写组．马克思主义基本原理［M］．北京：高等教育出版社，2021：184．

雇佣他人劳动以进行大规模的社会化生产。二是多数人丧失生产资料成为人身自由的劳动者，能够自由地把自己的劳动力出卖给那些"少数人"以满足其对雇佣劳动的需求。"资本主义生产关系的出现，必须在经济上具备两个条件：第一，一批失去生产资料并具有一定人身自由的劳动者；第二，在少数人手中积累了为组织资本主义生产必需的货币财富。"[①]

（二）资本主义生产关系产生的两个经济条件形成的两个途径

资本主义生产关系产生的两个经济条件，主要是通过商品经济的发展和资本的原始积累过程两个途径形成的。商品经济的发展和价值规律的作用，自发地引起商品生产者之间的贫富两极分化，从而使那些变"贫"的商品生产者沦为那些变"富"的商品生产者的雇佣劳动者；那些变"富"的商品生产者成为雇佣那些变"贫"的商品生产者的资本家，由此促进了以生产资料资本家私有制为基础、以雇佣劳动为特征、以剩余价值为目的的资本主义生产关系的产生。

资本原始积累加速了少数人积累大量货币财富和多数人沦为雇佣劳动者的过程。欧洲15世纪末的地理大发现及其所造成新的世界市场的巨大需求，促使新兴资产阶级和资产阶级化的封建贵族，通过运用暴力手段的资本原始积累过程，加速了资本主义生产关系产生的两个经济条件的形成。资本原始积累过程是指15、16世纪新兴资产阶级和资产阶级化的封建贵族通过暴力手段迫使生产者和生产资料相分离的历史过程。资本原始积累过程，一方面使大量的社会财富迅速集中在少数人手中并转化为资本；一方面使大批生产者被剥夺了生产资料而沦为雇佣劳动者。

（三）工业资本家产生的两个途径

《资本论》第一卷第七篇第二十四章第六节的标题就是"工业资本家的产生"。马克思认为，工业资本家是通过缓慢的和快速的两个途径产生的。所谓缓慢的途径，一是通过小手工业者之间的分化，二是通过商人资本和高利贷资本的转化。前者是指商品经济的发展和价值规律的作用，小手工业生产者发生贫富两极分化，变富的少数的小手工业生产者成为工业资本家，而变贫的多数的小手工业生产者则沦为雇佣劳动者。"毫无疑问，有些小行会师傅和更多的独立小手工业者，甚至雇佣工人，转化成了小资本家，并且由于逐渐

[①] 《马克思主义政治经济学概论》编写组. 马克思主义政治经济学概论[M]. 北京：人民出版社，高等教育出版社，2017：88.

扩大对雇佣劳动的剥削和相应的积累,成为不折不扣的资本家。"① 后者是指一些商人和高利贷者通过向小手工业者提供资金、生产工具、生产材料、生活资料以及收购产品等,逐步割裂他们与市场的联系,使他们逐步沦为雇佣劳动者的同时,使自己逐步蜕变为工业资本家。"中世纪已经留下两种不同形式的资本,它们是在极不相同的经济的社会形态中成熟的,而且在资本主义生产方式时期到来以前,就被当作资本,这就是高利贷资本和商业资本。……高利贷和商业所形成的货币资本在转化为工业资本时,曾受到农村封建制度和城市行会制度的阻碍。"②

上述工业资本家产生的两种缓慢的途径,"无论如何也不能适应15世纪末各种大发现所造成的新的世界市场的贸易需要"③。因此,工业资本家通过商业战争和殖民制度、国债制度、现代税收制度、保护关税制度而快速产生。"美洲金银产地的发现,土著居民的被剿灭、被奴役和被埋葬于矿井,对东印度开始进行的征服和掠夺,非洲变成商业性地猎获黑人的场所——这一切标志着资本主义生产时代的曙光。这些田园诗式的过程是原始积累的主要因素。接踵而来的是欧洲各国以地球为战场而进行的商业战争。……原始积累的不同因素,多少是按时间顺序特别分配在西班牙、葡萄牙、荷兰、法国和英国。在英国,这些因素在17世纪末系统地综合为殖民制度、国债制度、现代关税制度和保护关税制度。"④

由上可见,资本主义生产关系产生的两个途径是商品经济的发展和资本的原始积累过程。工业资本家的产生包括缓慢的和快速的两个途径。工业资本家缓慢产生的途径,一是通过小手工业者之间的分化;二是通过商人资本和高利贷资本的转化。工业资本家快速产生的途径,一是通过商业战争、殖民制度的国外掠夺;二是通过国债制度、现代税收制度、保护关税制度的国内剥削。

十二、垄断利润的来源

关于垄断利润的来源,《马克思主义基本原理》(2021年版)的表述是:"垄断资本所获得的高额利润,归根到底来自无产阶级和其他劳动人民所创造

---

① 马克思.资本论:第1卷[M].北京:人民出版社,2004:859.
② 马克思.资本论:第1卷[M].北京:人民出版社,2004:860.
③ 马克思.资本论:第1卷[M].北京:人民出版社,2004:860.
④ 马克思.资本论:第1卷[M].北京:人民出版社,2004:860-861.

的剩余价值。"①

（一）两种不同的高额利润

垄断统治的目的在于通过垄断价格获取垄断利润。垄断利润是垄断资本家凭借其在社会生产和流通中的垄断地位所长期获得或稳定获得的超过平均利润的高额利润。

在自由竞争资本主义阶段，以资本转移为特征的不同部门之间的竞争，使得资本主义企业一般只能获得平均利润。以技术创新为特征的同一部门内部的企业之间的竞争，虽然使得率先进行技术创新的个别企业能够获得高于平均利润的超额利润，但这种情况只是一种暂时的现象。因为任何一个率先进行技术创新的企业都无法长期阻止其他企业采用同样的创新技术，当这种技术创新一旦普遍为其他企业所采用，超额利润就随之消失。然而，在垄断资本主义阶段，由于少数垄断企业长期或稳定地控制了某种产品的绝大部分的生产和销售，从而可以通过规定垄断价格长期而稳定地获得大大超过平均利润的高额利润。可见，垄断利润不同于超额利润。

（二）垄断利润的来源

垄断利润主要是通过垄断组织制定的垄断价格来实现的。垄断价格是指垄断组织在销售商品或购买生产资料时，凭借其垄断地位规定的、旨在保证获得高额利润的市场价格。垄断价格包括垄断高价和垄断低价。垄断高价是垄断组织销售垄断企业的商品时所规定的大大高于其价值或生产价格的垄断价格。垄断低价是垄断组织购买非垄断企业商品时所规定的大大低于其价值或生产价格的垄断价格。从垄断高价和垄断低价来看，垄断利润的来源，首先是垄断企业雇佣工人的剩余劳动所创造的全部剩余价值；其次是国内外非垄断企业雇佣工人的剩余劳动所创造的一部分剩余价值；第三是国内外其他劳动人民的辛勤劳动所创造的一部分价值；第四是国内外雇佣工人的必要劳动所创造的一部分价值。概括来说，垄断利润的主要来源是雇佣工人即工人阶级的全部剩余劳动和部分必要劳动所创造的价值以及其他劳动人民的部分辛勤劳动所创造的价值。

（三）垄断利润来源表述的商榷

"垄断资本所获得的高额利润，归根到底来自无产阶级和其他劳动人民所创造的剩余价值"这句表述确有值得斟酌之处。首先，无产阶级是否就等同

---

① 《马克思主义基本原理》（2021年版）编写组. 马克思主义基本原理 [M]. 北京：高等教育出版社，2021：224.

于工人阶级？或者说，无产阶级是否就是工人阶级的同义语，二者可以替换使用吗？无产阶级是否应是相对于资产阶级而言的、丧失生产资料的阶级？工人阶级是否应是相对于个体劳动阶级而言的、受雇于资本的雇佣劳动阶级？其次，其他劳动人民是否应指资本主义社会中那些雇佣劳动阶级之外的其他劳动成员？或者说，其他劳动人民是否应指资本主义社会中的非雇佣劳动阶级的劳动成员？最后，剩余价值是否专指由雇佣工人的剩余劳动所创造的被资本家无偿占有的那部分价值？剩余价值是否在本质上体现的是资本剥削雇佣劳动的资本主义生产关系的特殊范畴？如果是这样的话，那么，剩余价值这个范畴是否并不适用于其他劳动人民的劳动所创造的价值呢？或者说，"其他劳动人民所创造的剩余价值"的表述是不够严谨的呢？基于以上所述，这句话是否可以这样表述：垄断资本所获得的高额利润，归根到底来自工人阶级的剩余劳动所创造的全部剩余价值、必要劳动所创造的部分劳动力价值以及其他劳动人民的辛勤劳动所创造的部分价值。

本书主要参考文献

[1] 陈信.《资本论》学习与研究 [M]. 大连：东北财经大学出版社，2004.

[2] 霍金斯，马瑟斯博，贝斯特. 消费者行为学 [M]. 符国群，译. 北京：机械工业出版社，2007.

[3] 洪远朋主编. 新编《资本论》教程：第1卷 [M]. 上海：复旦大学出版社，1988.

[4] 列宁. 列宁全集：第23卷 [M]. 北京：人民出版社，1990.

[5] 列宁. 列宁选集：第2卷 [M]. 北京：人民出版社，2012.

[6] 列宁. 列宁选集：第4卷 [M]. 北京：人民出版社，2012.

[7] 马克思，恩格斯. 马克思恩格斯全集：第13卷 [M]. 北京：人民出版社，2006.

[8] 马克思. 资本论：1—3卷 [M]. 北京：人民出版社，2004.

[9] 梅建军.《资本论》经营智慧 [M]. 北京：人民出版社，2011.

[10] 梅建军.《资本论》新解与研究 [M]. 北京：经济科学出版社，2012.

[11]《马克思主义基本原理》（2021年版）编写组. 马克思主义基本原理：2021年版 [M]. 北京：高等教育出版社，2021.

[12]《马克思主义经济学说史》编写组. 马克思主义经济学说史 [M]. 北京：高等教育出版社，人民出版社，2012.

[13]《马克思主义政治经济学概论》编写组. 马克思主义政治经济学概论 [M]. 北京：人民出版社，高等教育出版社，2017.

[14] 逄锦聚等主编. 政治经济学 [M]. 5版. 北京：高等教育出版社，2014.

[15] 漆琪生.《资本论》大纲 [M]. 北京：人民出版社，1985.

[16]《世界经济概论》编写组. 世界经济概论 [M]. 北京：高等教育

出版社，人民出版社，2011.

[17] 卫兴华，顾学荣，主编. 政治经济学原理 [M]. 北京：经济科学出版社，1998.

[18] 吴宇晖，张嘉昕，编著. 外国经济思想史 [M]. 北京：高等教育出版社，2007.

[19] 姚开建，主编. 经济学说史 [M]. 2版. 北京：中国人民大学出版社，2011.

[20] 《西方经济学》编写组. 西方经济学 [M]. 北京：高等教育出版社，人民出版社，2011.

[21] 周成启. 《资本论》问题解析 [M]. 重庆：西南师范大学出版社，1986.

[22] 《〈资本论〉导读》编写组. 《资本论》导读 [M]. 北京：人民出版社，高等教育出版社，2012.

[23] 吴忠民. 中国中期社会危机的可能趋势分析 [J]. 东岳论丛，2008（3）.

[24] 张国庆. 经济虚拟化——动力、机制及其影响 [J]. 湖北经济学院学报，2010，8（1）.

[25] 胡代光，高鸿业. 西方经济学大辞典 [Z]. 北京：经济科学出版社，2000.

[26] 徐光春. 马克思主义大辞典 [Z]. 武汉：长江出版社传媒崇文书局，2019.

[27] 许涤新，主编. 政治经济学辞典：上 [Z]. 北京：人民出版社，1980.

[28] 许涤新，主编. 简明政治经济学辞典 [Z]. 北京：人民出版社，1983.

[29] 张卓元. 政治经济学大辞典 [Z]. 北京：经济科学出版社，1998.